먼저 가신 형님을 기억하며

3쿠션 패턴 100

2014년 1월 4일 초판 1쇄 발행
2014년 1월 29일 초판 2쇄 발행
2014년 5월 1일 초판 3쇄 발행
2014년 11월 1일 초판 4쇄 발행
2015년 12월 15일 초판 5쇄 발행
2016년 7월 7일 초판 6쇄 발행
2018년 6월 10일 수정판 1쇄 발행
2021년 2월 21일 수정판 2쇄 발행

지은이	김동환
펴낸이	이찬규
펴낸곳	북코리아
등록번호	제03-01240호
주소	462-807 경기도 성남시 중원구 사기막골로 45번길 14
	우림라이온스밸리2차 A동 1007호
전화	02)704-7840
팩스	02)704-7848
이메일	sunhaksa@korea.com
홈페이지	www.북코리아.kr
ISBN	978-89-6324-343-6 (13690)

값 20,000원

- 본서의 무단복제를 금하며, 잘못된 책은 구매처에서 바꾸어 드립니다.
- 이 도서의 국립중앙도서관 출판시도서목록(CIP)은 서지정보유통지원시스템 홈페이지 (http://seoji.nl.go.kr)와 국가자료공동목록시스템(http://www.nl.go.kr/kolisnet)에서 이용하실 수 있습니다.(CIP제어번호: CIP2013028573)

3쿠션 패턴 100

김동환 지음

북코리아

머리말

필자가 처음 당구를 친 것은 1980년대 초반 대학생 때였다. 필자보다 두 살 많은 형님이 당구를 잘 치셨다. 사실 형님은 모든 운동을 잘하는 스포츠맨이었다. 그런 형님이 필자에게 당구를 가르쳐주었다. 부족한 용돈에 궁했던 우리는 값이 싼 당구장을 찾아가서 치곤 했다. 지금으로부터 35년 전 형님과 함께 갔던 값이 싼 당구장이 있던 동네가 성대 시장이었다. 그곳은 필자의 직장과 집에서 가까운 동네고, 필자가 현재 자주 다니는 금문 당구장이 있는 상도동과 가까운 곳이기도 하다. 금문 당구장은 한때 우리나라 3쿠션 챔피언이었던 원로 당구 선수이신 김동수 선생님과 그 아들 김호진 선수가 운영하는 당구 도장이다.

　필자의 형님 이야기를 먼저 꺼내는 이유는 형님을 통해서 당구를 배우기도 했지만, 형님으로 인해 당구를 끊기도 했기 때문이다. 1980년대 초반 필자가 대학생이었을 때 강남으로 이사를 갔는데, 마침 집 앞에 유명한 3쿠션 선수들의 집결지였던 반도 당구장이 있었다. 필자는 그곳에서 세계 챔피언을 지냈던 고 이상천 선수의 공을 보면서 아름답다는 생각을 했고, 그 이후로 당구에 푹 빠지게

뇌었다. 대학교 4학년이 되어도 당구에만 빠진 필자를 보다 못한 형님은 평생 처음으로 필자의 따귀를 때렸다. 그 다음 날 필자는 짐을 싸들고 고시원에 들어가서 한 달 동안 영어 공부를 했다. 이후로 당구를 끊고 대학원에 진학할 수 있었으며, 결국 박사 학위까지 딸 수 있었다. 만약 그때 형님이 필자의 따귀를 때리지 않았다면, 그래서 필자가 코피를 터뜨리고 가출하지 않았다면, 필자의 인생살이가 고달팠을지 모른다. 지금도 그때의 형님에게 고마운 마음이다.

    그러다가 지금으로부터 십 년 전 다시 큐를 잡게 되었다. 그 사연은 간단하다. 교회를 열심히 다니면서 술도 끊고 담배도 끊었을 때다. 필자의 마음을 불편하게 하는 일이 있었는데, 술과 담배를 끊고 나니 어디 가서 조용히 앉아 있을 때가 없었다. 무작정 길거리를 걷다가 보니, 당구장이 눈에 들어왔다. 그래도 대학생 시절에는 잘 쳤던 기억이 있다 보니, 당구장에 들어가서 3쿠션을 치면서 불편한 마음을 달랠 수 있었다. 그리고 마침 그때 고 이상천 선수가 우리나라에 귀국하여 3쿠션을 부흥시키려 하고 있었다. 별다른 취미가 없었던 필자는 이후로 당구 선수들이 운영하는 당구장을 다니면서 3쿠션을 치게 되었다.

    비록 나이가 들어서 다시 치는 당구였지만, 십여 년간 많은 당구 선수들로부터 조언을 듣기도 하고, 당구 책을 사서 공부하기도 했다. 그러면서 다양한 시스템도 알게 되었다. 특히 *Billiard Atlas*라는 네 권짜리 원서를 발견하고서 필자는 당구의 모든 것이 담겨 있는 보물이라는 생각을 가지고 탐독하였다. 그러나 그렇게 많은 시스템들을 연구해서 실제로 당구대 위에서 쳐보면, 책에 있는 대로 되지 않는다는 점을 알게 되었다. 무엇보다도 허탈했던 것은 저명한 당구 선수들이 그러한 시스템들을 거의 사용하지 않는다는 것이었다.

그러한 경험 이후로 필자에게 3쿠션에 있어서 시스템이란 무슨 의미가 있는가라는 회의가 들었다. 그리고 더 나아가서 그렇다면 당구 선수들은 어떻게 잘 칠 수 있을까? 라는 생각도 하게 되었다. 계속해서 3쿠션을 치면서 애버리지가 조금씩 올라갈수록, 그러한 의문은 어느 정도 해소될 수 있었다. 특히 필자의 의문에 명확하게 답을 준 당구 선수는 영등포 허브 당구장에서 만난 정해명 선수였다. 비록 상위권의 성적을 내지는 못했지만, 당구 선수들 사이에서는 인정을 받는 선수였다. 정해명 선수가 필자에게 말해 주었던 핵심적인 개념이 바로 '기준선'이었다. 나름대로의 기준선을 정립해 놓아야 한다는 것이었다. 즉, 숫자로 계산하는 시스템이 아니라 다양한 기준선을 선수들마다 개발해 놓고 자기 것으로 만들어 활용한다는 점이었다.

이후로 필자에게는 이러한 기준선을 보다 체계화시키고 일반화시킬 수는 없을까 하는 생각이 들었다. 비록 숫자 계산을 하는 시스템은 아니지만, 다양한 배치의 공들에 적용될 수 있는 일정한 패턴들이 있지 않을까 하는 것이 필자의 생각이었다. 이러한 생각을 하면서 필자는 수구의 움직임이 대칭적으로 형성되는 패턴들을 수집하고 기록하곤 하였다. 이렇게 당구공의 움직임에 대한 패턴들을 기록하다 보니, 한참 전에 기록했던 패턴과 새로 발견한 패턴이 서로 이어져서 또 다른 패턴이 만들어지는 발견을 경험하기도 하였다. 그렇기 때문에 네이버 당구 클럽에 가입할 때 필자의 별명을 '원점(原點)'이라고 했다.

필자의 전공은 시스템 다이내믹스(system dynamics)다. 물론 당구 시스템이 아니라 사회 시스템이다. 그런데 여기에서도 숫자로 시뮬레이션을 돌리는 방법이 있고, 시스템 지도만을 보고 직관적으로 분석하는 방법이 있다. 초보자들은 숫자로 계산하는 시뮬레이션이 정확하다고 생각하지만 그것은 오해다. 시스템에 익숙한 전문가들은 시스템 지도의 직관적 판단이 오히려 더 정확하고 현실에서 적용하기 쉽다는 점을 잘 알고 있다. 이 책에서 강조하는 패턴은 필자의 전공인 시스템 사고(systems thinking)와 일맥상통한다.

 이 책에서 소개하는 패턴들은 100개 정도이다. 정확하게 100개라고 할 수는 없다. 하나의 패턴 속에 또 다른 여러 개의 패턴들이 함축되어 있곤 하기 때문이다. 이 책의 제목을 '3쿠션 패턴 100'이라고 한 것은 레이몽 클루망의 고전적인 당구서인 《미스터 100》을 흉내 낸 것이다. 클루망의 책은 100번의 챔피언을 했다고 해서 붙여진 이름이지만, 필자는 그 정도의 실력을 갖추고 있지 못한 당구 동호인에 불과하다. 하지만 *Billiard Atlas*를 집대성한 월트 해리스도 당구를 좋아하는 아마추어였다는 점에 용기를 내어 이 책을 집필하였다.

 이 책의 제목에 '패턴 100'이라고 한 것은 100개의 패턴 정도를 알면 누구나 애버리지(average) 1.0 이상을 칠 수 있으리라는 생각에서이다. 나이가 들고 스트로크도 별로인 필자는 애버리지 1.0을 넘었다 모자랐다 한다. 아마도 젊은 동호인들이 100가지 패턴을 마스터한다면, 어렵지 않게 애버리지 1.0을 넘길 수 있을 것으로 확신한다.

 물론 이 책이 모든 패턴들을 망라하고 있다고 말할 수

는 없다. 아직까지 필자가 모르는 패턴들도 많을 것이다. 중요한 것은 패턴의 관점에서 집필한 3쿠션 교본은 처음이라는 점이다. 필자는 시스템도 믿지 않지만, 감(感)도 믿지 않는다. 시스템은 지나치게 경직되어 있어 적용하기 어렵고, 감은 너무나 유연해서 바람처럼 잡기 어렵다. 그 중간에 패턴이 있다. 패턴은 누구나 쉽게 익히고 실전에 시 비로 적용할 수 있다. 믿기의 당구 실력이 일천한데도, 이 책을 내는 이유이다.

　마지막으로 하고 싶은 말은 다시 필자의 형님에 관해서이다. 필자가 다시 당구를 재개했다고 형님에게 말씀드렸더니, 형님은 축하해주셨다. 이제 어느 정도 사회적으로 성공했으니, 취미 생활로 당구를 치는 것도 좋겠다는 것이다. 그리고 형님도 사업이 한가해지면 함께 당구를 치겠다고 말씀하셨다. 언젠가 형님과 함께 3쿠션을 쳐야지 하는 생각에, 개인 큐를 두 자루 준비해두었다. 하지만 형님은 2011년 1월 4일 암투병 끝에 돌아가셨다. 단 한 번도 나와 함께 3쿠션을 치지 못하고서. 그래서 이 책을 먼저 가신 내 형님께 바친다. 나에게 당구를 가르쳐주셨다가 또 끊게 하셨던 형님. 꼭 한번 3쿠션 치자고 약속했지만 지키지 못하고 먼저 가신 형님 김동훈에게.

흑석동 연구실에서
김동환

감사의 말

3쿠션을 다시 시작하면서 필자는 많은 당구인들을 만났다. 서초동에서 만난 김순종, 김경민, 이홍기, 조재호 선수, 방배동에서 만난 박승희 선수와 우동훈 실장님, 영등포에서 만난 정해명, 원영배 선수, 독산동의 윤성하 선수, 가락동의 김정규 당구스쿨 원장님, 그리고 상도동의 김동수 선생님과 김호진 선수, 모두 훌륭한 당구인들이었다. 이분들과 시합을 하면서 그리고 옆에서 보는 것만으로도 많은 것을 배울 수 있었다. 이분들이 지나가면서 던진 한마디가 후일에 큰 깨달음으로 연결되곤 하였다. 이분들을 만나지 못했다면, 이 책은 세상에 나오지 못했을 것이다. 감사한 마음을 여기에 적는다.

목차

머리말 …………………………………………………5
감사의 말 …………………………………………… 10

1   3쿠션의 기본 원리

1   시스템이냐 感이냐 – 패턴 …………………… 22
2   3쿠션의 세계 …………………………………… 26
3   당구공과 쿠션이 만드는 삼각형 ……………… 31
4   몸의 삼각형 ……………………………………… 33
5   스쿼트와 커브 …………………………………… 36
6   쿠션 회전력 ……………………………………… 39
7   공 회전력: 바깥돌리기와 제각돌리기 …………… 41
8   전진력과 회전력 ………………………………… 44
9   무회전과 회전의 비교 …………………………… 48
10 무회전 대칭과 회전의 영향 ……………………… 50
11 빅볼과 스몰볼 …………………………………… 54
12 이미지볼과 이지볼 ……………………………… 61
13 수렴경로와 확산경로 …………………………… 65

14	한계각의 설정	68
15	실패의 이유-당점	71

2 기본적인 시스템

1	파이브 앤 하프와 플러스 투의 유래	80
2	무회진 파이브 앤 하프 시스템	82
3	회전 파이브 앤 하프 시스템	84
4	무회전 플러스 투	86
5	보통 회전 플러스 투	88
6	맥시멈 회전 플러스 투 코너-원점(4포인트)	90
7	맥시멈 회전 플러스 투 1포인트-원점(2포인트)	92
8	보통 회전 플러스 투 코너-원점(3포인트)	94
9	평행이동 시스템	96
10	맥시멈 더블 레일	98
11	더블 레일과 공 회전력	101
12	로드리게스 시스템	104

3 100개 패턴

패턴에 관하여 ······ 108

대칭점의 이해

1	1. 원쿠션 대칭 기준점: 가까운 3포인트	112
	2. 가까운 3포인트를 이용한 긴 안돌리기	114
	3. 단쿠션 1.5포인트 원쿠션 기준선	116

	4. 가까운 3포인트와 구멍치기 ··················· 118
	5. 가까운 3포인트 기본 트랙선 ··················· 122
2	1. 먼 3포인트의 3쿠션 대칭점 ··················· 124
	2. 먼 3포인트를 활용한 제각돌리기 ············ 126
	3. 먼 3포인트 기본 트랙선 ························ 128
	4. 가까운 3포인트와 먼 3포인트의 비교 ·········· 130
	5. 고니고 향하는 지겹과 투쿠션 구멍 132
3	1. 단쿠션 1.5포인트 출발의 장쿠션 대칭 ········ 136
	2. 단쿠션 1.5포인트의 대칭점(긴 제각돌리기)·· 138
	3. 단쿠션 1.5포인트의
	대칭점과 짧은 제각돌리기 ······················ 140
4	1. 단-단 맥시멈 원점 1.5포인트 ················· 142
	2. 맥시멈 회전 비껴치기 원점 2.5포인트 ········ 144
5	1. 대각선 대칭 패턴 ································ 146
	2. 대각선 패턴의 비껴치기 활용 ·················· 148
	3. 대각선 패턴의 긴 안돌리기 활용 ··············· 150
	4. 짧은 제각돌리기에서 대각선 패턴 ············· 152
6	5쿠션 대회전 대칭 ································ 154
7	제자리로 가는 안돌리기 대회전 ··················· 156

당구대의 이해

8	정사각형 대칭 패턴 ································ 160
9	두 정사각형을 잇는 제각돌리기 대칭 ············· 162
10	직사각형 당구대 대칭(무회전) ···················· 164
11	1. 작은 당구대 연결 패턴 ·························· 166
	2. 작은 당구대와 플러스 투 ······················· 168
	3. 작은 당구대와 짧은 안돌리기 ··················· 170

보완	긴 안돌리기의 낭점	172
12	정사각형 당구대와 파이브 앤 하프 활용	174
13	작은 당구대와 파이브 앤 하프 활용	176
14	단쿠션 맥시멈 회전 코너 한계각	178
15	장쿠션 맥시멈 회전 코너 한계각	180
16	1. 무회전 장코너 기본선	182
	2. 무회선 상쿠션 2포인트 기본선	184
17	초구 자리로 진행하는 3포인트	186

제각돌리기 패턴

18	무회전 절반 두께 제각돌리기	190
19	무회전 절반 두께 다대 (3포인트 이동)	192
보완	무회전 길게치기	194
20	1. 제자리로 오는 제각돌리기 패턴	198
	2. 제자리로 오는 긴 제각돌리기 패턴	200
21	1. 제자리로 되돌아오는 1적구 위치(2.3포인트)	202
	2. 제자리로 되돌아오는 1적구 위치(3~4포인트)	204
	3. 제자리로 되돌아오는 1적구 위치(1.5포인트)	206
22	중간 지점 제각돌리기 패턴	208
23	1. 무회전 중간 지점 제각돌리기 연장선	210
	2. 무회전 중간 지점 다대	212
24	1. 장쿠션 2포인트 중앙점 - 0팁 제각돌리기 대칭	214

	2. 장쿠션 3포인트 중앙점 1팁 제각돌리기 대칭 ······ 216
	3. 정중앙점 2팁 제각돌리기 대칭 ······ 218
	4. 장쿠션 5포인트 중앙점 3팁 제각돌리기 대칭 ······ 220
25	1. 코너 안돌리기(단쿠션) ······ 222
	2. 코너 안돌리기(장쿠션) ······ 224
26	역회전 제각돌리기 원점 ······ 226
27	1. 장쿠션 긴 안돌리기 대칭 ······ 228
	2. 장쿠션 긴 안돌리기 대칭 대회전 ······ 230
	3. 작은 당구대 0.75포인트 긴 안돌리기 ······ 232
28	1. 장 2포인트 선 무회전 0.75포인트 제각돌리기 대칭 ······ 234
	2. 장 1포인트 선 -1팁 0.5포인트 제각돌리기 대칭 ······ 236
	3. 장 3포인트 선 1팁 1포인트 제각돌리기 대칭 ······ 238
	4. 장 4포인트 선 2팁 1.5포인트 제각돌리기 대칭 ······ 240
	5. 다른 포인트 제각 돌리기 대칭 ······ 242
29	1. 장 4-1포인트 지점 2팁 제각돌리기 2배 ······ 244
	2. 장 3-1포인트 지점 1팁 제각돌리기 2배 ······ 246
	3. 장 2-1포인트 지점 0팁 제각돌리기 2배 ······ 248
30	1. 장쿠션 3포인트 끌어치는 제각돌리기 ······ 250
	2. 장쿠션 2포인트 끌어치는 제각돌리기 ······ 252
31	1. 수구와 적구 1포인트 간격 제각돌리기 3포인트 지향 ······ 254

	2. 수구와 직구 2포인트 간격 제각돌리기 4포인트 지향	256
32	안돌리기에서 코너로 향하는 기준선	258
보완	당구대 센터로 보내기	260
33	절반 두께 끌어쳐서 코너로 보내는 패턴	264
34	긴 제각돌리기의 상중하 기준선	266
35	짧은 제각돌리기 기준선	268
36	1. 장쿠션에서 짧게 떨어지는 제각돌리기(1포인트)	270
	2. 장쿠션에서 짧게 떨어지는 제각돌리기(1.5포인트)	272
37	1. 장쿠션 1포인트로 향하는 무회전 각	274
	2. 장쿠션 1포인트로 향하는 역회전 제각돌리기	276
38	상단으로 제각돌리기 짧게	278
39	하단으로 제각돌리기 짧게 바깥돌리기 패턴	283

바깥돌리기 패턴

40	바깥돌리기 코너 지향선	284
41	1. 역회전 바깥돌리기 기준선	286
	2. 역회전 바깥돌리기 기준선(상단 코너)	288
42	무회전 길게 바깥돌리기 단쿠션 진행	290
43	장쿠션 바깥돌리기 기준선	292
44	1. 끌어서 짧아지는 바깥돌리기	294
	2. 끌어서 짧게 휘어지는 더블	296

비껴치기 패턴

45	1. 장쿠션 비껴치기 패턴 1	300
	2. 장쿠션 비껴치기 패턴 2	302
46	단쿠션 비껴치기 패턴	304
47	단쿠션 비껴쳐서 되돌아가기 패턴	307
48	장쿠션 7포인트 비껴치기 대칭	309

더블과 삼단

49	1. 장쿠션 더블의 기준선	312
	2. 장쿠션 더블의 연장선	314
50	삼단 기준선	316
51	삼단 횡단-역회전과 제 회전의 선택	318
52	끌어내리는 삼단	320
53	코너에서 코너로 가는 삼단	322
54	장쿠션 삼단 빈쿠션	324
55	단쿠션 삼단 빈쿠션	326
56	1. 단쿠션 더블	328
	2. 장쿠션 더블(장쿠션 2포인트 아래)	330

리버스

57	장쿠션 리버스 대칭	334
58	장쿠션 비껴치는 리버스 기본각	336
59	장쿠션 리버스 3포인트 기준점	338
60	정사각형에서의 리버스 기준선	340

빈쿠션

61	단쿠션 걸어치기 대칭	344

62	장쿠션 걸어치기 대칭(수구 1포인트 1팁)	346
63	1. 투쿠션 걸어치기-369 패턴	348
	2. 역회전 걸어치기-역 369 패턴	350
64	중앙 적구 걸어치는 기준선	352
65	접시 기준점	354
66	1. 엄브렐러 경로 1(수구 50 출발)	356
	2. 엄브렐리 경로 2(수구 30 줄발)	358
67	대칭 투쿠션 구멍치기	360
68	절반 투쿠션 구멍치기	362
69	코너로 향하는 긴 구멍치기	364

스피드에 관하여

70	스피드: 빠르게 길게-둔각	370
71	스피드: 빠르게 짧게-예각	372
72	스피드: 느리게 짧게-꼬미	374
73	스피드: 느리게 길게-긴 안돌리기	376
74	스피드: 느리게 회전 죽이기	378
75	스피드: 빠르게 전진력 죽이기	380
76	스피드: 느림과 빠름의 선택	382
77	스피드: 구멍	384
78	스피드: 접시	386

키스에 관하여

79	키스 패턴: 바깥돌리기- 코너 일직선	392
80	키스 패턴: 바깥돌리기- 수구 진행선	394
81	키스 패턴: 바깥돌리기- 장쿠션 돌기	396
82	키스 패턴: 바깥돌리기- 코너 진행	398

83	키스 패턴: 안돌리기 – 수구보다 빠른 적구	400
84	키스 패턴: 안돌리기 – 대회전	402
85	키스 패턴: 안돌리기 – 제각돌기	404

수비와 공격에 관하여

86	수비 패턴: 안돌리기	410
87	수비 패턴: 바깥돌리기	412
88	수비 패턴: 대회전	414
89	수비 패턴: 안돌리기 대회전	416
90	수비 패턴: 더블	418
91	수비 패턴: 비껴치기	420
92	수비 패턴: 빈쿠션	424
93	포지션 패턴: 바깥돌리기 코너	428
94	포지션 패턴: 바깥돌리기 다대	430
95	포지션 패턴: 바깥돌리기 대회전	432
96	포지션 패턴: 제각돌리기 얇게	434
97	포지션 패턴: 제각돌리기 두툼하게	436
98	포지션 패턴: 제각돌려서 올리기	438
99	포지션 패턴: 더블 – 위로 올리기	440
100	포지션 패턴: 안돌리기	442

패턴 적용 방법 ····· 444
후기 ····· 450

일러두기

1   이 책은 국제식 테이블에서의 3쿠션 게임에 익숙하고 기본적인 시스템들을 접해본 적이 있는 독자를 대상으로 하고 있다.

2   목차의 ▗ 표시는 널리 사용될 수 있는 중요한 패턴을 의미하며, 이는 본문에도 표시되어 있다. 초보자는 이 패턴부터 숙지할 것을 권장한다.

3   이 책에서 수구라 함은 큐로 맞추고자 하는 내 공을 의미하며, 1적구라 함은 내 공으로 맞추고자 하는 첫 번째 공을 의미하고, 2적구라 함은 3쿠션을 거쳐서 최종적으로 맞추고자 하는 목적 공을 의미한다.

4   이 책에서 장쿠션이라 함은 당구대의 긴 쿠션을 의미하고, 단쿠션이라 함은 당구대의 짧은 쿠션을 의미한다.

5   이 책에서 자세히 설명되어 있지 않은 부분들에 대해서는 네이버 카페에 개설된 김동수 선생님의 당구강좌를 참조할 것을 권장한다.

1

3쿠션의
기본 원리

1

시스템이냐 感이냐 - 패턴

3쿠션을 치는 동호인들이 한결같이 가지고 있는 의문은 시스템(system)이 중요한가 아니면 감(感)이 중요한가라는 점이다. 시스템을 몰랐을 때에는 감으로 쳐도 잘 치던 사람이 어느 날 시스템을 알면서부터 바뀌기 시작한다. 감으로 치는 것보다 시스템으로 계산해서 치는 것이 정확하게 칠 수 있다는 점을 깨닫고, 감으로 치는 것은 아무 것도 모를 때 치는 것이라고 평가절하해버린다. 그런데 그렇게 시스템에 입각해서 계산해서 3쿠션을 치다 보면, 계산상으로는 들어가야 하는데 들어가지 않을 때가 더 많다는 점을 점점 더 느끼게 된다. 급기야는 시스템이 필요없다는 자조적인 말까지 나오게 되고, 시스템을 몰랐을 때는 감이 좋았는데, 시스템을 공부하고 나서 감까지 잃어버리게 됐다는 하소연까지 한다.

물론 시스템은 3쿠션을 깊이 연구한 사람들이 숫자 형태로 만들어 놓은 것이기 때문에 그 정확성이 어느 정도 있는 것은 사실이다. 그러나 모든 시스템은 큐가 수구에 부딪힐 때의 특성, 수구의 회전과 스피드, 수구와 1적구의 부딪힘, 수구의 끌림과 밀림의 성질, 수구와 쿠션 바당의 마찰, 수구와 쿠션의 작용, 쿠션을 감싼 천의 상태, 쿠션에 영향을 주는 실내의 습도와 온도 등에 의해 변화되기 마련이다. 그렇기 때문에 항상 일정한 값대로 움직이는 시스템은 존재하지 않는다. 시스템을 무조건 믿는 것은 위험하다는 말이다.

특히 시스템에 대한 믿음의 위험성은 당구대 안에서 수구와 적구의 움직임에 내린 학습을 방해힌다. 계산에 의한 숫자에 의존하게 되면서 수구와 적구와의 부딪힘, 그리고 수구가 쿠션을 향해 꺾여가는 각도, 쿠션에서 회전을 먹고 풀려나가는 선 등을 관찰하지 않게 된다는 점이다. 결국 시스템에 의존하는 만큼, 당구대에서 이루어지는 공의 움직임을 그 자체로 관찰하고 학습하지 못하게 된다.

하지만 감에 전적으로 의존할 수도 없는 일이다. 기억력이 좋고 운동신경이 뛰어난 사람이라면 감에 의존하더라도 30점 이상 칠 수 있겠지만, 전적으로 감에 의존해서는 높은 수준으로 올라가기는 어렵다. 그렇다면 다시 시스템으로 돌아가야 하는가?

감에 의지할 필요도 없지만 버릴 필요도 없다는 것. 기본적인 시스템을 활용할 필요가 있지만, 복잡한 시스템을 공부할 필요까지는 없다는 것. 그리고 기본적인 시스템과 감을 결합할 수 있다는 것이 이 책을 통해서 말하고자 하는 것이다. 그렇다면 어떻게 그것이 가능한가? 그것은 패턴을 통해서이다. 감과 시스템 사이에 패턴이 있다. 감에 의존할 수도 없고, 시스템에 의존할 수도 없다. 그렇다면 당구 선수들은 어떻게 당구를 치고 연마하는가? 그 답은 바로 패턴(pattern)에 있는 것이다.

패턴은 감이 아니지만 감을 담을 수 있고, 패턴은 시

스템이 아니지만 시스템적이다. 패턴은 계산을 요구하지 않는다는 점에서 직관적인 감에 가깝다. 하지만 그렇다고 해서 기본적인 형태가 없는 감처럼 추상적이지 않다. 기본적인 형태가 없는 감은 그날의 컨디션에 따라 좌우되지만, 패턴은 그렇지 않다. 한번 학습을 하고 나면, 늘 같은 패턴대로 칠 수 있는 것이다.

또한 패턴은 시스템과 같이 구체화되어 있고 넓게 적용할 수 있지만, 시스템처럼 계산을 하지는 않는다. 그렇기 때문에 패턴은 계산에 집착하는 시스템의 병폐를 최소화시킬 수 있다. 패턴에 의해 3쿠션을 칠 경우, 공들의 움직임을 지속적으로 관찰하게 되며, 수구와 적구 그리고 쿠션의 지속적인 상호작용 패턴을 이해하고 활용할 수 있게 된다.

이처럼 패턴은 감도 시스템도 아니지만, 패턴은 감과 시스템을 융합한 것이기도 하다. 패턴은 직관적이면서도 구체적이다. 또한 하나의 패턴을 알면 수백 가지 형태의 공을 공략할 수 있기 때문에 패턴은 적용 범위가 넓다. 이러한 점에서 패턴을 중심으로 해서 3쿠션에 접근하는 것이 바람직하다고 믿는다.

패턴에 의한 3쿠션은 계산을 하지 않고 형태에 의해 즉시 답이 나온다. 그렇기 때문에 패턴은 시스템 계산처럼 오랜 시간을 필요로 하지 않는다. 시스템에 의지해 칠 때는 계산을 하느라고 시간을 많이 끌고, 감에 의지해 칠 때는 감이 형성될 때까지 망설이느라 오랜 시간을 끌곤 한다. 하지만 패턴은 공의 배치에 따라 즉답이 나오기 때문에 시간을 끌지 않는다. 즉 인터벌이 짧다는 장점을 지닌다. 인터벌을 짧게 가져가면서도 키스나 포지션, 수비

등 다양한 요소들을 고려할 수 있는 것이 패턴에 의한 3쿠션이다.

그렇다면 패턴은 단점이 없는가? 패턴은 수련을 필요로 한다. 이것이 패턴의 어려운 점이라고 할 수 있다. 패턴은 부단히 자기 것으로 만들어야 한다. 패턴에는 아무런 계산도 존재하지 않지만, 패턴에 자신의 큐질을 맞추거나 거꾸로 자신의 큐질에 패턴을 맞추는 부단한 수련이 요구된다. 시스템이 머리로만 하는 것이라면, 패턴은 머리와 몸과 마음으로 수련하는 것이다. 이에 비해 감은 수련하는 것이 아니라 저절로 형성되는 것이다. 하지만 패턴은 부단한 수련을 요구한다.

② 3쿠션의 세계

세 개의 공

3쿠션은 직사각형의 당구대 위에서 세 개의 공을 가지고 겨루는 게임이다. 세 개의 공 중에 하나는 내 큐로 칠 수 있는 공이다. 이를 '수구(手球, cue ball)'라고 한다. 나머지 두 개의 공들은 '적구(的球, object ball)'이다. 수구로 먼저 치는 적구를 보통 '1적구'라 하고, 쿠션에 세 번 부딪힌 후에 맞추려는 적구를 '2적구'라고 한다. 그런데, 두 개의 적구 중에 하나가 상대방의 수구이다. 세 개의 당구공은 보통 흰 공(수구), 노란 공(상대방의 수구), 빨간 공(공용구)이다.

　세 개의 공 중에 나만 칠 수 있는 공이 있고, 상대방만 칠 수 있는 공이 있으며, 나머지 한 공은 아무도 칠 수 없는 공이라는 점이 묘한 다이내믹을 만들어낸다. 3쿠션을 성공시키려면 내 큐로 수구를 쳐서 두 개의 적구를 3쿠션을 거친 후에 맞추어야 한다. 내가 공략해야 하는 두 개의 적구 중의 하나는 상대방의 수구인 것이다. 이는 상대방이 자기의 수구를 조정하여 나의 득점을 방해할 수 있다는 점을 의미한다. 나 또한 내 수구를 조절하여 상대방을 방해할 수 있다. 그렇기 때문에 3쿠션 게임은 내 수구만을 잘 치면 승리하는 것이 아니라, 세 개의 공을 통하여 상대방과 끊임없이 상호작용을 하면서 진행된다. 그렇기 때문에 게임 중에 수비를 할 때도 있고 공격을 할 때도 있으며, 상대방의 수비에 대해 대응해야 하고, 상대방의 공격에 대해서 수비로 받을 것인지 더 강한 공격으로 받을 것인지도 선택해야 하는 다이내믹이 있다.

골프의 경우에는 자기 공만 치는 게임이다. 상대방의 공이 방해를 하지 않기 때문에, 사실상 상대방과의 상호작용은 직접적으로 이루어지지 않는다. 이와는 달리 대부분의 구기 종목들은 한 개의 공을 가지고 게임이 진행된다. 대표적인 경우가 탁구와 테니스이다. 한 개의 공을 가지고 치열하게 주고받으면서 수비와 공격이 치열하게 이루어진다. 그러나 3쿠션은 한 개의 공이 아니라 세 개의 공이 당구대 위에 펼쳐진다. 그리고 세 개의 공들 중에서 한 플레이어는 하나의 공만을 칠 수 있다. 그렇기 때문에 탁구나 테니스처럼 치열한 공방이 이루어지지는 않지만, 각자의 공 하나만을 치는 골프보다는 훨씬 더 치열한 공방이 전개된다.

이러한 점에서 3쿠션은 대단히 복잡한 구도로 진행된다. 나의 공도 있으며, 상대방의 공도 있고, 중립적인 역할을 하는 공도 있다. 이 세 개의 복잡한 관계는 마치 사회 속의 인간관계와 비슷하다. 여기에서 대단히 복잡한 게임 상황이 전개되며, 또한 대단히 다이내믹한 전략이 요구되는 것이다.

정지와 움직임: 머리와 몸과 마음

다른 한편으로 3쿠션은 동적인 경기라기보다는 정적인 경기이다. 플레이어가 경기를 하기 전에 세 개의 공은 당구대 위에 가만히 놓여 있다. 이렇게 가만히 놓여 있는 공들에 힘을 가해 움직이게 하여 3쿠션을 맞혀야 하는 것이다. 정적인 세계에 동적인 움직임을 발생시키고 나면, 3쿠션이 성공하든 실패하든 세 개의 공은 다시금 당구대 위에 움직이지 않은 채 가만히 정지한다. 세 개의 당구공이 모두 정지했을 때, 그다음 공격이 비로소 시작될 수 있다. 정지와 움직임이 반복되는 것이다. 이 역시 비즈니스 세계의 다이내믹스를 닮았다. 모든 움직임이 정지되고 난 후에 전략을 구상하고, 전략을 실천해서, 세계가 변화되다가 성공과 실패로 귀결되고 나면 다시 세계는 조용해진다.

이렇게 정적인 경기라는 점에서는 골프와 비슷하다. 이에 비해 탁구, 테니스, 축구는 동적인 경기이다. 끊임없이 격렬한 움직임을 요구한다. 하지만 3쿠션은 정지의 순간에 세 개의 공을 어떻게 공략할 것인가에 대해서 구상하는 두뇌 작용이 요구된다. 그러고는 머리에서 설계한 대로 자세를 잡고 팔의 반동으로 큐를 밀어서 세 개의 공을 움직여 득점을 하는 것이다. 동적인 시간에는 절제된 몸의 운동이 요구된다. 그리고 공의 움직임을 바라보면서 혹은 공의 움직임이 끝났을 때, 성공과 실패가 확연하게 드러나면서, 플레이어의 마음은 기쁨으로 또는 실망으로 요동친다. 이렇게 3쿠션은 정지와 움직임이 교대로 이어지는 것에 대응하여 머리의 작용과 몸의 작용이, 그리고 마음의 요동이 교대로 이어진다.

　한마디로 해서 3쿠션은 머리와 몸과 마음을 모두 사용하는 경기이다. 바둑이나 컴퓨터 게임은 주로 머리를 많이 쓴다. 탁구나 테니스 또는 축구 같은 경기는 격렬한 몸의 운동을 요구한다. 이에 비해 3쿠션은 사람이 가지고 있는 모든 기능인 머리와 몸과 마음을 적절히 사용하도록 한다. 이것 때문에 3쿠션은 재미가 있다. 그리고 이것 때문에 3쿠션은 남녀노소가 모두 즐길 수 있다. 특히 점잖은 사람들이 즐기기에 안성맞춤이다.

　무엇보다도 3쿠션은 몸과 마음과 머리의 흐트러짐과 조화를 반복하는 수련을 요구한다. 이는 다이내믹한 수련 과정이다. 당구대 전체를 바라보면서 세 개의 공이 펼쳐져 있는 구도를 냉철하게 분석해서 공략 방법을 설계해야 하며, 당구대에 엎드려서는 온 정신을 집중해서 큐로 당구공의 한 점을 겨냥해야 한다. 3쿠션은 그 자체로 몸과 머리와 마음의 수양이다. 이러한 점에서 3쿠션은 정적인 분석과 동적인 움직임의 조화를 좋아하는 우리나라 사람들의 취미 생활로 적합하다.

직선의 당구대와 큐, 그리고 곡면의 공

이번에는 당구대와 큐에 주목을 해보자. 당구대는 아주 단순한 모양이다. 정사각형 두 개가 붙어 있는 직사각형이다. 네 개의 직선 쿠션(벽)으로 막혀 있는 직사각형의 공간에서 세 개의 공이 부딪히고 구른다. 공은 원형이며, 쿠션은 직선이다. 원형의 공과 직선이 부딪히는 것이다.

공이 부드러움을 상징한다면, 쿠션은 엄격함을 상징한다. 공은 둥그렇기 때문에 어느 방향으로나 굴러갈 수 있어서 자유롭게 움직인다. 하지만 쿠션은 부딪힌 공에 어김없이 반작용 힘을 전달하고 끝난다. 쿠션의 역할은 간결하다. 들어온 대로 받아주는 것이다. 그렇게 받은 힘을 공은 간직하면서 움직인다.

시초에 공에 힘을 가해서 움직이게 만드는 것은 플레이어의 큐이다. 큐 역시 일직선의 막대기일 뿐이다. 큐는 공의 한 점을 쳐서 공을 움직이게 만든다. 큐 역시 단순하고 엄격한 직선 운동만을 수행한다. 이렇게 직선에 의해 타격을 받은 공은 부드럽게 굴러다니다가 직선의 쿠션에 부딪혀 진행방향을 바꾼다. 공은 둥글기 때문에 다양한 방향성을 간직할 수 있으며, 큐와 쿠션은 직선이기 때문에 그 작용은 단순하여 예측할 수 있다.

이렇게 세 공들 간의 복잡하고 다이내믹한 사회적 관계가 존재하며, 몸과 머리와 마음의 모든 작용을 조화롭게 사용할 것이 요구되고, 당구대 위에서는 부드러운 공과 단순하고 엄격한 큐와 쿠션이 상호작용하면서 움직인다. 이를 가만히 생각해 보면, 3쿠션에는 우리 사회의 각 분야에서 벌어지는 다양한 관계성이 압축된 형태로 반영되어 있으며, 3쿠션 게임이 진행되면서 개인의 인문학적·철학적 사유와 성찰이 전개되고 있으며, 마지막으로 부드러운 공과 딱딱한 직선의 물리적 충돌과 마찰이라는 사건들이 지속적으로 발생하고 있다. 이러한 점에서 3쿠션은 하나의 완전한 세계이며, 다양한 일들이 벌어지는 작지만 매력적인 우주이다.

당구공과 쿠션이 만드는 삼각형

3쿠션은 수구가 1적구를 맞히고 3번의 쿠션을 맞힌 다음에 2적구를 맞혀야 하는 게임이다. 그래서 그런지 3쿠션을 칠 때, 가장 중요한 것은 3이라는 숫자이다. 이 책에서 소개되는 다양한 패턴들 중에서 특히 3포인트는 3쿠션의 가장 근원적인 기준점이 된다.

또한 수구로 1적구를 겨냥할 때에도 기본적으로 삼각형이 형성된다는 점에 주목할 필요가 있다. 즉, 수구와 1적구, 그리고 첫 번째 도달할 쿠션의 세 가지 점으로 구성되는 삼각형이 중요하다는 것이다. 이 점을 필자에게 처음으로 가르쳐준 당구 선수는 박승희 선수였다. 1적구의 두께를 겨냥하기 어려울 때, 이 삼각형의 면적을 바라보면 수구를 원하는 지점으로 쉽게 보낼 수 있다는 것이다. 이 삼각형의 형태가 지나치게 찌그러져 있다면 그만큼 수구를 보내기가 어렵지만, 삼각형의 형태가 넉넉하다면 수구를 보내기 용이하다는 것이다.

이렇게 삼각형을 의식하고, 1적구와 첫 번째 쿠션을 동시에 겨냥하다 보면, 수구를 보내는 행위가 1차원이 아니라 2차원 평면으로 확대된다. 1적구의 두께만을 바라보고 수구를 보내려고 큐질을 할 때에는 큐를 뻗는 행위가 1차원의 직선 운동에 그치게 된다. 하지만 수구와 1적구와 쿠션으로 이어지는 삼각형을 의식하면서 큐질을 할 때, 큐질은 2차원 평면으로 확대되면서, 수구가 1적구를 맞고 쿠션에 닿을 때까지의 물리적 운동을 동시에 고려하면서 큐질을 하게 된다. 즉, 큐질은 단순한 일직선 운동이 아니라, 기본석으로 삼각형을 구성하는 2차원 운동이라는 것이다.

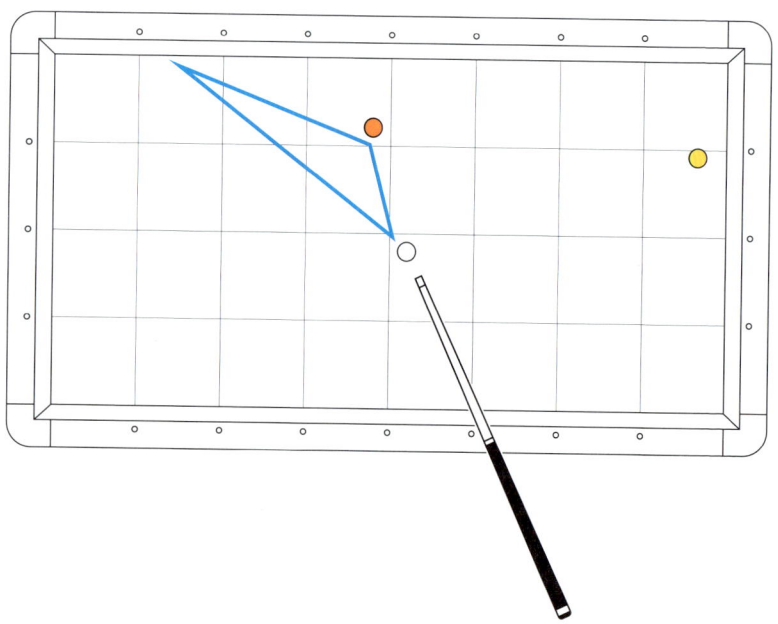

몸의 삼각형

수구와 1적구 그리고 1쿠션 지점으로 이루어지는 삼각형이 당구대 위에 있는 삼각형이라면, 여기에 운동력을 부여하기 위하여 팔운동을 하는 사람의 신체에도 삼각형이 구성된다는 점을 인식할 필요가 있다.

큐를 겨냥하는 사람에게 있어서 가장 중요한 삼각형은 세 개의 축으로 구성되는 큰 삼각형이다. 이는 어깨의 축과 1적구 지향점, 그리고 큐를 1적구로 지향하는 역할을 하는 엄지손가락 윗부분이다. 어깨의 축(axis)은 흔들리지 않고 1적구를 지향하고 있으며, 엄지손가락 위는 예비 큐질을 할 때 큐가 1적구의 원하는 면을 지향하도록 한다. 이 삼각형이 정교하고 튼튼해야 1적구의 두께를 잘 맞힐 수 있다.

몇몇 선수들은 큐를 잡는 오른손의 엄지와 검지의 가운데 지점, 즉 큐를 감싸는 부분을 큐 선을 겨냥하는 눈이라고 말하곤 한다. 즉, 당구 선수의 얼굴에 있는 두 눈은 수구와 1적구를 겨냥하고 있지만, 실질적으로 큐를 똑바로 움직이게 하면서 큐를 움직이는 눈은 엄지손가락 윗부분이라는 것이다. 이 지점을 '큐의 눈(cue eye)'이라고 부를 수 있을 것이다.

종종 어깨 축과 손가락에서 왼손의 브릿지로 연결되는 삼각형이 더 중요하다고 말하는 사람들도 있다. 이 삼각형에서는 수구와 브릿지 사이에서 큐가 일직선으로 후진했다가 일직선으로 전진하는가를 관찰하는 것이 중요하다. 많은 분들의 경우 수구와 브릿지 사이에서 큐가 똑바르게 나가지 못힌다. 큐질의 핵심, 스트로그의 핵심은 직선운동이며, 결정적인 구간이 바로 수구와 브릿지 사이의 움직임이다.

팔꿈치   어깨 축   1적구 지향점

손가락   엄지손가락 위의
         '큐의 눈'

이러한 삼각형은 1적구와 수구 그리고 큐를 일직선으로 잡아주는 큰 구도이다. 여기에 운동력을 발생시키는 작은 삼각형이 바로 뒤에 버티고 있으니, 어깨의 축과 팔

꿈치 그리고 오른손으로 이어지는 작은 삼각형이다.

어깨의 축은 큰 삼각형과 같다. 어깨 축은 여전히 1적구를 지향한다. 1적구의 면이 흔들려서는 안 되기 때문에, 어깨 축 역시 흔들려서는 안 된다. 어깨 축은 1적구를 향하여 흔들리지 않는 고정된 축이 되어야 한다.

큐를 뒤로 빼고 앞으로 밀 때 일직선을 유지하는 것, 그리고 손의 눈과 어깨와 팔꿈치의 세 꼭짓점이 어떻게 조화를 이루면서 큐의 힘을 수구에 전달하는지를 의식하는 것이 중요하다. 여기에 자세와 스트로크의 비밀이 있다.

종종 최소한의 힘으로 수구를 살짝 쳐야 되는 경우가 있다. 이때는 팔꿈치의 운동력을 사용하기보다는 손가락에서 나오는 힘으로 치거나 혹은 엄지손가락 위의 눈에서 나오는 힘으로 칠 수도 있다. 어떤 힘을 이용할 것인가는 수구와 1적구 그리고 내 몸의 자세에 따라서 결정된다.

이러한 몸의 삼각형을 의식하는 것은 수구를 겨냥하여 원하는 1적구의 면을 맞추는 데 중요하다. 1적구의 두께를 맞히는 핵심은 두 눈이 아니라 몸의 삼각형이다. 그래서 시력이 아니라 자세가 두께를 결정한다고 말한다.

스쿼트와 커브

멀리 떨어진 공을 공략할 때는 스쿼트(squirt)와 커브(curve)가 중요하다. 커브를 영어로 스워브(swerve)라고도 한다. 많은 선수들은 스쿼트와 커브를 크게 의식할 필요는 없다고 말한다. 스쿼트와 커브를 의식해서 오조준하는 것이 오히려 더 많은 오차를 가져오곤 하기 때문이다. 그렇다고 해서 스쿼트와 커브를 무시할 수만은 없다.

스쿼트는 회전의 반대방향으로 공이 휘는 성향을 말하고, 커브는 회전방향으로 공이 휘는 성향을 말한다. 즉, 스쿼트와 커브는 반대방향이다. 수구에 상단 회전을 주고 강하게 치면 커브보다는 스쿼트가 더 많이 발생한다. 거꾸로 수구에 하단 회전을 주고 약하게 치면 스쿼트보다는 커브가 더 많이 발생한다. 멀리 떨어진 공일수록 회전을 조금만 주고 공략해야 하는 이유가 바로 스쿼트와 커브를 최소화하기 위해서이다.

커브와 안돌리기

수구의 하단으로 회전을 주고 천천히 치면 스쿼트보다는 커브가 더 많이 발생하여 회전방향으로 수구가 약간 휘면서 진행한다. 이를 감안해서 멀리 있는 적구를 얇게 칠 수 있는 방법을 연습해야 한다. 특히 단쿠션에 근접해 있는 1적구를 얇게 쳐서 안돌리기 할 때, 무회전을 주고 커브를 최소화할 수도 있지만, 차라리 1팁 정도의 회전을 중하단에 주고 1적구의 절반 정도 두께를 겨냥하여 얇게 칠 수도 있다. 커브를 오히려 적극적으로 활용하는 것이다. 이때 수구의 상단을 강하게 치면, 커브보다 스쿼트의 영향이 커져서 1적구를 두껍게 맞혀 실패한다. 대체로 수구의 중하단 당점으로 강하지 않게 쳐서 스쿼트 보다 커브를 발생시키는 것이 얇은 안돌리기에 유리하다.

스쿼트와 투바운딩

멀리 있는 공을 투바운딩으로 치려고 할 때, 스쿼트가 많이 발생한다. 투바운딩은 대부분 상단 당점으로 강하게 치기 때문이다. 상단 당점으로 강하게 칠 때는 커브보다 스쿼트가 많이 발생해서, 회전 반대방향으로 수구가 휘어진다. 이때 오조준이 요구된다. 역회전 투바운딩이건 제회전 투바운딩이건 1적구를 생각보다 두껍게 겨냥하는 것이 유리하다.

스쿼트와 커브의 상쇄

스쿼트와 커브를 최소화해서 멀리 있는 1적구의 면을 정확하게 맞히기 위해서는 무회전을 구사하는 것이 유리하다. 하지만 약간이라도 회전을 주어야만 하는 경우가 있다. 그렇다면 회전을 주면서 스쿼트와 커브를 최소화기 위해서는 어떠한 당점을 구사해야 할까? 하단으로 천천히 치면 커브, 상단으로 강하게 치면 스쿼트가 많이 발생한다. 그렇다면 하단 당점으로 강하게 치고, 상단 당점으로 약하게 친다면? 이처럼 상반되는 조합으로 구사하는 경우 스쿼트와 커브를 적절하게 상쇄할 수 있다.

멀리 있는 1적구를 약간의 회전을 주고 대회전을 구사하는 경우 수구를 강하게 칠 수밖에 없다. 이때에 하단 당점을 주는 것이 스쿼트와 커브의 상쇄를 위해 효과적이다.

멀리 있는 1적구를 약간의 회전을 주어 안돌리기를 구사해야 하는 경우, 수구를 약하게 칠 수밖에 없다. 이때에는 중상단 당점을 주고 치면 스쿼트와 커브가 적절하게 상쇄될 수 있다. 하단을 주고 안돌리기를 하고 싶다면, 커브의 발생을 예상하고 생각보다 조금 두툼하게 겨냥해야 한다.

쿠션 회전력

수구에 회전을 주지 않고, 무회전으로 친다고 하더라도 수구가 쿠션에 부딪히면서 조금씩 회전력이 발생한다. 당구공이 쿠션에 부딪힐 때, 당구공의 한 지점과 쿠션의 한 지점이 충돌하는 것이다. 즉, 당구공이 쿠션에 부딪힐 때마다, 가상의 큐가 당구공의 한 지점을 치는 것과 같은 효과가 일어나는 셈이다.

만약 당구공이 쿠션에 정면으로 부딪힌다면, 즉 당구공의 한가운데에 쿠션의 한 지점이 부딪힌다면 회전이 발생하지 않을 것이다.

하지만 당구공이 쿠션에 비스듬하게 입사될 경우에는 회전이 발생한다. 즉, 그림과 같이 당구공이 쿠션을 향하여 비스듬하게 입사하는 경우, 당구공의 왼쪽이 쿠션과 부딪히게 된다. 이는 결국 당구공의 왼쪽을 큐로 치는 것과 마찬가지 회전력이 발생한다는 것이다. 이는 당구공의 진행방향에서 보면 당구공의 오른쪽을 큐로 치는 것과 마찬가지이다. 결국 당구공은 진행방향으로 회전이 추가되어 발생하는 셈이다.

이렇게 쿠션과 부딪히면서 발생하는 쿠션 회전력은

당구공의 진행방향과 같은 회전력이다. 즉, 당구공은 쿠션에 부딪힐 때마다, 진행방향으로 회전이 점점 더 먹게 된다는 것이다. 여러 번 쿠션에 부딪히는 대회전의 경우에는 회전을 조금만 주고 치더라도, 결국은 회전이 많이 먹게 된다.

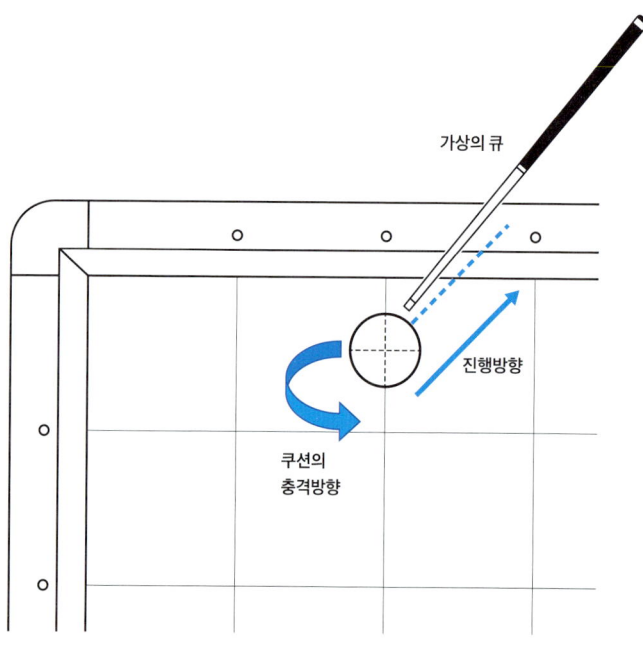

공 회전력:
바깥돌리기와 제각돌리기

수구와 쿠션이 부딪힐 때 수구에 회전력이 발생하는 것과 마찬가지로, 수구와 적구가 부딪힐 때에도 수구에는 자연스럽게 회전력이 발생한다. 그런데 어떤 방향으로 회전력이 발생하는가는 수구와 적구의 어느 면이 부딪히는가에 따라 다르다.

먼저 바깥돌리기의 경우 수구가 1적구에 부딪힐 때, 수구의 진행방향과 반대되는 방향으로 회전력이 발생한다. 왼쪽 그림의 왼편에는 수구의 오른쪽이 적구의 왼쪽에 부딪힌다. 이는 가상의 큐로 수구의 오른쪽을 거꾸로 치는 것과 마찬가지 효과이다. 즉, 역회전이 먹는 것이다. 왼쪽 그림의 오른편에는 수구의 왼쪽이 적구의 오른쪽에 부딪힌다. 이 역시 가상의 큐로 수구의 왼쪽을 거꾸로 치는 것과 마찬가지이다. 즉, 바깥돌리기의 경우 1적구와 부딪히고 나면 어떠한 경우이든지 간에 약간의 역회전을 먹게 된다. 바깥돌리기를 할 때, 무회전으로 구사하면 수구에 역회전이 걸리게 되어 턱없이 수구가 길게 형성되곤 한다.

이와 반대로 오른쪽 그림의 상단에서 수구의 오른쪽

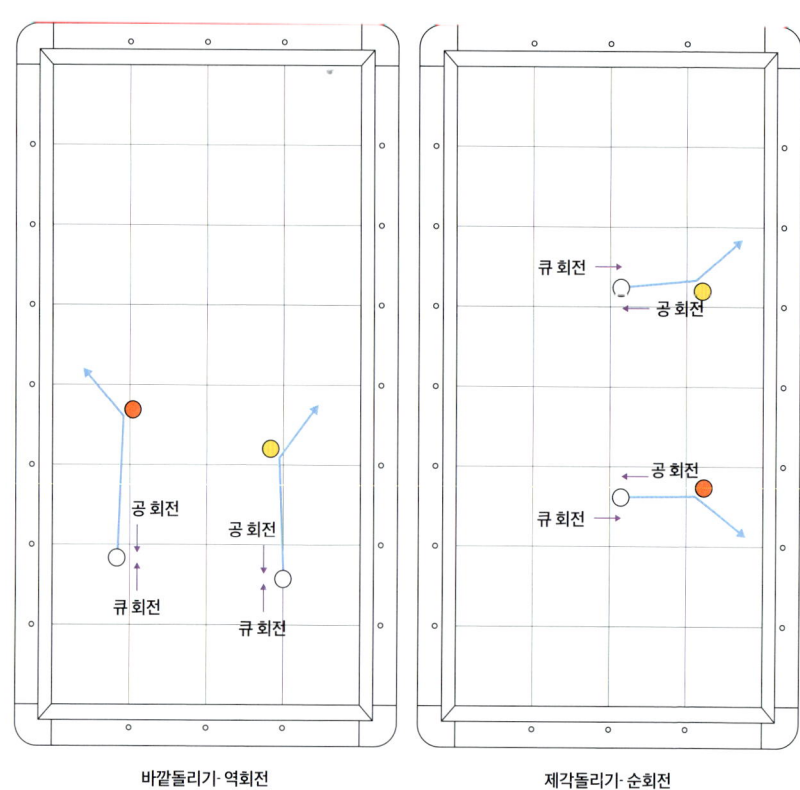

바깥돌리기 · 역회전   제각돌리기 · 순회전

이 적구의 왼쪽에 부딪히고, 수구의 진행방향으로 볼 때 왼쪽 회전이 발생한다. 하단 그림에서는 수구의 왼쪽이 적구의 오른쪽에 부딪혀서, 결국은 오른쪽 회전이 발생한다. 결국 제각돌리기는 수구에 준 회전보다 조금 더 많은 회전이 발생한다고 보아야 한다(공 회전력 + 쿠션 회전력).

    이렇게 보면 3쿠션에는 기본적으로 세 가지 형태의 공략법이 있다.

    첫째, 빈쿠션이다. 이는 수구로 쿠션을 먼저 치고, 이후에 1적구와 2적구를 맞히는 방법이다. 이때에 수구는 큐에 의해 가해진 전진력과 회전력 그리고 쿠션 회전력에 의해 움직인다.

둘째, 바깥돌리기이다. 수구로 1적구를 먼저 치는데, 진행방향과 반대방향으로 치기 때문에, 살짝 역회전이 먹는다. 수구는 큐에 의해 가해진 전진력과 회전력과 쿠션 회전력에 의해 움직일 뿐만 아니라, 여기에 약간의 역회전이 가미되 애초에 부과한 회전력이 약간 감소된다.

셋째, 제각돌리기이다. 수구로 1적구를 먼저 치고 나가는데, 진행방향과 같은 방향으로 치기 때문에, 살짝 순회전이 먹는다. 즉, 플레이어가 시초에 큐를 통해 수구에 부여한 회전력이 약간 강화되면서 움직이기 시작한다.

이 세 가지에 더해서 장쿠션을 따라서 긴 형태로 제각돌리기를 할 때는 '안돌리기'라고 표현하기도 하지만, 안돌리기는 근본적으로 제각돌리기이다. 수구가 1적구를 맞고 바로 비스듬하게 쿠션으로 입사되는 형태의 공을 '비껴치기'라고도 하는데, 이 역시 근본적으로는 바깥돌리기이다.

전진력과 회전력

큐로 공을 쳐서 공을 진행시키는 것이 당구의 가장 기본적인 동작이다. 이때 당구공(수구)에 두 가지 힘이 작용한다는 점을 명심해야 한다. 첫째는 전진력이며 둘째는 회전력이다. 회전력이란 말 그대로 공의 자전을 의미한다. 공의 오른쪽을 치면 오른쪽에서 왼쪽을 향해 공이 돌게 되고, 그러한 공이 쿠션에 맞으면 오른쪽을 향해서 꺾이게 된다. 또한 공의 위쪽을 치면, 공은 위에서 아래로 회전하게 되며, 1적구를 정면으로 맞고 나서도 위에서 아래로 회전하기 때문에 앞으로 진행한다. 그런데 공의 아래쪽을 치면, 공은 아래서 위로 회전하게 된다. 1적구를 정면으로 맞고 전진력을 상실하게 되면, 아래에서 위로 회전하기 때문에 전진하던 반대방향, 즉 뒤쪽으로 공이 진행한다.

    그런데 공의 회전력보다 더 큰 힘은 공의 전진력이다. 공의 전진력은 큐가 향한 방향으로 작용한다. 많은 동호인들이 눈에 보이는 회전력을 잘 인식하고 있지만, 전진력의 존재를 망각하곤 한다. 수구와 1적구가 부딪혀서 수구가 45도 방향으로 꺾여서 진행하더라도, 처음에 큐를 뻗었던 방향으로의 전진력은 수구에 살아 있다는 것이다. 수구가

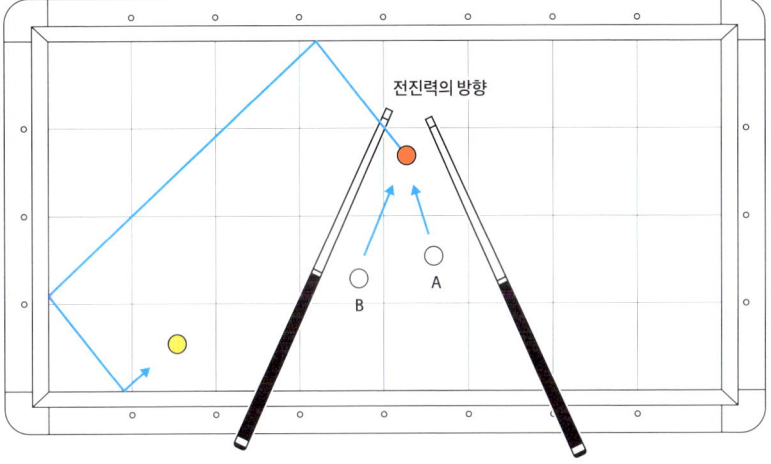

꺾여서 움직일 때에도 미세하게 초기의 전진력이 작용하면서 조금씩 진로에 영향을 주는 것이다. 이러한 점에서 전진력은 일종의 관성으로 이해할 수 있다. 관성으로서의 전진력은 1적구에 부딪히고 나서 가장 크게 수구에 영향을 미치며 쿠션에 부딪히면서 서서히 사라진다.

    이 전진력을 얼마만큼 그리고 어떻게 죽이고 살릴 것인가 하는 점이 3쿠션의 기본이라고 할 수 있다. 보통 바깥돌리기의 경우 전진력을 살리면 길어지고, 전진력을 죽이면 짧아진다.

    하지만 제각돌리기의 경우에는 형태에 따라서 다르다. 수구의 진행방향으로 전진력이 먹으면, 제각돌리기는 길어진다. 이와 반대로 수구의 진행방향과 전진력의 방향이 엇각이 될수록, 제각돌리기는 짧아진다.

    그림에서 수구가 A 위치와 B 위치에 있을 때를 비교해보자. 이때에 동일한 경로로 제각돌리기를 구사한다. 그렇기 때문에 많은 동호인들은, 수구가 A 위치에 있거나 B 위치에 있거나 상관없이, 수구에 같은 팁의 회전을 주어야 하는 것으로 착각하곤 한다.

하지만 큐의 방향에 따른 전진력을 비교해보자. 수구가 A 위치에 있을 때와 B 위치에 있을 때 전진력은 다른 방향으로 작용한다. 수구가 A 위치에 있을 때는 수구의 진행방향과 큐의 전진력은 거의 같은 방향이다.

그러나 수구가 B 위치에 있을 때는 수구의 진행방향과 큐의 전진력은 완전히 다른 방향이다. 결국 전진력의 관점에서 보면, 수구가 A에 있을 때와 B에 있을 때는 완전히 다른 배치의 공이라고 인식해야 한다는 것이다.

그렇다면 회전을 어떻게 변경해주어야 할까? 여기에는 여러 가지 요소들이 개입된다. 먼저 A 위치에 있을 때와 똑같이 B 위치에서도 수구의 중상단을 친다고 생각해보자. 이때에는 A 위치에 있을 때에 비해서 회전을 0.5팁에서 1팁 정도 더 주어야 한다. 그래야 전진력을 상쇄하고 첫 번째 쿠션에서 기대했던 방향으로 수구가 진행된다.

하지만 B의 위치에서 하단으로 1적구를 두툼하게 끌어서 공략한다고 생각해보자. 이때에는 굳이 회전을 더 줄 필요가 없다. 첫째, 1적구를 두툼하게 맞으면서 진행방향으로 회전이 걸리기 때문이다(공 회전력에 관한 설명 참조). 둘째, 수구가 진행방향으로 끌리면서 전진력이 부분적으로 상쇄되기 때문이다.

이처럼 수구와 1적구의 위치에 따라 전진력이 크게 작용할 때가 많다. 이러한 전진력을 상쇄하기 위하여 회전을 추가할 것인지, 수구의 하단으로 끌어칠 것인지를 결정해주어야 한다. 전진력을 살리기 위해서 큐를 끝까지 뻗어서 밀어치라고 말하기도 하며, 전진력을 죽이기 위해서 큐를 잡으라고 말하기도 한다. 이렇게 1적구와 부딪히고 전진력이 최소화되는 수구의 형태를 '죽은 공(dead ball)'이라고 부르곤 한다. 바깥돌리기를 짧게 구사할 때에 이러한 큐질이 요구되곤 한다(패턴 75 참조).

9

무회전과 회전의 비교

수구에 회전을 1팁, 2팁, 3팁 준다는 것은 무슨 의미인가? 수구에 회전을 주는 만큼 수구는 더 많은 거리를 이동하게 된다.

단쿠션에서 단쿠션으로 진행할 때, 무회전 다대를 기준으로 하여, 1팁을 추가할 때마다 1포인트씩 증가한다. 즉, 똑같은 입사 진로에서 2팁을 주면, 무회전에 비해 수구는 2포인트만큼 더 진행한다는 것이다. 이것이 터즐(Tuzul) 시스템의 기본 원리이다.

이에 비해 장쿠션에서 장쿠션으로 진행할 때는 이동거리가 절반으로 줄어든다. 단쿠션에서 단쿠션의 거리에 비해 장쿠션에서 장쿠션의 거리가 절반이기 때문이다. 이 때에는 무회전에 비해 1팁은 0.5포인트, 2팁은 1포인트 만큼 더 진행한다.

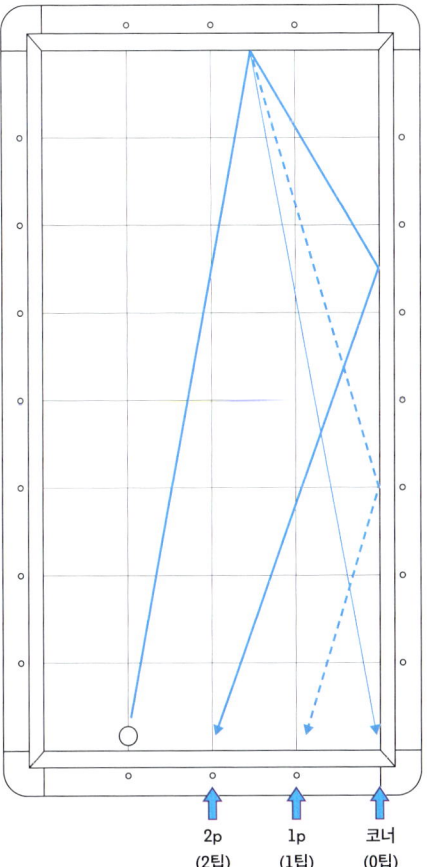

무회전 대칭과 회전의 영향

공은 둥그렇고, 쿠션은 탄력적이다. 공의 진행에 있어서 가장 기본적인 선이 쿠션에 대한 입사각과 반사각이다. 회전이 없는 공의 반사각은 입사각과 동일하다. 이로부터 가장 기본적인 대칭이 형성된다.

그림 오른편에서 무회전으로 수구 위치의 절반을 향해 맞은편으로 진행시키면, 수구는 입사각과 같은 정도의 반사각으로 튕겨 나와 코너를 향해 진행한다. 코너로 들어온 수구는 다시금 입사한 각도와 같은 정도로 반사되어 진행한다. 결국 수구는 처음에 출발한 위치와 같은 위치의 맞은편 쿠션을 향하여 진행한다. 이러한 대칭을 이용하여 빈쿠션을 시도할 수 있다.

그림 왼편에는 무회전 대칭을 이용하여 짧은 제각돌리기를 구사하는 형태이다. 앞서 설명한 것처럼 제각돌리기의 경우 공 회전력이 살짝 먹기 때문에 약간 길어질 수 있다는 점을 감안해야 한다.

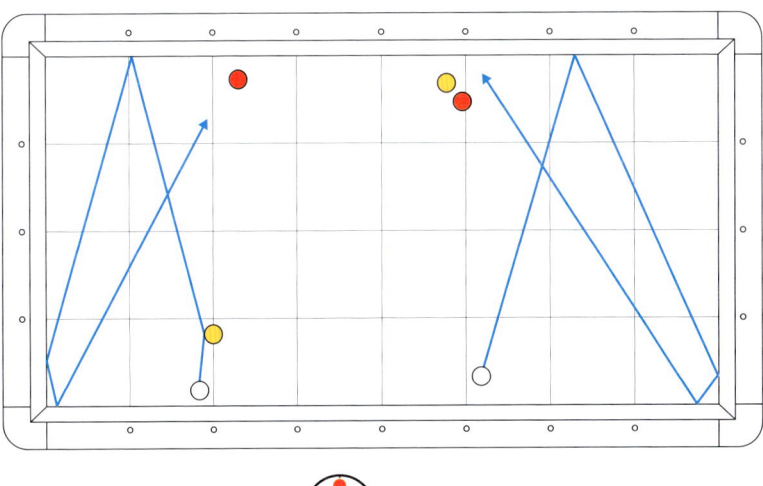

무회전 대칭에서 수구에 회전을 주면 어떻게 될까? 앞에서 단쿠션에서 단쿠션으로 진행하는 경우 1팁의 회전을 주면 1포인트만큼 길어지고, 장쿠션에서 장쿠션으로 진행하는 경우에는 1팁의 회전을 주면 0.5포인트만큼 길어진다고 했다. 무회전 대칭의 경우에도 이러한 원리가 그대로 적용된다. 다만 수구가 장쿠션에서 장쿠션으로 갔다가, 다시금 맞은편 장쿠션으로 가는 대칭의 경우에는 그 차이가 두 배가 된다. 즉, 1팁의 회전을 주면 1포인트 길어지고, 2팁의 회전을 주면 2포인트만큼 길어진다는 것이다.

그림을 보면 무회전 대칭과 마찬가지로 수구 위치의 절반 위치를 향해서 맞은편 장쿠션으로 보내고 있다. 다만 여기에서는 2팁의 회전을 준다. 그러면 원래의 장쿠션으로 돌아올 때에는 무회전일 때보다 1포인트 정도 길어지고, 다시 맞은편 장쿠션으로 들어갈 때에는 2포인트 정도 길어진다. 물론 앞서 설명한 쿠션 회전력과 공 회전력이 모두 같은 방향으로 먹기 때문에 조금씩 더 길어진다.

이처럼 무회전 대칭을 기본으로 하고, 회전을 가감하여 빈쿠션, 제각돌리기, 바깥돌리기를 다양하게 구사할 수 있다. 이것이 가장 기본적인 대칭 패턴이다.

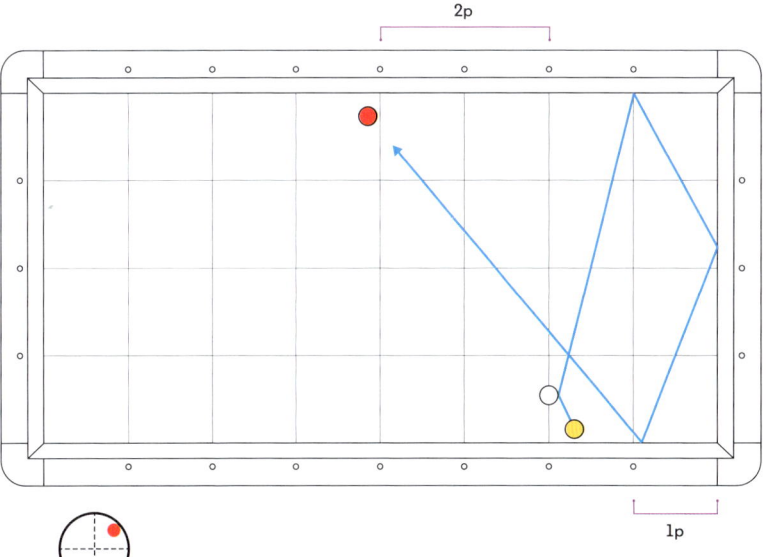

빅볼과 스몰볼

처음 국제식 당구대를 접하는 사람들은 넓은 당구대에서 공을 맞추는 것을 어려워한다. 흔히 국제식 당구대가 너무 넓어서 운동장 같다고 말하곤 한다. 운동장같이 넓은 당구대에서 조그만 공을 맞춘다는 것이 너무 어렵다는 것이다. 하지만 국제식 테이블에서의 3쿠션 게임에 익숙한 사람들은 흔히 "빠지기 어려운 공"이라는 말도 한다. 심지어는 "눈 감고 쳐도 들어간다"고 말하기도 한다. 그 차이는 무엇인가? 이러한 현상을 설명하기 위해 당구인들은 오래 전부터 빅볼을 말하곤 하였다.

빅볼

빅볼(big ball)이란 2적구가 빠지기 어려운 위치에 서 있는 경우를 말한다. 예를 들어 그림에서와 같이 빨간 공이 코너 부근에 위치해 있을 경우, 3쿠션을 맞고 진행하는 수구는 빠지기 어렵다. 수구가 짧게 진행되어서 장쿠션에 먼저 맞아도 빨간 공을 맞힐 수 있다. 적당한 경로로 진행하여 빨간 공을 직접 맞힐 수도 있다. 설혹 수구가 길게 진행된다고 하더라도 장쿠션을 맞고 빨간 공을 맞을 수도 있다. 이를 빅볼이라고 한다. 빨간 공을 맞추어야 하지만, 사실상 수구는 아래 그림의 그림자에 해당하는 큰 원으로 들어가기만 하면 득점을 할 수 있다. 빨간 공이 그만큼 커지는 것이다. 흔히 이러한 배치의 공을 "맞아 있는 공"이라고 부른다.

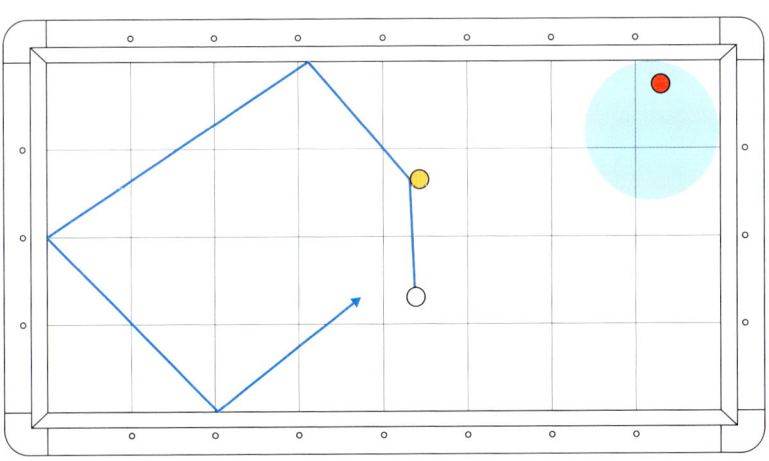

스몰볼

하지만 2적구가 빅볼이 아닌데도 빅볼인 것처럼 착각하는 경우가 종종 있다. 다음 그림이 전형적인 경우이다. 빨간 공이 코너 근처에 위치하고 있어서 수구를 대회전시키면 대충 쉽게 득점할 것으로 착각하는 경우이다. 하지만 그림 아래쪽의 빨간 공을 맞힐 수 있는 세 가지 경로가 겹쳐져 있지 않고, 서로 떨어져 있다(이 말이 헷갈리면 곰곰이 생각해보라).

빨간 공을 맞히는 경로는 첫째 직접 맞히는 경로, 둘째 길게 들어가는 경로, 셋째 짧게 들어가는 경로이다. 그런데, 이 세 가지 경로가 서로 촘촘히 이어져 있지 않다. 직접 맞히는 경로에서 조금만 더 길어지면, 코너를 돌아서 짧게 빠져버린다. 직접 맞히는 경로에서 조금만 짧아지면, 장쿠션을 맞고 길게 빠져버린다.

이러한 경우에는 얼핏 보면 빅볼이지만, 실질적으로는 빅볼이 아니라 스몰볼(small ball)이다. 대충 치면 수구는 실선이 아니라 점선을 따라서 진행하다가 빠져버리곤 한다. 이때는 직접 맞힐 것인지, 짧게 맞힐 것인지, 아니면 길게 맞힐 것인지를 결정하고 쳐야 한다.

이처럼 2적구가 빅볼이 아니라 스몰볼인 경우에는 대회전을 구사하기보다는 1적구의 왼쪽 면을 얇게 쳐서 제각돌리기를 구사하는 것도 좋은 방법이다. 어차피 스몰볼이기 때문에 천천히 쳐서 정확도를 높이는 것이 득점 확률을 높이는 방법이다.

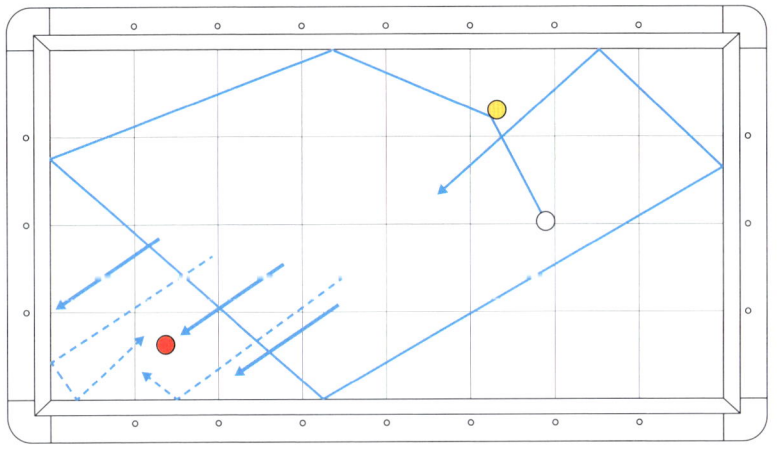

　　스몰볼을 빅볼로 착각해서 공략하는 경우는 의외로 많다. 다음의 그림과 같은 경우, 대부분의 동호인들은 왼쪽의 노란 공을 점선에서와 같이 바깥돌리기로 공략한다. 오른쪽의 빨간 공이 빅볼이라고 생각하기 때문이다. 하지만 수구가 노란 공의 오른쪽에 위치하고 있어서 바깥돌리기를 하려면 노란 공을 두껍게 맞춰서 끌어쳐야 한다. 이때 수구가 짧게 형성되는 경우 아주 짧아질 위험이 있고, 수구가 길게 형성되는 경우에는 아주 길게 형성될 위험이 있다. 게다가 노란 공과 2적구의 키스 위험도 배제할 수 없다. 결국 바깥돌리기로 공략하는 경우, 수구는 정확하게 3쿠션으로 2적구를 맞혀야만 한다. 즉, 이러한 배치에서 노란 공을 바깥돌리기로 공략하는 경우, 빨간 공은 빅볼이 아니라는 것이다.

　　차라리 빨간 공을 1적구로 하여 제각돌리기를 하는 방법을 고려해보자. 이때에도 어차피 노란 공은 빅볼이 아니다. 그렇다면 노란 공 바깥돌리기와 빨간 공 제각돌

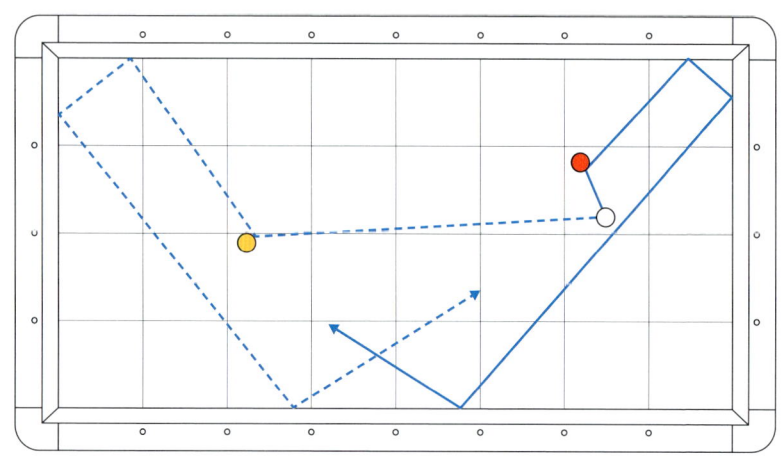

리기 중에서 무엇을 선택해야 할 것인가? 여기에서는 빨간 공 제각돌리기가 정답이다. 첫째, 빨간 공이 가까이 있기 때문에 공략하기 쉽기 때문이다. 둘째, 빨간 공 제각돌리기를 하면 수구가 자연스럽게 움직이지만, 노란 공 바깥돌리기를 하면 수구가 무리하게 꺾이고 끌려서 움직여야 하기 때문이다. 같은 스몰볼이라면, 가까운 적구를 1적구로 선택해서 수구를 자연스럽게 보내는 방법을 선택해야 정확성을 높일 수 있다.

스몰볼을 빅볼로 만드는 방법

그런데 빅볼과 스몰볼은 정해져 있는 것은 아니다. 어떻게 공략하는가에 따라 빅볼이 스몰볼이 될 수도 있고, 거꾸로 스몰볼이 빅볼이 될 수도 있다. 이에 관한 노하우가 하수와 고수의 차이이다.

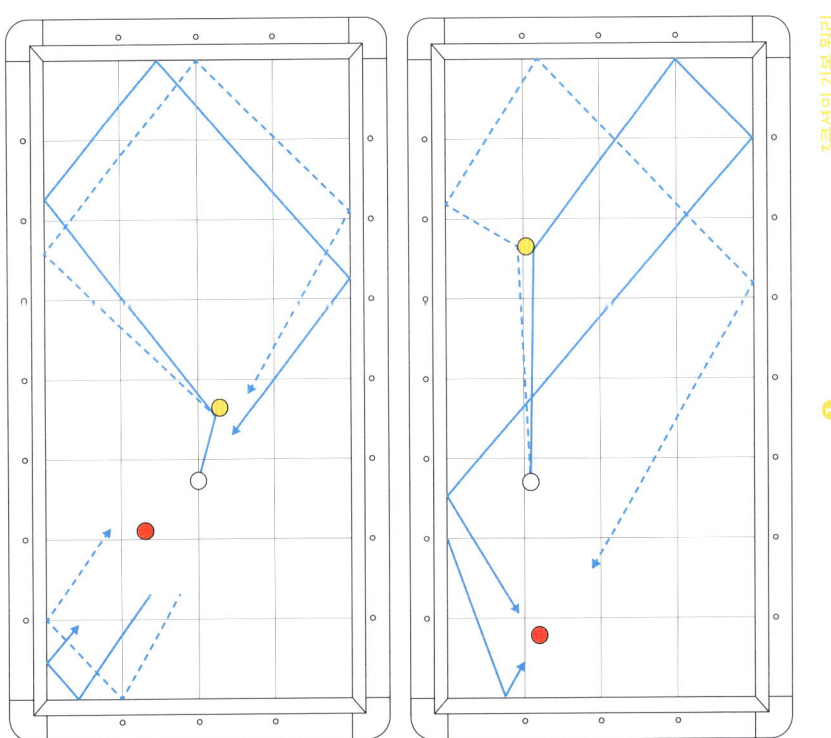

　왼쪽 그림은 바깥돌리기의 경우이다. 점선의 경로는 회전을 많이 주고 1적구를 적당한 두께로 치는 바깥돌리기이다. 실선의 경로는 회전을 조금 덜 주고 중하단으로 1적구를 조금 더 얇게 쳐서 쿠션을 맞으면서 조금씩 짧아지게끔 진행시키는 바깥돌리기 경로이다. 두 가지 경로 중에서 어떠한 경로가 득점 성공률이 더 높다고 보아야 하는가? 답은 실선의 경로이다. 실선의 경로는 3쿠션에서 경로가 짧게 진행되기 때문에 1적구를 맞지 않고 빠지더라도 코너를 돌아 나오면서 맞을 수밖에 없다. 하지만 점선의 경로에서 수구가 길게 진행되는 경우 길게 입사했기 때문에 코너를 돌면 길게 빠진다. 결국 실선의 경로로 수구가 진행할 때 2적구는 빅볼이었지만, 점선의 경로로 진행하는 경우에는 2적구가 스몰볼이 되는 셈이다. 이러한 방법으로 스몰볼을 빅볼로 만드는 방법을 당구 선수들은 공을 "뚱뚱하게 쳐야 한다"고 표현하곤 한다.

오른쪽 그림에서 바깥돌리기를 하는 경우 2적구는 스몰볼이 되지만, 안돌리기를 하는 경우에는 2적구가 빅볼이 된다. 이처럼 어떠한 경로를 선택하는가에 따라 2적구가 빅볼이 되기도 하고 스몰볼이 되기도 한다.

이 외에도 스몰볼을 빅볼로 만드는 다양한 방법들이 있다. 이 책의 여러 곳에서 이에 관하여 언급을 하고 있다. 이러한 방법을 많이 알고 활용할 수 있어야 고수가 될 수 있다.

이미지볼과 이지볼

빅볼과 스몰볼이 2적구에 관한 것이라면, 1적구에 관한 개념으로는 이미지볼과 이지볼이 있다.

이미지볼

'이미지볼(image ball)'이란 가상으로 머릿속에 그리는 공을 의미한다. 왼쪽 그림에서 1적구의 옆면을 얇게 맞히는 것은 상당히 어렵다. 이때 노란 공 바로 옆에 이미지볼을 가상으로 설정한다. 그리고 이미지볼을 두툼하게 친다고 생각하는 것이다. 경우에 따라서는 이미지볼을 1적구보다 훨씬 앞에 설정해 놓을 수도 있다. 이렇게 하면 거리에 따른 부담감을 최소화할 수 있다.

　이미지볼은 2적구에도 적용할 수 있다. 오른쪽 그림에서 첫 번째 쿠션과 두 번째 쿠션을 이어주는 선을 먼저 생각하고, 적당한 위치에 이미지볼을 설정하여 원쿠션으로 맞힌다고 생각한다. 이미지볼을 통과하는 수구는 3쿠션으로 2적구를 맞힐 수밖에 없다.

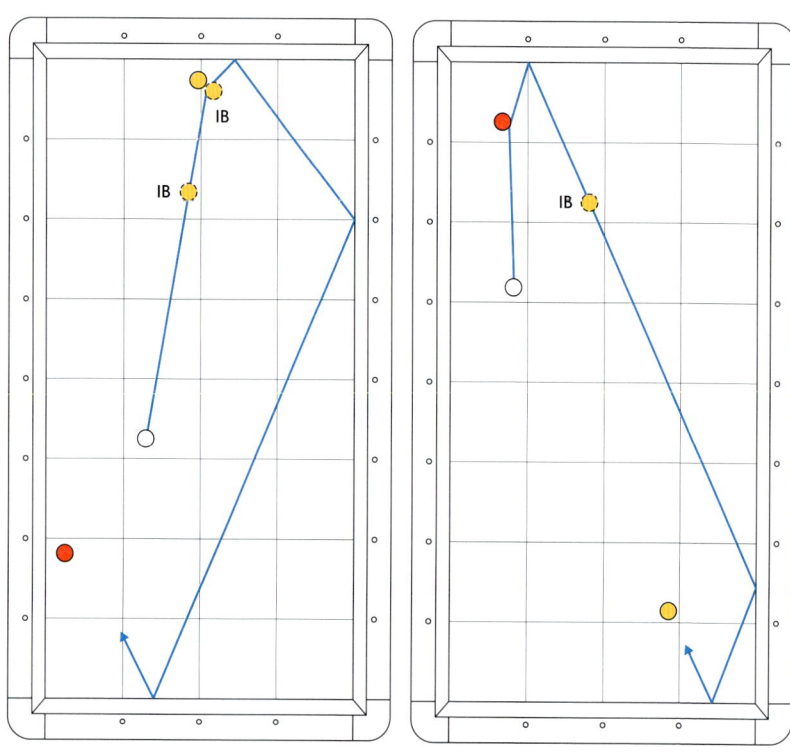

이지볼

'이지볼(easy ball)'은 김동수 선생님이 만드신 개념이다. 편안하게 맞힐 수 있는 1적구의 두께를 이지볼이라고 한다. 보통 편안한 두께는 1적구의 절반 정도 두께를 의미한다 (사람마다 약간씩 다를 수 있다). 왼쪽 그림에서 편안한 두께로 1적구를 맞히는 것이 실선이다. 실선의 경로는 편안한 두께로 맞히되, 회전을 적게 준 경우이다. 회전을 2팁 다 주려고 하면, 점선의 경우처럼 1적구를 얇게 맞혀야 3쿠션에 성공할 수 있다. 이지볼이란 두 가지 방법 중에서 1적구를 편안하게 맞히는 두께를 선택해야 한다는 것이다. 즉, 편안한 1적구의 두께를 먼저 선택하고 당점을 그에 따라 조절해야 한다는 것이다. 당점을 2팁으로 먼저 정하고 나서 1적구의 두께를 조절하면 실수할 확률이 높아지기 때문이다.

    오른쪽의 그림은 이지볼의 개념을 구멍치기에 적용한 경우이다. 1적구를 두툼하게 맞히면 2적구의 왼쪽으로 빠져나갈 것을 염려하여, 대부분의 동호인들은 1적구를 얇게 맞히려고 노력한다. 이때 생각을 달리 해서 1적구를 평소와 같이 두툼하게 맞히되, 3쿠션에서 수구가 서서 올라올 수 있도록 역회전 2팁을 주고 칠 수도 있다. 이렇게 구사하는 것이 바로 이지볼이다.

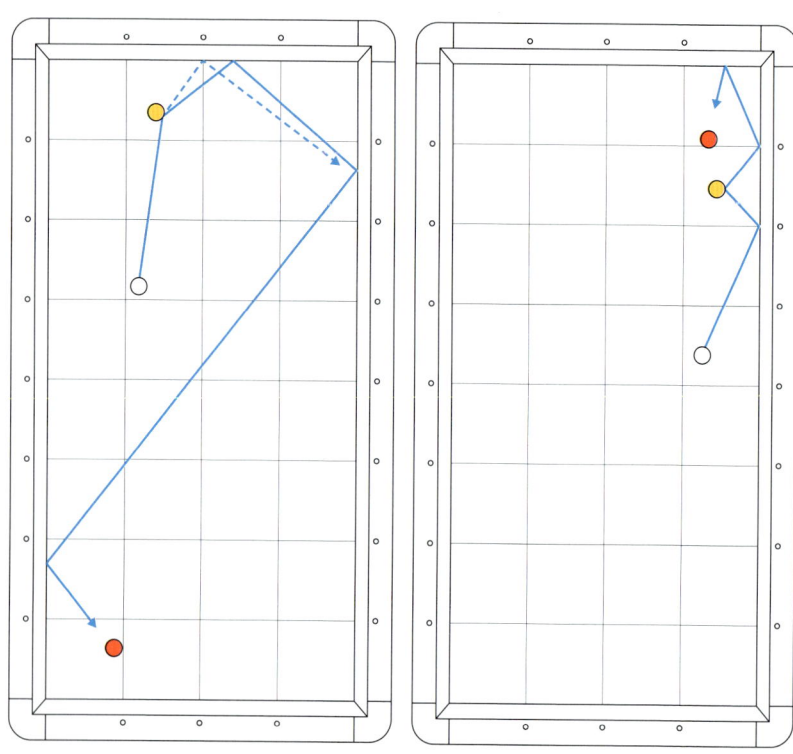

수렴경로와 확산경로

3쿠션에 있어서 공의 선택이 중요하다는 말이 있다. 앞서 설명하였듯이 공의 선택에 따라 스몰볼이 빅볼이 되기도 하고, 거꾸로 잘못된 공의 선택에 따라서 빅볼이 스몰볼로 변화하기도 한다. 여기에서는 공의 진로에 관하여 설명하고자 한다. 공의 진로가 확산(divergence)되는 경우가 있는가 하면, 거꾸로 한 지점으로 수렴(convergence)되는 경우가 있다. 이를 얼마나 잘 인식하면서 공을 선택하느냐 하는 것이 고수가 되기 위한 중요한 요인이다.

수렴경로

왼쪽 그림은 대회전하는 경우이다. 실선은 1적구를 얇게 친 경우의 진로이고, 점선은 1적구를 두껍게 친 경우의 진로이다. 두 가지 진로를 가만히 살펴보자. 첫 번째 쿠션에서 입사 지점이 1포인트 이상 차이가 나지만, 수구가 진행되면서 그 차이는 점점 작아진다. 결국 수구는 2적구가 있는 코너를 향해서 진행된다. 이처럼 1적구의 두께에 따른

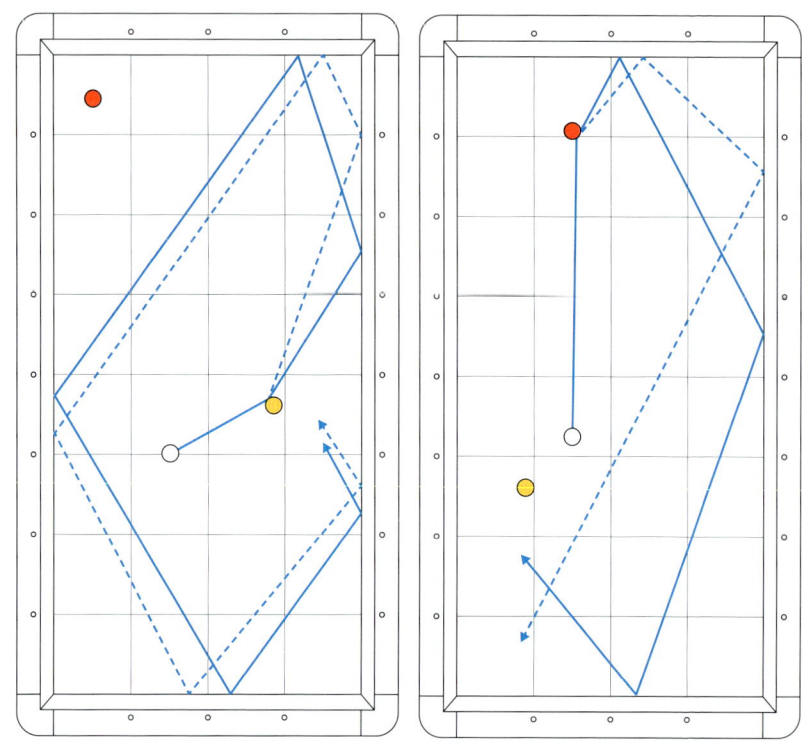

차이가 쿠션을 맞고 진행되면서 점점 더 작아지는 경우를 '수렴경로(convergence path)'라고 할 수 있다.

확산경로

오른쪽 그림은 안돌리기를 하는 경우이다. 실선은 1적구를 얇게 쳐서 길게 돌리는 경우이고, 점선은 1적구를 약간 두껍게 쳐서 급격히 짧아지는 경우이다. 수렴경로와는 반대로 '확산경로(divergence path)'의 경우, 초기의 차이가 점점 더 커진다. 확산경로의 경우에는 1적구의 두께에 민감한 경로이며, 첫 번째 쿠션에의 입사 각도가 점점 더 커지면서 에러 폭이 커진다.

선택의 중요성

탑 랭커 선수들의 플레이를 보면 수구가 1적구를 맞으면서부터 이미 공이 맞아 있는 경우가 많다. 이에 비해 아마추어들의 공략은 수구의 진행을 끝까지 보아야 성공과 실패를 판단할 수 있는 경우가 많다. 그만큼 성공 확률이 차이 날 수밖에 없으며, 이는 애버리지의 차이로 귀결된다. 스몰볼을 빅볼로 만드는 공의 선택, 확산경로가 아닌 수렴경로의 선택이 애버리지를 향상시키는 지름길이다.

14

한계각의 설정

3쿠션 공략에 있어서 또 하나의 중요한 포인트가 한계각 또는 최대각이라고 부르는 공의 경로이다. 한계각이란 수구가 최대한 갈 수 있는 지점이다. 그 이상의 지점으로 수구가 절대로 진행할 수 없을 때, 이를 활용하여 3쿠션 공략을 쉽게 할 수 있다. 즉, 2적구가 위치하고 있는 지점을 한계각의 최종 지점으로 설정하여 공략하는 방법이다.

왼쪽 그림은 바깥돌리기로 공략하는 경우이다. 실선은 2팁의 회전을 사용하여 1적구를 적당한 두께로 공략하는 경우이다. 점선은 맥시멈 회전을 사용하여 1적구를 최대한 두껍게 공략하는 경우이다. 실선으로 공략하는 경우 수구는 짧게 빠질 수도 있고, 길게 빠질 수도 있다. 하지만 점선으로 공략하는 경우 수구는 절대로 길게 빠질 수는 없다. 기계적으로 따진다면 점선의 선택이 실선의 선택에 비해 실패 확률을 절반으로 줄일 수 있다. 그러나 한계각에 따른 심리적 자신감을 고려한다면, 성공 확률은 훨씬 더 높아진다.

오른쪽 그림은 1적구를 비껴치기로 공략할 것인가 아니면 끌어서 제각돌리기를 할 것인가의 선택을 보여주고

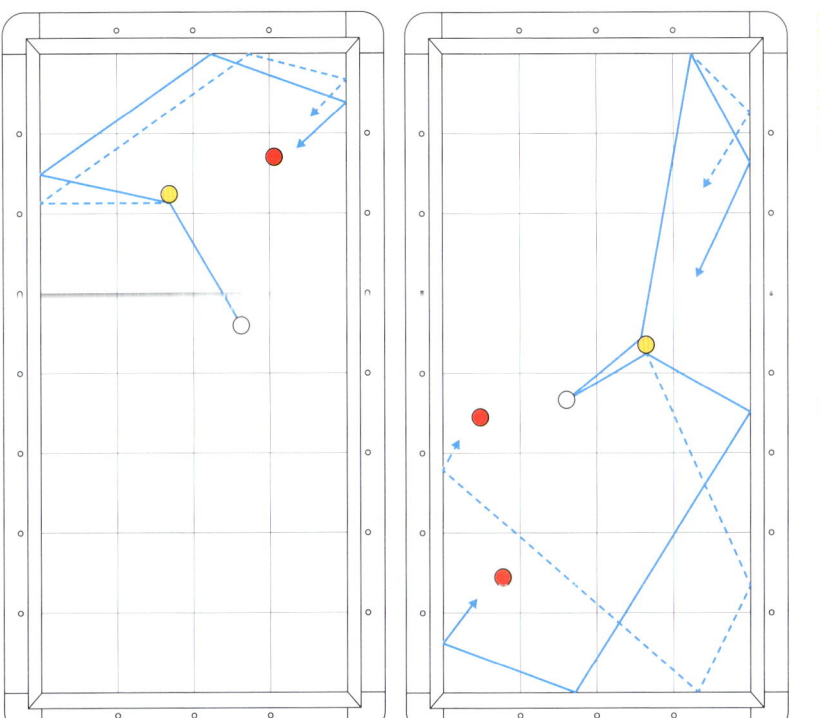

있다. 비껴치기의 경로는 앞서 설명한 바와 같이 수렴경로가 아니라 확산경로이다. 비껴치기를 하는 경우에는 회전의 양에 따라서 그리고 전진력의 많고 적음에 따라서 수구의 경로는 커다란 차이를 보이기 쉽다.

    이에 비해 끌어서 제각돌리기를 하는 경우, 수구는 거의 코너 지점으로 향하게 되어 있다. 특히 수구의 하단으로 끌지 않고, 수구의 중단으로 끈다고 생각해보자. 이때는 아무리 많이 끌린다고 하더라도, 수구가 장쿠션의 1포인트를 넘어서 진행하기는 쉽지 않다. 이러한 한계각을 활용하는 경우, 수구가 넘쳐서 빠질 걱정을 하지 않고, 자신감 있게 공략할 수 있다.

이번에는 오른쪽 그림의 점선에서 처럼 2적구가 장쿠션의 3포인트 부근에 위치해 있다고 생각해보자. 이때는 중하단으로 수구를 끌되 적당한 스피드로 진행되도록 한다. 이렇게 진행하는 수구는 사실상 장쿠션의 3포인트를 넘어서기 어렵다. 이처럼 수구의 한계각은 회전에 의해서도 영향을 받지만, 스피드에 의해서도 영향을 받는다. 이렇게 회전과 스피드를 적절하게 배합하여 한계각을 설정해 놓고, 이를 적절하게 활용할 필요가 있다.

실패의 이유 – 당점

3쿠션 득점에 성공하기 위해서는 여러 가지 요인들이 충족되어야 한다. 수구의 당점과 1적구의 두께, 그리고 스트로크 등이 정확하게 배합될 때 3쿠션 득점에 성공한다.

그렇다면 3쿠션 득점 실패에서 가장 중요한 요인은 무엇일까? 많은 동호인들이 3쿠션 득점에 실패하고 나서 한결같이 하는 말이 있다. "두께가 틀렸다", "너무 두꺼웠다", "너무 얇았다" 등의 말이다. 즉, 수구가 1적구에 맞는 면이 틀려서 득점에 실패했다는 말이다. 물론 이 말이 틀린 것은 아니다. 하지만 일반적으로 말해서 두께는 3쿠션 공략에서 그다지 중요하지 않은 요인이다.

어떤 동호인들은 1적구의 두께를 여덟 가지로 나누어서 공략하려고 노력하기도 한다. 하지만 이는 쉽지 않은 일이다. 대부분의 당구 고수들이 구사하는 두께는 "아주 두껍게(2/3)", "절반 두께", "얇게 (1/3)", "아주 얇게(라미)" 정도이다. 이 이상으로 두께를 구분하여 구사하는 것은 대단히 어려운 일이다.

사실 3쿠션에서 절묘한 공의 두께가 요구되는 배치는 그다지 많지 않다. 대부분의 3쿠션은 두께가 결정적이지 않다. 예를 들어 대회선을 치는 경우, 1석구를 아주 누껍게 맞히건, 절반 두께로 맞히건 큰 상관없이 돌아가서 득점에 성공한다. 대부분의 배치에서 평범한 두께로 1적구를 맞은 수구의 진로는 거의 정해져 있는 것이다. 그것이 자연스러운 진로이며, 김동수 선생님은 그러한 두께와 진로를 '이지볼(easy ball)'이라고 하여 강조하신다.

동호인들이 두 번째로 강조하는 것은 스트로크가 잘못되었다는 것이다. 큐가 너무 많이 나가서 공이 밀렸다든지, 큐를 너무 확 잡아서 공이 너무 끌렸다든지, 그래서 원하는 방향으로 수구를 보내지 못했다는 것이다. 이러한 말도 역시 틀렸다고는 할 수 없지만, 그다지 중요하지 않은 핑계일 뿐이다. 미세한 두께가 요구되는 공도 그다지 많지 않지만, 정교한 스트로크가 요구되는 공은 그보다 훨씬 더 적다.

스트로크에서 가장 중요한 것은 두 가지이다. 첫 번째로 중요한 것은 큐가 똑바로 나가느냐 하는 것이다. 두 번째로 중요한 것은 큐가 자신감 있게 나가느냐 하는 것이다. 이 두 가지는 정말로 중요하다.

스트로크에 관하여 수많은 이야기들을 들어보았지만, 이 두 가지만큼 중요한 것은 없었다. 예를 들어 큐를 느슨하게 잡아야 한다거나 꽉 잡아야 한다거나, 혹은 큐를 등속으로 움직여야 한다거나 큐의 스피드를 최대화시켜야 한다거나, 그게 아니고 큐를 길게 뻗어야 한다거나 큐를 간결하게 쏘고 말아야 한다거나, 그것도 아니고 큐 끝을 수평으로 향하게 한다거나 큐 끝을 아래로 향하도록 해야 공이 자연스럽다거나 큐 끝을 위로 향하도록 하는 업샷이 되어야 회전이 잘 먹는다는 등 스트로크에 관하여 수많은 이야기들이 있다. 이 모든 이야기들이 틀렸다고는 할 수 없다. 그러나 이들은 생각만큼 중요하지 않다. 무엇보다도 세계적인 당구 선수들인 코드롱, 야스퍼스, 브롬달, 산체스, 자네티의 스트로크는 제각각 다 다르다. 세계적인 선수들이 보여주는 스트로크의 공통점은 "자신감 있게 똑바로 나간다"는 것뿐이다.

많은 동호인들이 스트로크가 좋아지면 금방 고수가 될 것이라고 생각하곤 한다. 그래서 스트로크 연습만 열심히 하는 이들을 자주 본다. 하지만 주변에서 그렇게 해서 고수가 된 사람을 보지 못했다. 순서는 거꾸로이다. 고수가 되면 스트로크가 좋아지는 것이다.

지휘자의 멋진 몸짓을 보고서 그런 몸짓을 흉내내면 위대한 음악이 만들어질 것으로 착각하는 사람들이 종종 있다. 지휘자의 몸짓이 좋아서 훌륭한 음악이 나오는 것이 아니다. 거꾸로 훌륭한 음악의 감동이 지휘자에게서 그러한 몸짓을 이끌어내는 것이다. 스트로크가 좋아지면 고수가 된다는 것도 마찬가지이다. 스트로크를 잘해서 고수가 되는 것이 아니라, 고수가 되면 자연히 스트로크가 좋아진다.

공이 가는 길을 많이 아는 것이 고수이다. 그 길은 그냥 길이 아니다. 공이 그렇게 갈 수도 있고 안 갈 수도 있는 길이 아니고, 공이 갈 수밖에 없는 길이다. 그 길을 많이 아는 것이 고수이다. 그 길을 알면 안정된 마음으로 확신을 가지고서 스트로크를 한다. 스트로크를 잘하는 게 목적이 아니라, 내 공으로 하여금 그 길로 들어서게끔 해주는 것이 목적이다. 공이 그 길에 들어서는 데 알맞은 스트로크를 해주는 것일 뿐이다. 공이 그렇게 갈 수밖에 없는 길을 알기 때문에 확신을 가지고 스트로크를 한다. 자연히 스트로크는 "자신감 있게 똑바로 나가는" 것이다. 그 길을 모르기 때문에 스트로크가 불안해지고, 자신감이 없어지고, 큐가 똑바로 나가지 못하고 흔들리고, 마무리를 깔끔하게 하지 못하는 것이다. 중요한 것은 스트로크가 아니다. 공이 갈 수밖에 없는 길, 즉 패턴을 아는 것이 중요하다. 패턴을 알면 스트로크는 자연히 "자신감 있게 똑바로 나가는" 것이다.

그렇다면 득점 실패의 진정한 원인은 무엇일까? 필자의 생각으로 가장 중요한 원인은 잘못된 '당점'이라고 생각한다. 당점은 두 가지이다. 회전량의 당점과 상중하의 당점이다. 회전량의 당점은 수구의 수평 회전에 관련되는 요인이며, 상중하의 당점은 수구의 수직 회전에 관련되는 요인이다.

1팁, 2팁, 3팁은 수평 회전량을 의미한다. 보통 회전이라고 하면 이러한 수평 회전을 의미한다. 당점을 상으로 주는 것은 수구가 전진하는 방향으로 회전을 준다는 것이며, 중의 당점을 주는 것은 수직 회전량을 제로로 가져간다는 것이며, 하의 당점을 주는 것은 전진방향과 반대방향의 수직 회전을 주어서 끌려오게 만든다는 것이다. 보통 당점이라고 하면 수직 회전량과 관련된 상중하의 어느 곳을 치느냐를 의미한다.

많은 동호인들이 이러한 당점을 구분하지 못한다. 당점을 0팁, 0.5팁, 1팁, 1.5팁, 2팁, 3팁, 4팁으로 구분하여 쳐야 하지만, 대부분의 동호인들은 2팁만을 사용한다. 수구에 1팁만 주고 1적구를 편안하게 맞히면 득점할 수 있는 안돌리기 형태의 배치가 있을 때, 많은 동호인은 2팁을 주고 쳐서 짧게 뺀다. 그리고 동호인들은 두께가 너무 두꺼웠다고 말한다. 고수의 입장에서 볼 때는 당점이 잘못된 것이지만, 당점에 대한 개념이 없는 하수의 입장에서는 두께 탓을 하는 것이다. 두께 탓의 대부분은 사실 수평 회전이 잘못된 것이다.

이제 수직 회전량을 생각해보자. 당점을 상단에 주고 치면, 아무리 엉터리로 스트로크를 하더라도, 수구에 끌림의 효과를 주기 어렵다. 또한 중하단의 당점으로 1적구를 두툼하게 쳐서 살짝 끌리면서 꼬미가 형성되도록 쳐야 하는 배치가 있다고 생각해보자. 많은 동호인들은 무조건 최하단의 당점을 주고 친다. 그 결과 수구가 과도하게 끌리면서 꼬미가 형성되지 않는다. 이를 두고 많은 동호인들은 스트로크가 안 좋아서 과도하게 끌었다든지, 큐가 너무 많이 나가서 절제가 되지 않았다든지 등의 핑계를 댄다. 고수의 입장에서 볼 때는 당점의 상중하 선택이 잘못된 것일 뿐인데 말이다.

멀리 떨어져 있는 1적구의 두께를 8등분으로 쪼개서 정교하게 맞추는 것은 어려운 일이다. 특히 필자와 같이 나이도 들고 취미로 당구를 치는 사람들에게는 거의 불가능한 일이다. 더군다나 예전 같지 않은 몸으로 팔의 움직임을 정교하게 조절(control)하여 정확하면서 힘 있는 스트로크를 구사하는 것은 더더욱 어려운 일이다.

하지만 아무리 나이가 들고 눈이 침침해지고 몸의 근력이 예전 같지 않더라도 할 수 있는 것이 있다. 바로 눈앞에 있는 수구의 당점을 조절하는 일이다. 수구의 당점은 얼마든지 정교하게 구분하여 칠 수 있다. 그렇기 때문에 최근 뉴욕에서 벌어진 경기에서 76세의 노장 레이몽 클루

많은 1.7이 넘는 에버리지를 기록하면서 4위를 할 수 있는 것이다.

당점의 구분

수구의 당점은 보통 그림과 같이 구분한다. 0팁은 무회전을 의미한다. 0.5팁을 구사하는 경우가 상당히 많다. 무회전을 주면 공이 불안정하게 움직이는 경우가 많기 때문에, 아주 미세하게 진행 방향으로 회전을 주어야 할 때 사용된다. 당구 선수들을 '코딱지 만큼' 회전을 주라고 말하곤 한다. 그다음에 1팁과 1.5팁을 구분한다. 1팁은 회전을 주는 것만큼 주는 것이고, 1.5팁은 평범한 회전보다는 적게 주는 것이다. 2팁은 그야말로 평범한 회전량을 의미한다. 2.5팁을 구사하는 경우는 거의 없다. 회전량이 많아지면 2팁이나 2.5팁을 구분하기가 어려울 정도로 비슷해지기 때문이다. 그다음에는 3팁이다. 이는 평범한 회전보다 많은 회전을 주는 것이다. 마지막으로 종종 4팁을 주어야 할 때가 있다. 4팁은 물론 3팁의 오른쪽을 쳐서 구사할 수도 있다. 하지만 그림에는 4팁 선을 그리지 않았다. 이는 대부분의 선수들은 극단적으로 오른쪽을 주어서 4팁을 구사하지 않기 때문이다. 그렇게 되면 큐미스를 할 수도 있으며, 극단적으로 오른쪽을 치게 되면 수구에 스쿼트/커브가 심해지기 때문이다. 그보다는 중하단의 당점을 주면서 3팁을 주면 4팁을 주는 것과 마찬가지로 극단의 회전력이 걸리게 된다. 4팁 또는 최대회전량이라고 할 때는 이런 방식으로 구사하는 것이 편하다.

상중하의 당점은 대체로 상, 중상, 중, 중하, 하의 다섯 단계로 구분한다. 여기에서 가장 평범한 당점은 중이 아니라 중상이다. 보통 어느 정도의 전진력을 가미해서 치기 때문이다. 그래서 가장 평범한 당점은 2팁에 중상이다. 이를 보통 10시 혹은 2시 당점이라고 부르기도 한다. 이렇게 수직의 다섯 가지 당점과 수평의 여섯 가지 당점을 배합해 보면 30가지 타격 지점으로 구분된다. 앞에서 1적구의 두께는 대체로 네 가지로 나눈다(2/3, 1/2, 1/3, 라미). 그렇다면 가장 단순한 배합으로도 120가지로 공략할 수 있는 셈이다. 기본적인 공을 배치해 놓고, 이렇게 120가지로 쳐보는 연습을 해보라. 그러면 당점의 위력을 실감할 수 있을 것이다.

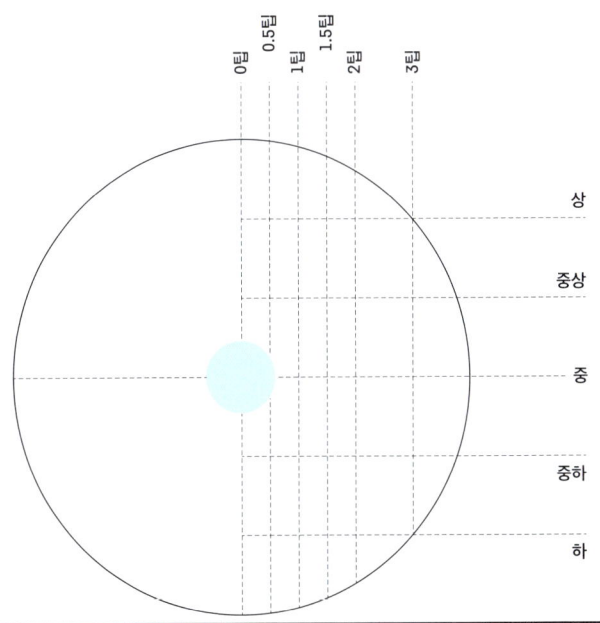

2

기본적인 시스템

파이브 앤 하프와 플러스 투의 유래

아마도 가장 전통적인 3쿠션 시스템이라면 파이브 앤 하프(Five and Half) 시스템과 플러스 투(Plus Two) 시스템일 것이다. 왜 이러한 명칭이 붙었는지 의아해하는 동호인들을 자주 볼 수 있다. 이에 대해서 명확하게 이해할 필요가 있다.

파이브 앤 하프는 무회전 기준으로 0.5포인트(5p)를 향해 치면 수구 출발 포인트의 절반으로 오는 데서 붙여진 이름이다. 이는 당구대의 절반인 정사각형 영역에서 적용된다. 이것을 회전을 주어서 확대한 것이 우리 말로 열반 시스템이라 한다(김동수 선생님 강의). 회전을 주어 1포인트(10p)를 치면 수구 출발의 절반으로 오기 때문에 열반 시스템이라 한다. 거꾸로 수구 출발 포인트의 절반을 치면 1포인트에 오기 때문에 완전한 대칭이다. 무회전 파이브 앤 하프는 그렇지는 않다.

당구 역사의 초기에는 모두 무회전으로 쳤기 때문에 무회전 파이브 앤 하프가 시스템의 상징이 된 것이다. 요즘에는 큐 끝에 가죽을 압축해서 붙이는 팁이 있기 때문에, 여기에 초크를 바르고 수구의 옆면을 쳐서 회전을 줄 수 있지만, 옛날에는 팁이 없었기 때문에 무조건 당구공의 중앙을 쳤다고 한다.

　플러스 투 역시 마찬가지이다. 무회전으로 쳤을 때가 기준이다. 하지만 그 적용 영역이 무회전 파이브 앤 하프와는 반대의 정사각형이다. 당구대의 절반 아래쪽 정사각형에서 무회전으로 단쿠션 코너를 향해 치면 수구 출발지점보다 2포인트 아래로 돌아온다. 그래서 플러스 투가 된 것이다. 이 역시 클루망이 회전을 주어서 치는 시스템으로 발전시켜서 현재의 플러스 투 시스템이 된 것이다.

　무회전 파이브 앤 하프는 당구대의 한쪽 정사각형에 적용되고, 플러스 투는 나머지 한쪽에 적용되기 때문에 이 두 가지가 가장 기본적인 시스템이었다. 클루망의 《미스터 100》이라는 책은 무회전 파이브 앤 하프를 회전을 가미해서 발전시키고, 무회전 플러스 투를 역시 회전을 주는 시스템으로 발전시킨 것이라고 할 수 있다. 결국 《미스터 100》은 이 두 가지 시스템을 회전을 주어서 정교하게 만든 책인 셈이다.

무회전 파이브 앤 하프 시스템

파이브 앤 하프 시스템은 원래 무회전을 기준으로 하는 것이다. 장쿠션의 포인트를 계산할 때, 맞은편 장쿠션의 0.5(Five) 포인트를 치면 수구 포인트의 절반(Half)을 향해 간다는 것이다.

　이는 당구대의 절반 이하에서만 타당하다. 그 이하에서는 두 포인트 내려갈 때 마다 0.5포인트씩 올려쳐야 절반으로 떨어진다.

　무회전으로 공략할 때 주의해야 할 점은 앞에서 설명한 공 회전력과 쿠션 회전력이다. 특히 제각돌리기 형태에서는 무회전을 구사하더라도 자연스럽게 회전이 먹는다.

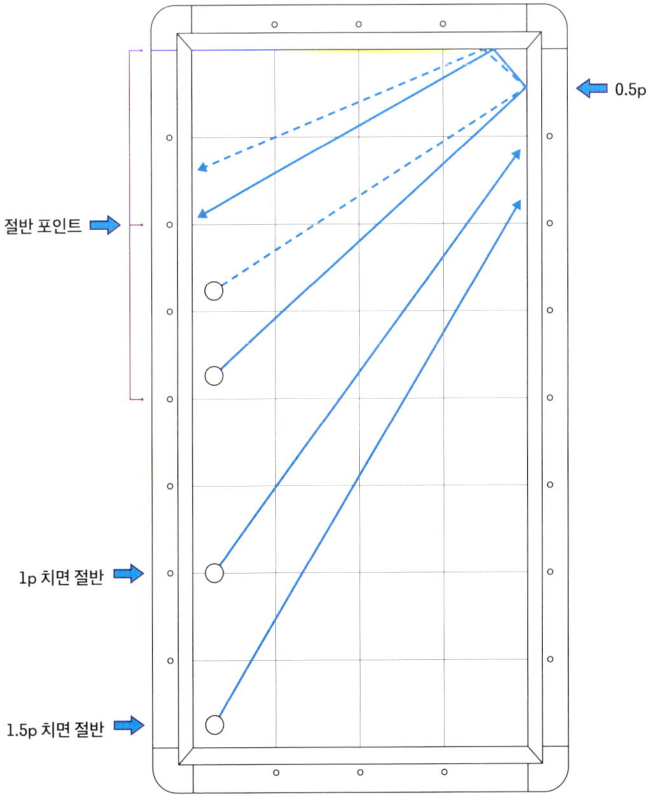

절반 포인트

0.5p

1p 치면 절반

1.5p 치면 절반

회전 파이브 앤 하프 시스템

무회전 파이브 앤 하프 시스템을 2팁으로 개선한 것이 일반적으로 사용되는 파이브 앤 하프 시스템이다. 클루망에 의해 체계화된 이 시스템은 정확도가 상당히 높다. 하지만 무회전일 때는 파이브 앤 하프가 맞지만, 2팁일 경우에는 텐 앤 하프(Ten & Half) 라고 해야 할 것이다. 이를 김동수 당구 강좌 카페에서는 열반 시스템이라고도 한다. 즉, 열(ten) 포인트를 치면 절반으로 간다는 뜻이다.

파이브 앤 하프 시스템은 목표하는 (제3쿠션) 도착 지점의 포인트를 기준으로 회전 팁을 조정해주어야 한다.

- 10포인트를 목표로 할 때는 1.5팁
- 20포인트를 목표로 할 때는 2팁
- 30포인트를 목표로 할 때는 2.5팁
- 40포인트를 목표로 할 때는 3팁 등이다.

여기에서 기본 계산식은 아래와 같다.

입사 포인트 = 수구 포인트 − 목표 포인트

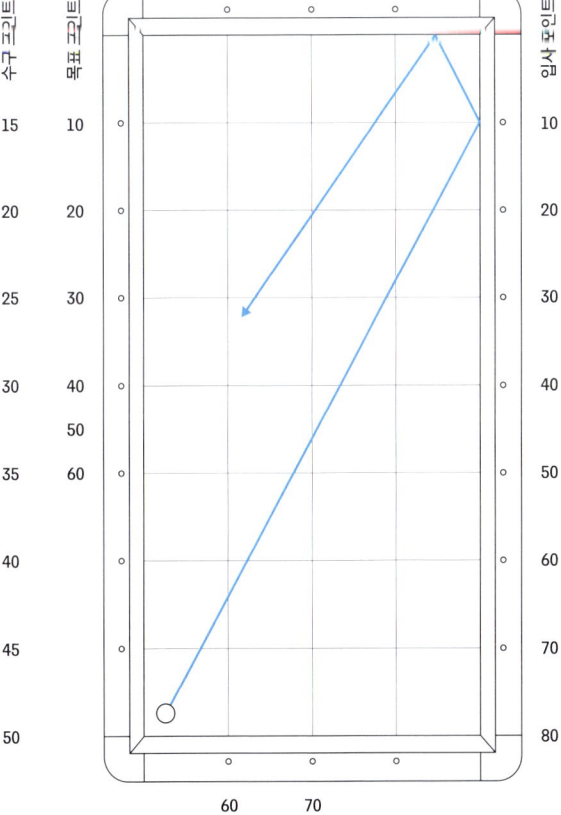

무회전 플러스 투

플러스 투란 당구대의 절반 이하(무회전 파이브 앤 하프가 적용되는 영역의 반대쪽)의 영역에서 무회전으로 코너를 보내면 2포인트만큼 아래로 내려온다는 것에서 유래한다.

하지만 당구대 절반을 중심으로 하여 그 위로 가면서 급격하게 짧게 떨어진다. 무회전 입사각이 그만큼 급격하게 좁아지기 때문이다. 이렇게 되면 이 책에서 이후에 소개할 무회전으로 코너에 입사하는 패턴과 결국은 같아진다.

하여간 플러스 투 시스템은 장쿠션의 아랫부분으로 내려갈수록 2포인트보다 조금 더 많이 떨어지고, 장쿠션의 위로 올라갈수록 2포인트보다 조금 더 짧게 떨어진다.

이렇게 정확하지는 않지만, 회전을 주지 못해서 무회전으로 쳐야 했던 옛날의 당구 선수들에게 플러스 투와 같은 시스템은 수구의 진행방향을 예측하는 데 큰 도움이 되었을 것이다.

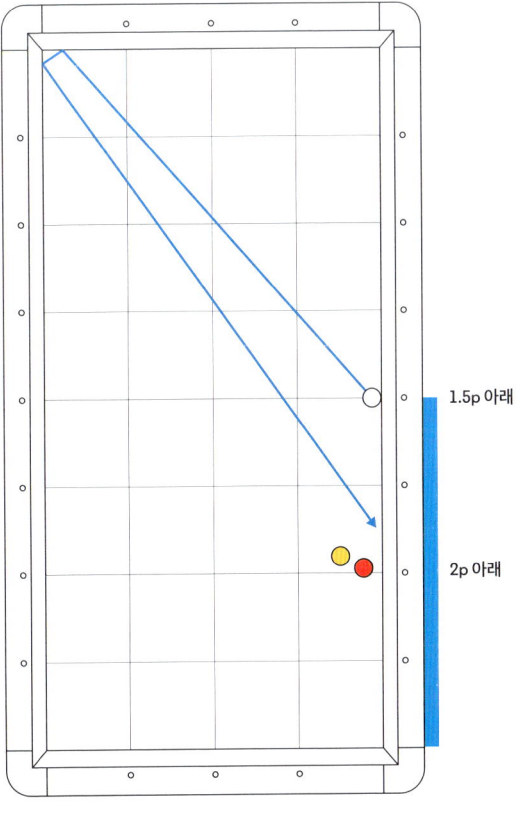

보통 회전 플러스 투

일반적인 플러스 투는 2팁의 회전을 주어 구사하는 시스템으로서 클루망에 의해 정립되었다. 즉, 단쿠션의 한 포인트를 삼등분하여 2팁의 회전으로 부드럽게 입사시키면, 수구가 출발한 지점에 비해 1포인트, 2포인트, 3포인트 아래로 떨어진다는 것이다. 이 시스템의 특징은 2팁으로 부드럽게 코너를 향해 입사시키면 제자리 근처로 되돌아온다는 점을 전제로 하고 있다는 것이다.

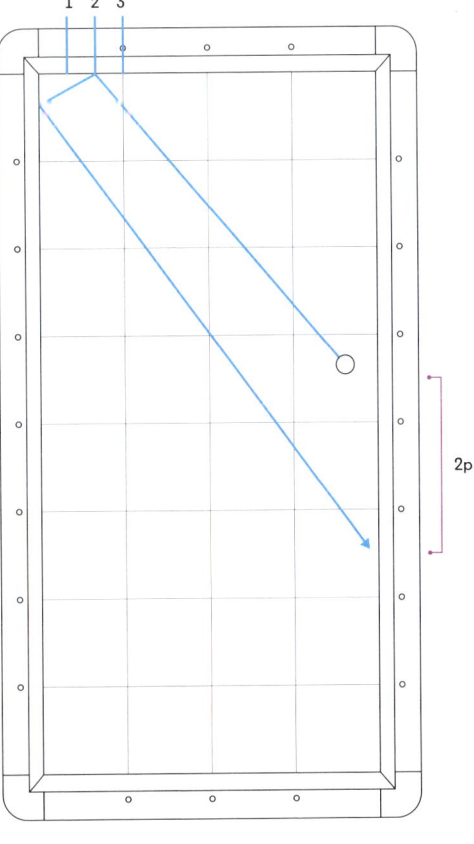

맥시멈 회전 플러스 투 코너-원점(4포인트)

2팁을 기본으로 하는 전통적인 플러스 투 시스템은 안정적이지 못하다. 쿠션의 특성에 따라서, 그리고 회전의 조금 더하고 덜하는 데에 따라서, 그리고 수구의 스피드에 따라서 민감하게 변화한다. 그렇기 때문에 많은 사람들이 플러스 투 시스템을 어려워한다. 플러스 투를 이용하여 칠 때마다 매번 다른 자리에 떨어진다는 것이다.

이를 극복하기 위하여 사용되는 방법이 맥시멈 회전을 사용하는 플러스 투 시스템이다. 이를 강조하신 분은 역시 김동수 선생님이다. 장쿠션 4포인트에서 맥시멈 회전을 주고 단쿠션 코너로 입사시키면 제자리로 되돌아온다.

3포인트에서 맥시멈 회전으로 코너로 입사시키면, 4포인트와 3포인트의 중간 지점(빠른 스피드일 경우는 2/3지점)으로 되돌아온다. 이처럼 맥시멈 회전으로 코너에 입사를 시키면, 4포인트와 출발 지점의 가운데 지점으로 되돌아온다.

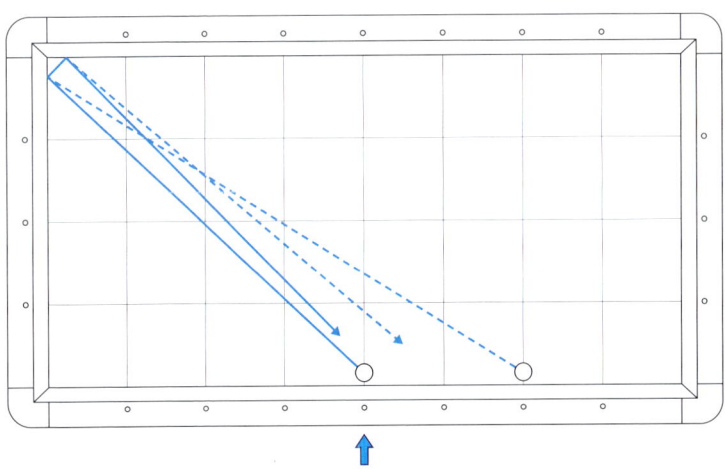

원점(4p)
도착점 = 출발점과 원점의 절반 또는 2/3 지점

맥시멈 회전 플러스 투
1포인트-원점(2포인트)

4포인트에서 코너를 향하여 맥시멈 회전으로 입사시키면 제자리로 돌아오듯이, 장쿠션 2포인트에서 맥시멈 회전을 주고 단쿠션 1포인트로 입사시키면 제자리로 되돌아온다. 장쿠션 2포인트에 가까운 지점에서는 이를 활용하여 맥시멈 플러스 투를 활용하는 것이 편리하다.

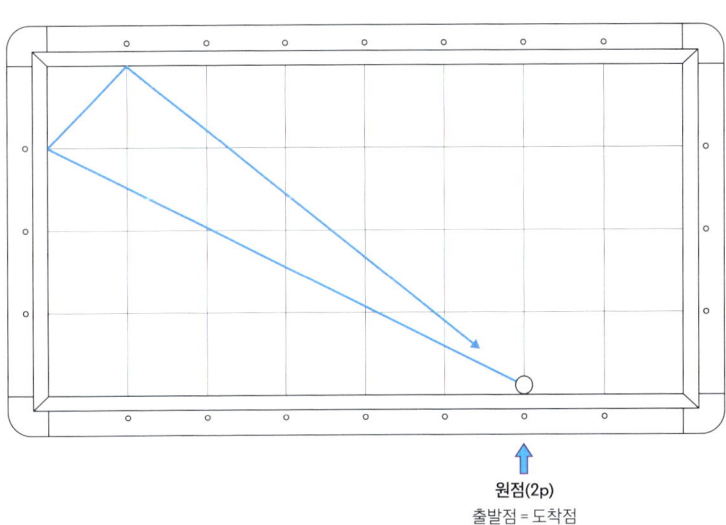

원점(2p)
출발점 = 도착점

보통 회전 플러스 투 코너-원점(3포인트)

장쿠션 3포인트에서 2팁 회전을 주고 단쿠션 코너로 입사시키면 제자리로 되돌아온다.

예를 들어, 장쿠션 1포인트에서 2팁 회전으로 코너로 입사시키면, 점선과 같이 3포인트와 1포인트의 중간 지점으로 되돌아온다. 이처럼 3포인트 선을 기준으로 하여 2팁 회전으로 코너에 입사를 시키면, 3포인트를 기준으로 하여 출발 지점과 가운데 지점으로 되돌아온다.

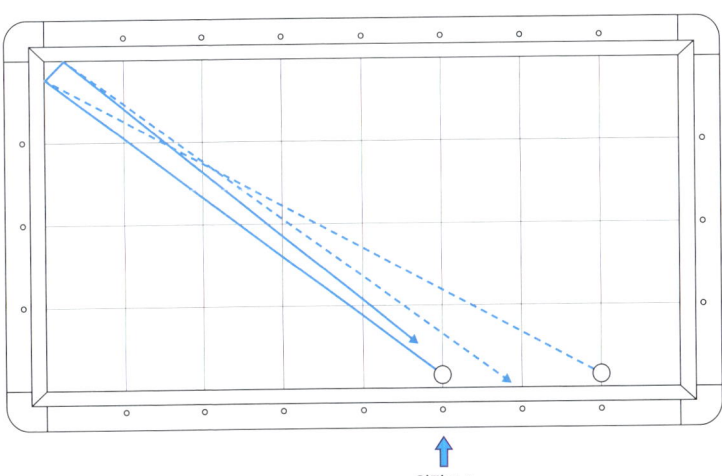

원점(3p)
도착점 = 출발점과 원점의 중간 지점

평행이동 시스템

김동수 선생님이 개발하시고 또 늘 강조하시는 시스템이자 하나의 패턴이다. 그래서 김동수 선생님의 이름을 따서 DS 시스템이라고도 한다. 평행이동에 익숙해지면 무회전으로 길게 돌리는 선을 상당히 정확하게 구사할 수 있다.

먼저 제3쿠션에 수구가 도달할 위치를 확인하고, 그 자리와 수구를 연결하는 선을 긋고 그 선의 가운데(1/2) 지점에서 맞은편 코너로 향하는 선을 그린다.

그 선을 수구 쪽으로 평행이동하면 첫 번째 쿠션의 입사 지점을 확인할 수 있다. 단 여기에서 회전에 주의할 점이 있다. 코너 부근에서는 0.5팁 정도 주어야 수구가 부드럽게 움직인다. 4포인트 위에서는 무회전을 주어야 한다. 4포인트 위에서는 자연 회전을 먹기 때문이다.

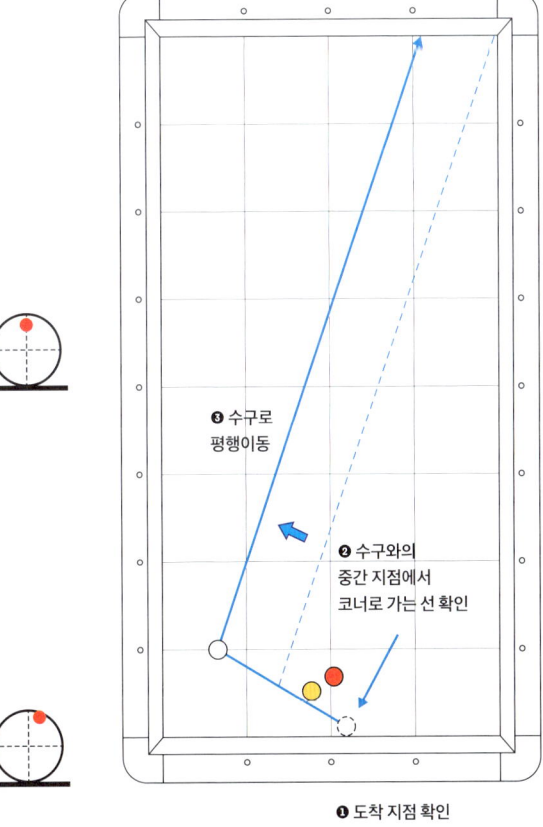

❶ 도착 지점 확인

맥시멈 더블 레일

맥시멈 회전으로 각을 잡는 것은 대단히 유용한 방법이다. 맥시멈 회전으로 각을 잡으면 좋은 점은 넘칠 걱정은 하지 않아도 된다는 것이다. 2팁 회전을 구사하는 경우에는 넘칠 수도 있고 모자랄 수도 있다. 양쪽을 염려하면서 치다 보면 자신감이 결여되고 그에 따라 큐가 자연스럽게 나가지 못한다. 그러나 맥시멈 회전을 구사하는 경우에는 넘칠 걱정을 하지 않아도 되며, 따라서 한쪽으로만 생각을 몰아갈 수 있고, 그만큼 자신감이 붙고, 큐의 움직임은 자연스럽게 나간다. 이를 최대각의 원리 또는 한계각의 원리라고 부르곤 한다. 세계 챔피언을 했던 고 이상천 선수가 최대각을 잘 이용한 것으로 널리 알려져 있다.

역회전을 주어 입사한 공이 다시 나오면서 3쿠션을 먹는 더블 레일(double rail) 역시 다양한 방식으로 공략할 수 있다. 많은 교과서에서 수구의 위치에 따라 회전의 양을 조절하는 방식의 더블 레일 공략법을 소개한다. 하지만 맥시멈 회전을 구사하여 공략하는 방법이 최대각의 장점을 살리는 방법이다. 맥시멈 플러스 투 역시 같은 장점을 취하고 있는 셈이다.

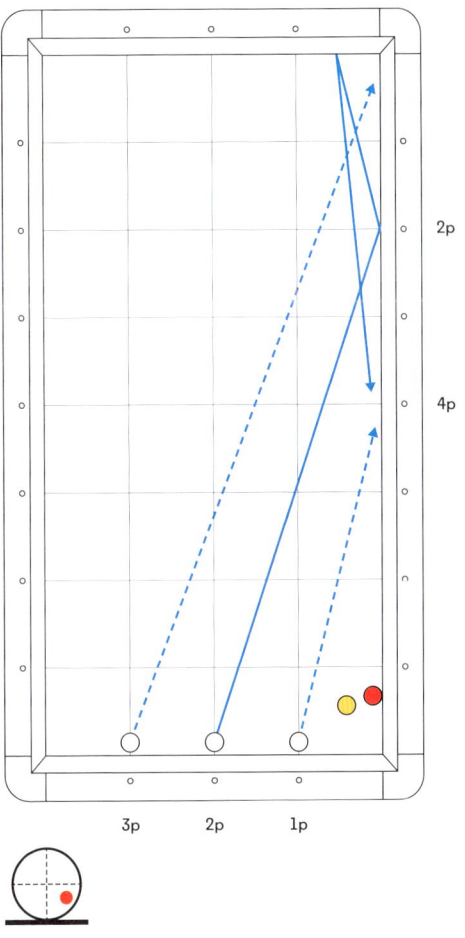

　그림에서 맥시멈 역회전을 주어 단쿠션 3포인트에서 코너를 향하면 오른쪽 코너로 진행한다. 단쿠션 2포인트에서는 장쿠션 2포인트를 겨냥하고, 단쿠션 1포인트에서는 장쿠션 4포인트를 겨냥하면, 수구는 오른쪽 코너로 입사한다. 이러한 최대각을 기준으로 하여, 다른 위치에 있는 배지를 공략함으로써 정확성을 향상시킬 수 있다.

　　맥시멈 회전을 주는 일반적인 방법은 3팁을 주되 중단보다 당점이 조금 더 내려간 쪽을 겨냥하는 것이다. 그렇다고 해서 큐를 비틀어서 치는 것은 위험한 방법이고 회전이 생각처럼 많이 먹지도 않는다. 그보다는 큐를 똑바로 내밀면서 스피드를 살짝 얹혀주어서 수구의 중하단 3팁을 찔러 회전이 많이 먹도록 하는 것이 안전한 방법이다.

더블 레일과 공 회전력

빈쿠션으로 더블 레일을 구사하는 경우도 있지만, 수구로 1적구를 맞히고 나서 더블 레일을 구사하는 경우도 많다. 이때 앞에서 언급한 맥시멈 회전력의 더블 레일 기준선을 활용할 수 있다.

    1적구를 맞고 진행하는 수구의 출발선이 단쿠션 1포인트이고, 2적구가 코너에 위치해 있다면, 수구에 맥시멈 회전을 주고 장쿠션의 4포인트 지점을 향하여 진행하도록 치면 된다. 그리고 그림에서와 같이 2적구가 단쿠션의 1포인트 지점에 위치한다면, 장쿠션의 2포인트 지점을 향하여 진행시킨다.

    하지만 이때 조심해야 할 점이 있다. 1적구에 의해 발생하는 공 회전력이 존재한다는 점이다. 앞에서 공 회전력을 설명할 때, 바깥돌리기 형태에서는 공 회전력이 수구의 회전력을 감소시키고, 제각돌리기 형태에서는 공 회전력이 수구의 회전력을 증가시킨다고 하였다. 하지만 더블 레일에서는 이것이 반대로 작용한다는 점을 이해하여야 한다.

    그림의 왼쪽에서는 바깥돌리기 형태로 더블 레일을

구사한다. 바깥돌리기 형태에서는 수구에 역회전이 길린다. 그렇기 때문에 역회전을 구사하는 더블 레일에서 수구는 더 많은 회전을 먹는다. 따라서 왼쪽 그림에서처럼 수구의 출발선이 단쿠션 1포인트를 벗어나더라도 장쿠션 2포인트를 향하여 진행하면 넉넉하게 단쿠션 1포인트의 2적구를 맞힐 수 있다.

그림의 오른쪽에서는 제각돌리기 형태로 너블 레일을 구사한다. 제각돌리기 형태에서는 수구에 제 회전이 걸린다. 그렇기 때문에 수구에 주는 역회전은 감소한다. 결국 수구에 맥시멈 회전력을 준다고 했지만, 1적구를 맞고 나서 수구의 회전력은 평범한 회전으로 바뀌기 쉽다는 것이다. 그림의 오른쪽에서 수구의 출발선은 단쿠션 1포인트이지만, 장쿠션 2포인트보다 앞쪽으로 겨냥해야 단쿠션 1포인트로 되돌아온다. 특히 수구에 맥시멈 회전을 확실히 주어야만 한다.

이러한 공 회전력의 차이를 이해하지 못하고 더블 레일을 구사하면, 왼쪽 그림과 같은 바깥돌리기 형태에서는 수구의 회전력이 넘쳐서 실패하는 경우가 많고, 오른쪽 그림과 같은 제각돌리기 형태에서는 수구의 회전력이 모자라서 실패하는 경우가 많다. 공 회전력의 차이를 충분히 이해하고 더블 레일 공략을 구사해야 한다.

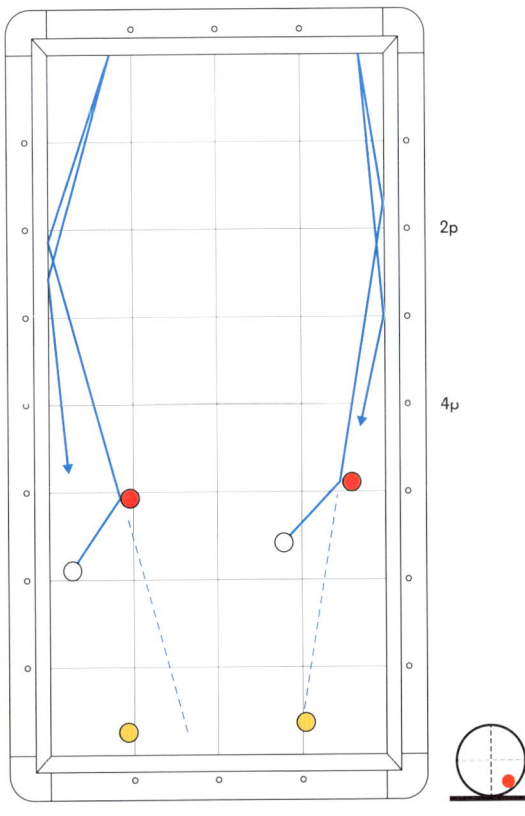

로드리게스 시스템

이 역시 가장 대표적으로 패턴에 가까운 시스템이다. 한때 세계적으로 유명한 3쿠션 선수였던 라몬 로드리게스가 만들었다고 전해지는 시스템으로, 1적구와 2적구가 장쿠션에 근접해 있어서 제각돌리기를 해야 할 때 자주 사용되는 시스템이다.

장쿠션에 근접한 1적구를 끌어서 제각돌리기를 해서 같은 장쿠션의 아래에 위치한 2적구를 맞히고자 할 때, 1적구와 2적구의 거리의 절반에 해당되는 단쿠션 포인트를 향해 수구를 진행시키면 된다. 이는 매우 단순한 시스템으로서, 시합 중에 머리가 잘 돌아가지 않을 때 효과적으로 사용할 수 있다. 이것이 바로 숫자 계산을 요구하는 시스템이 아니라 패턴이 가지는 장점이다.

이는 플러스 투 시스템과 차이가 난다. 그 이유는 끌어서 치는 제각돌리기의 경우 수구가 투쿠션에서 많은 회전을 먹고 퍼지는 성질이 있기 때문에, 플러스 투 시스템보다 짧아지기 때문이다. 끌어서 치는 제각돌리기의 경우, 로드리게스 시스템이 간단하면서도 성공률이 높다.

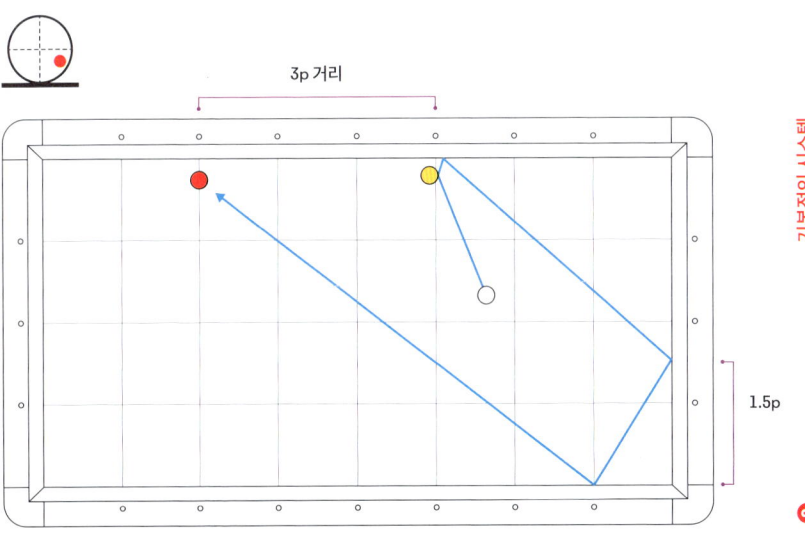

3

100개 패턴

패턴에 관하여

여기에서는 100가지 패턴을 설명한다. 3쿠션을 위한 수구의 움직임에 관한 것이 69가지이며, 3쿠션을 위하여 보충적으로 필요한 키스와 수비 그리고 포지션에 관한 패턴이 31가지이다. 패턴은 다음과 같은 특성을 갖는다.

패턴은 직관적(insight)이다. 일반적인 시스템처럼 숫자로 더하기 빼기 곱하기 나누기 등의 계산을 하는 것이 아니다. 공의 배치에 따라 즉답이 나오기 때문에 빠르게 적용할 수 있다.

패턴은 눈으로 확인한다. 비주얼(visual)한 형태로 확인하는 것이다. 따라서 눈에서 머리를 거치지 않고 바로 손으로 갈 수가 있다. 이는 게임 중 불리한 상황에서도 당황하지 않고 구사할 수 있다는 점을 의미한다.

패턴은 대칭적(symmetrical)이다. 수구의 움직임과 도달하는 점이 대칭적인 경우가 많기 때문에, 패턴은 기억하고 적용하기 쉽다. 또한 대칭되는 지점보다 더 길게 혹은 더 짧게 보내기 위해 1적구를 조금 더 두껍게 또는 얇게 맞추거나 회전을 조금 더 주거나 덜 주는 등의 조절을 할 수 있기 때문에 적용력이 뛰어나다.

패턴은 하나의 약도 혹은 지도와 같은 것이다. 우리는 약도를 보고 처음 가보는 건물을 쉽게 찾는다. 패턴의 역할도 이와 같다. 패턴을 알면, 공을 어느 방향으로 보내야 하는지, 그래서 어떻게 길을 찾아서 제2적구를 맞힐 것인지를 찾아갈 수 있다. 약도는 개략적인 것을 보여주지만, 숫자를 제시하지는 않는다. 몇 미터를 가고 나서 왼쪽으로 들어서 또 몇 미터를 가다는 식으로 알려주는 것은 약도가 아니다. 그렇게 자세히 알려주면 잘 찾아갈 것 같지만, 오히려 너무 많은 정보는 길을 찾는 데 방해가 된다. 수많은 시스템들이 그와 같은 지경이다. 패턴은 약도와 같이 길을 찾아가도록 도와주는 조감도이다.

약도를 눈으로 한 번 보고 찾아갈 수 있을 거라고 생각하면 오산이다. 직접 길을 찾아가보고, 약도와 실제 도로를 비교해보면서 확인해야 한다.

패턴은 눈으로 형태를 익혀서 눈과 몸으로 적용해야 한다. 계산에 의한 숫자를 익히는 것이 아니라, 눈과 몸으로 패턴을 익혀야 하는 것이다. 이는 다시 말해서 끊임없는 훈련을 통해서만이 패턴이 나의 것이 된다는 것이다. 눈으로 한 번 보고 이해했다고 해서 패턴이 자기 것이 되지 않는다.

대칭점의 이해

수구가 대칭적인 방향으로 진행되도록 하는
당구대의 신비한 지점들이 있다.

1. 원쿠션 대칭 기준점: 가까운 3포인트

단쿠션에서 수구가 출발할 때 원쿠션으로 맞은편 단쿠션의 동일한 위치로 보내기 위해서는 장쿠션의 어느 지점을 겨냥해야 하는가? 이는 가장 단순한 질문이다. 하지만 이에 대한 답을 정립해 놓고 있는 동호인은 많지 않다. 대부분은 감으로 친다. 2팁 회전을 주고 수구를 칠 때, 어느 지점을 쳐야 맞은편 쿠션의 대칭점으로 가는가? 가장 근원적인 원쿠션 질문이기도 하지만, 이는 가장 근원적인 3쿠션 기준점이기도 하다.

무회전으로 칠 때는 입사각과 반사각이 같기 때문에, 기준점은 정가운데이다. 하지만 2팁을 준다고 했을 때의 기준점은 절반보다 앞 지점으로 대략 3/8 지점이다. 그렇기 때문에 장쿠션에서 세 번째 포인트가 가장 중요한 기준점이 된다. 실선에서처럼 노란 공을 2팁으로 치면 건너편 단쿠션의 동일한 위치(대칭점)에 도달한다.

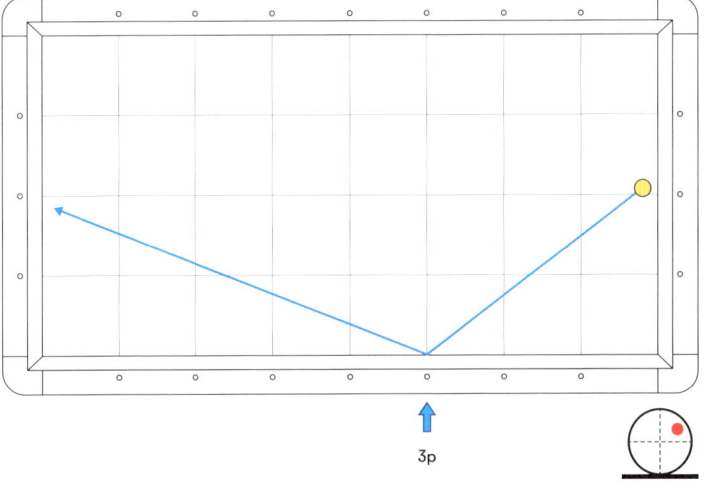

3p

2. 가까운 3포인트를 이용한 긴 안돌리기

그림에서와 같은 긴 안돌리기를 성공시키는 경우 상대방이 깜짝 놀라곤 한다. 많은 사람들이 이러한 배치를 굉장히 어렵게 생각한다. 이러한 배치에 적용할 수 있는 시스템이 별로 없기 때문이다. 이러한 배치에서 많은 사람들이 긴 안돌리기를 하기보다는 짧게 안돌리기를 시도하곤 한다. 그 이유는 첫 번째 쿠션의 어느 지점을 겨냥해야 하는지를 모르기 때문이다. 가장 단순한 원리를 모르고 있는 것이다.

원쿠션을 통하여 대칭 지점으로 보내기 위해서는 가까운 3포인트 지점으로 입사하면 된다는 단순한 사실이 이러한 배치에서 파워를 발휘한다. 즉, 장쿠션을 따라서 길게 안돌리기를 할 경우, 2팁으로 3포인트에 입사할 때 맞은편 단쿠션의 대칭되는 위치로 진행한다는 점을 활용한다.

1적구를 끌어서 단쿠션 2포인트에서 출발한 수구가 장쿠션 3포인트를 향하도록 두께와 당점을 결정하여 끌어주면, 수구는 맞은편 단쿠션 2포인트를 향하여 진행한다.

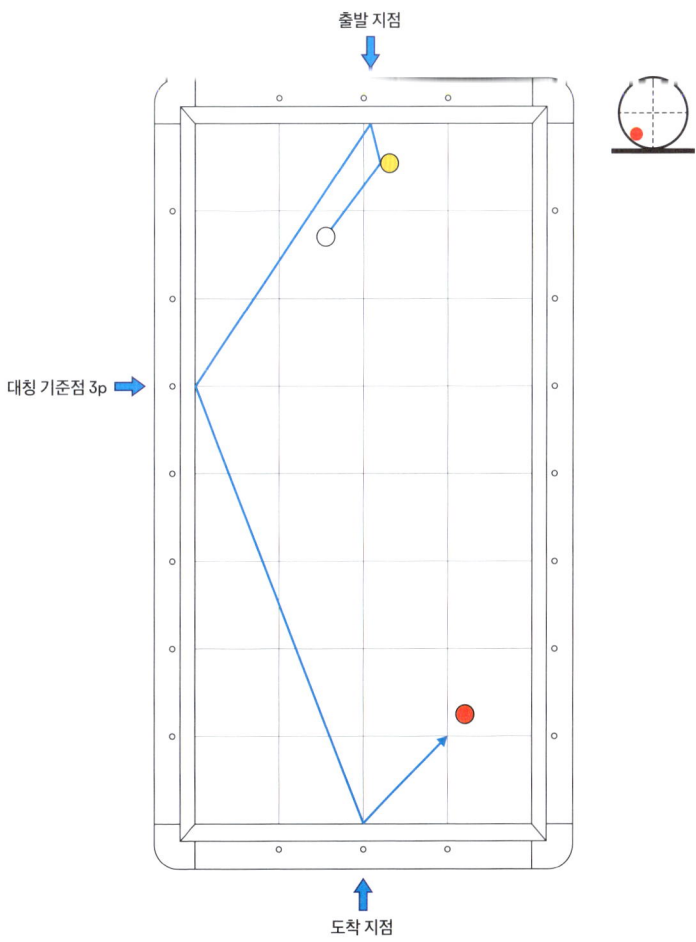

3. 단쿠션 1.5포인트 원쿠션 기준선

장쿠션-단쿠션-장쿠션의 순서로 수구를 보낼 때, 즉 단쿠션을 따라 원쿠션으로 진행할 때의 기준점은 1.5포인트이다. 단쿠션의 길이는 장쿠션 길이의 절반이기 때문이다.

수구를 1.5포인트를 향해 진행시키면, 수구는 결국 맞은편 장쿠션의 대칭 위치에 도달한다.

다만 그림 왼쪽에서 처럼 1적구를 두툼하게 쳐서 끌어칠 때는 수구에 회전이 많이 먹기 때문에 1.5포인트의 앞부분에 떨어지도록 겨냥해야 한다.

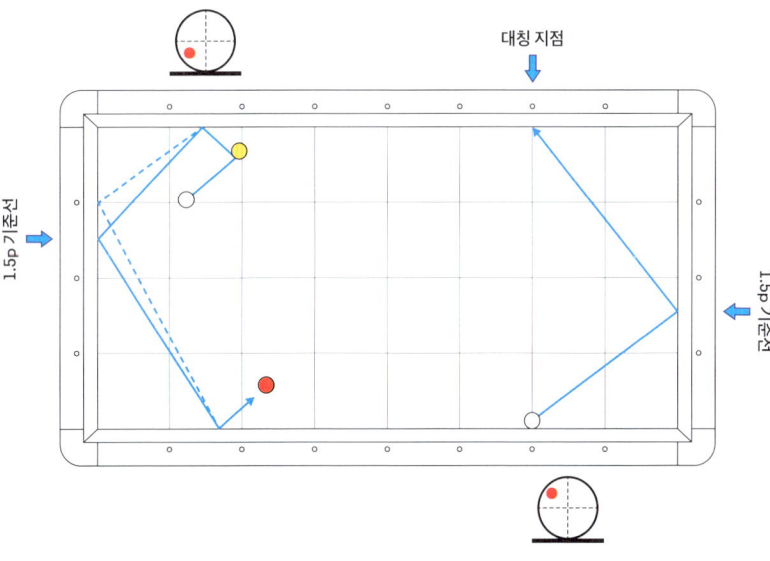

4. 가까운 3포인트와 구멍치기

구멍치기는 가장 쉬우면서도, 가장 어려운 공략법이다. 우리나라에서 유행한 '직빵'에서 빈쿠션은 2점으로 인정해 주기 때문에, 대부분의 우리나라 선수들은 구멍치기에 익숙하다. 고 이상천 선수가 유럽에서 구멍치기를 유행시키기 전까지, 유럽 선수들은 거의 구멍치기를 시도하지 않았다는 건 유명한 일화이다.

쉽게 득점을 할 수 있다는 점에서 구멍치기가 매력적이기는 하지만, 구멍치기를 어떻게 정확하게 구사할 것이냐의 문제는 늘 남아 있다. 구멍에 넣은 수구는 1적구에 맞자마자 쿠션으로 입사되기 때문에, 수구가 움직여나가는 각도를 가늠하기가 쉽지 않기 때문이다.

이러한 상황에서도 가까운 3포인트 대칭점이 중요한 역할을 할 수 있다. 먼저, 평범한 두께로 구멍을 쳤을 때, 수구가 1적구를 맞고 쿠션에 입사되는 각도를 가늠해보고, 그 연장선을 단쿠션으로 이어본다. 그리고 가까운 3포인트 대칭점과 비교해보면, 수구가 맞은편 단쿠션의 어느 지점에 떨어질 것인가를 쉽게 예측할 수 있다.

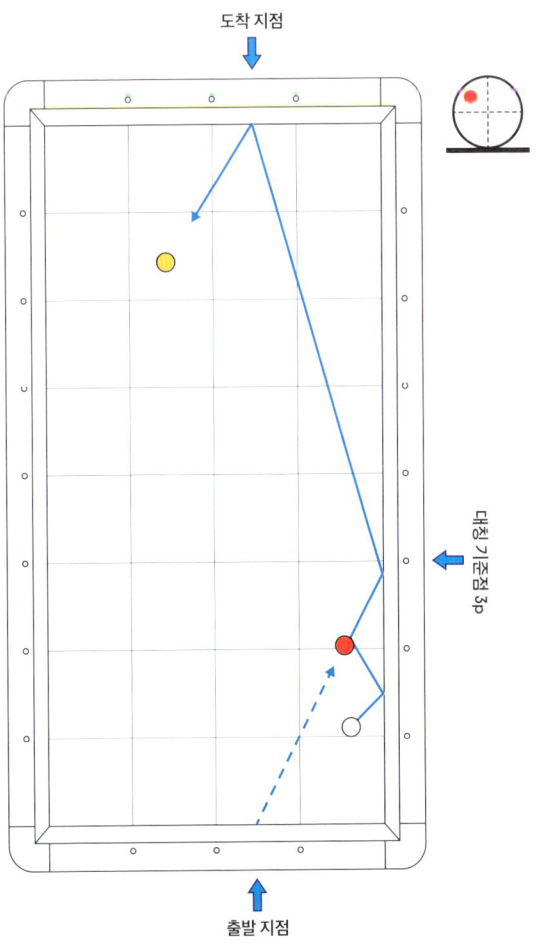

평범한 누께로 쳤을 때 도달할 지섬이 목표 지섬에 미치지 못하면, 1적구를 조금 더 두껍게 맞히기 위해 구멍의 앞부분을 겨냥한다. 평범한 두께로 쳤을 때 도달할 지점이 목표 지점을 넘어설 것 같으면, 1적구를 조금 더 얇게 맞춰야 하며, 이를 위해서 구멍의 더 안쪽을 향해 수구를 넣으면 된다.

이러한 요령은 단쿠션에서도 적용된다. 하지만 단쿠션에서의 구멍치기는 또 다른 패턴을 사용하는 것이 일반적이다. 그림에서와 같이, 단쿠션에서 평범하게 구멍을 치면, 맞은편 장쿠션의 3포인트를 향하여 진행되기 마련이다(단쿠션의 앞부분에서 구멍을 칠 때는 4포인트). 그 연장선을 기준으로 하여 1적구에 맞는 두께를 가감하여 구멍치기를 하는 것이 더 편리하다(패턴 69 참조).

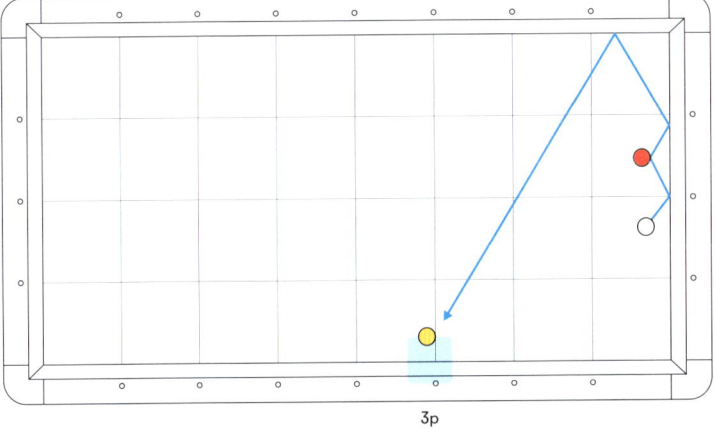

5. 가까운 3포인트 기본 트랙선

 장쿠션의 가까운 3포인트에 입사하는 수구는 출발점과 대칭되는 맞은편 단쿠션을 향해 입사한다. 이의 연장선을 확인해두면, 제각돌리기를 하거나 투쿠션 걸어치기를 할 때 또는 엄브렐러 시스템을 구사할 때 유효적절하게 활용할 수 있다.

 가까운 3포인트 트랙선은 수구가 두 번째 쿠션에서 대칭 지점에 도달한다는 점을 이용하여 쉽게 기억할 수 있다. 그리고 이를 중심으로 트랙선을 반복하여 확인해보면, 길게 치는 제각돌리기의 감(感)을 빠르게 잡을 수 있다.

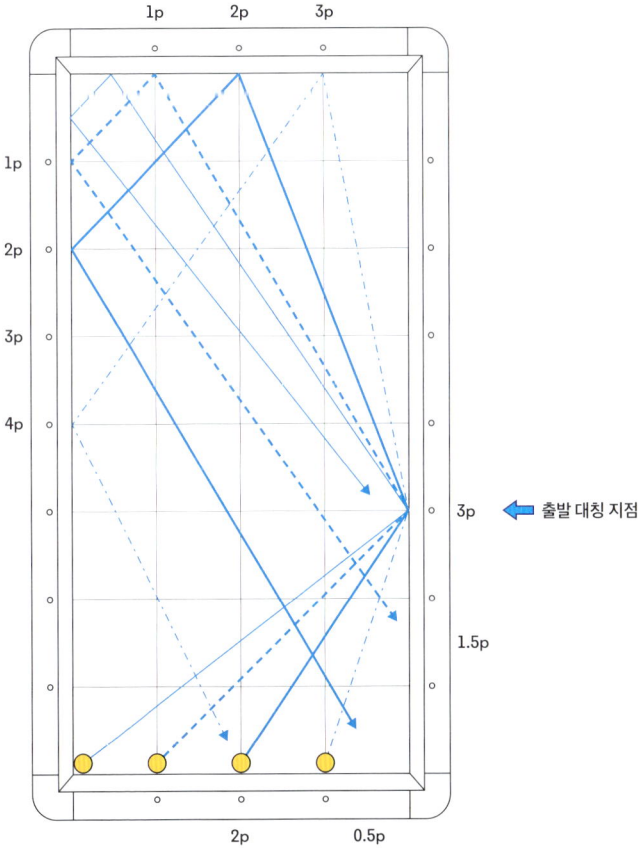

1. 먼 3포인트의
3쿠션 대칭점

이 대칭점은 이미 널리 알려져 있는 시스템이다. 종종 30 포인트 시스템으로 불리기도 한다.

장쿠션의 윗부분 3포인트를 치면 수구가 출발한 위치와 대칭되는 지점을 향해 진행된다. 이때의 대칭은 전면적인 대칭이다. 그림의 실선과 같이 수구가 장쿠션 6번째 포인트에서 출발하면 맞은편 장쿠션 6번째 포인트로 진행한다. 또한 그림의 점선과 같이 수구가 단쿠션 왼쪽 1.5포인트 지점에서 출발해서 3포인트를 겨냥하면, 수구는 대칭점인 오른쪽 1.5포인트 지점으로 돌아온다. 결국 이때의 대칭이란 당구대를 길게 반으로 접었을 때 겹치는 지점을 의미한다.

이러한 대칭이 적용되는 영역이 있다. 수구의 출발이 당구대의 절반 아래쪽에서 이루어질 때, 수구는 대칭점을 향해 진행한다. 그림에서 음영으로 표시된 영역이다.

해당 영역의 윗부분에서 수구가 출발할 때는 이 책의 제각돌리기 대칭 패턴을 참조할 수 있다.

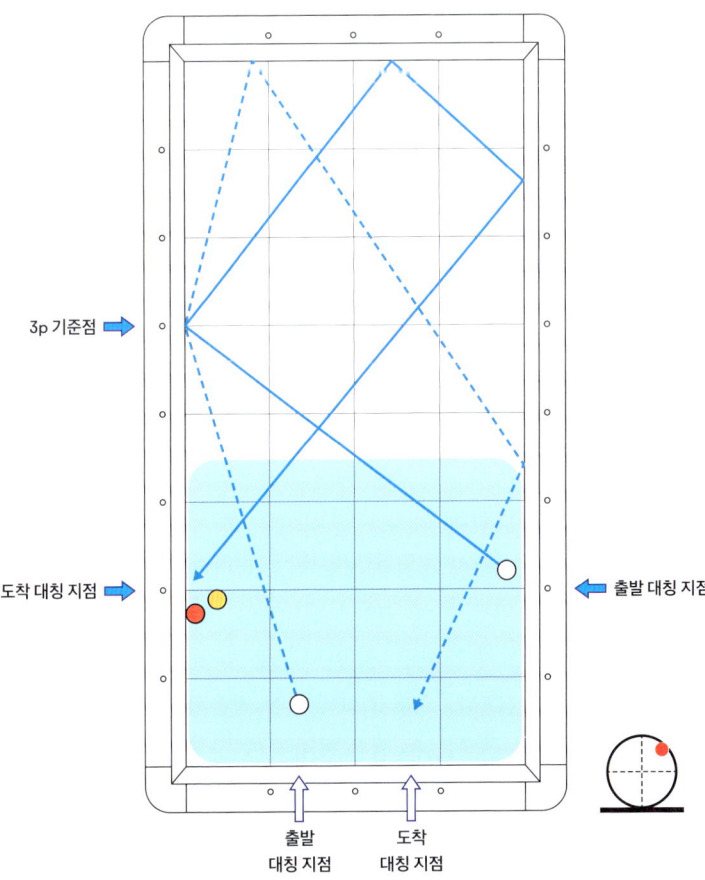

2. 먼 3포인트를 활용한 제각돌리기

먼 3포인트 대칭점은 바깥돌리기에 적용할 수도 있으며, 제각돌리기에 적용할 수도 있다. 요령은 동일하다. 여기에서는 제각돌리기에 관하여 설명한다.

이때에는 1적구와 3포인트를 연결하는 선이 맞은편 장쿠션에 도달하는 지점을 먼저 확인해주어야 한다. 이를 출발 지점이라고 할 수 있다. 수구를 1적구에 맞히고 3포인트로 입사시키면, 수구는 출발 지점과 같은 위치의 맞은편 장쿠션으로 도달한다.

종종 수구를 그러한 대칭 지점보다 조금 더 길거나 짧게 진행시킬 필요가 있다. 수구의 진행방향을 1포인트 위/아래로 진행시키고자 할 때는, 첫 번째 장쿠션의 0.75포인트 아래/위로 겨냥한다. 이때 주의해야 할 점은 0.75포인트 위의 지점과 수구를 잇는 선을 연장하면, 장쿠션에 도달하는 지점이 전보다 더 아래로 내려간다는 것이다. 결국 이를 보정하기 위해서는 1포인트당 0.5포인트 정도만 가감하여 겨냥한다. 그림의 점선을 살펴보면, 2포인트 아래를 내려보내기 위해 먼 3포인트 대칭점보다 1포인트 정도 위로 보낸다.

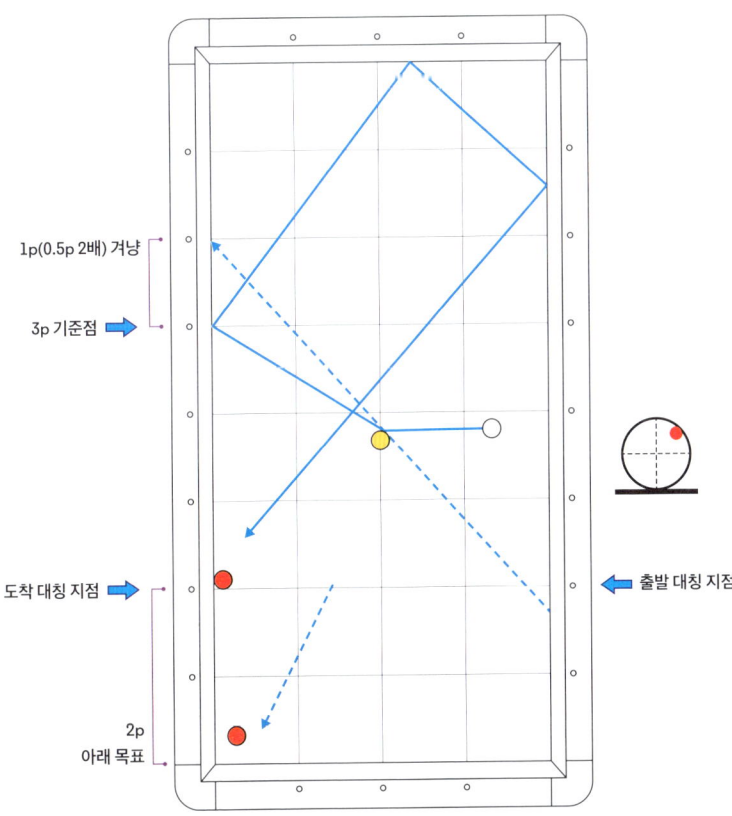

3. 먼 3포인트 기본 트랙선

장쿠션 3포인트는 대칭의 기준점이다. 먼 3포인트는 3쿠션 이후 네 번째 쿠션에서 대칭 지점으로 돌아오고, 가까운 3포인트는 원쿠션 후에 대칭 지점으로 진행한다. 이를 활용하여 빈쿠션(투가락)을 치거나 제각돌리기를 쉽게 구사할 수 있는 경우가 많다. 그림을 통해서 먼 3포인트 대칭의 기본 트랙선을 눈에 익히고, 실제로 당구대에서 수구를 치면서 수구가 가는 길을 눈에 익혀두어야 한다.

먼 3포인트 대칭점의 트랙선은 결국 네 번째 쿠션에서 대칭 지점으로 되돌아온다는 점을 염두에 두면 복잡해 보이는 트랙선을 쉽게 암기할 수 있다. 이를 가까운 3포인트 대칭점의 트랙선과 함께 비교해가면서 확인하면 큰 도움이 된다.

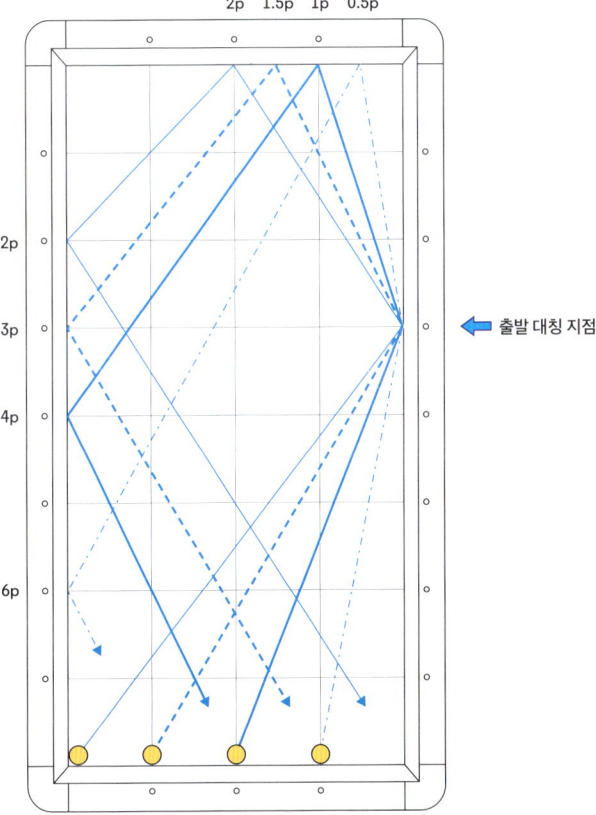

4. 가까운 3포인트와 먼 3포인트의 비교

가까운 3포인트와 먼 3포인트는 가장 대표적인 대칭점이다. 그런데, 앞에서 살펴본 두 대칭점의 트랙선을 자세히 비교해보면, 두 트랙선이 서로 규칙적으로 관련되어 있다는 점을 발견할 수 있다.

흥미로운 규칙성은 맞은편 단쿠션에 떨어지는 수구의 위치이다. 독자들은 앞 페이지로 되돌아가서 두 트랙선의 단쿠션을 직접 비교해보기 바란다. 차근차근 살펴보자. 단쿠션 4포인트에서 가까운 3포인트를 치면 맞은편 단쿠션 4포인트로 간다. 그런데 단쿠션 4포인트에서 먼 3포인트를 치면 맞은편 단쿠션 2포인트로 간다. 단쿠션 3포인트에서 출발하는 수구는 가까운 3포인트를 치면 맞은편 단쿠션의 3포인트, 먼 3포인트를 치면 맞은편 단쿠션의 1.5포인트에 떨어진다. 단쿠션 2포인트에서 출발하는 수구는 가까운 3포인트를 치면 맞은편 단쿠션의 2포인트, 먼 3포인트를 치면 맞은편 단쿠션의 1포인트에 떨어진다. 단쿠션 1포인트에서 출발하는 수구는 가까운 3포인트를 거쳐 맞은편 단쿠션의 1포인트, 먼 3포인트를 치면 맞은편 단쿠션의 0.5포인트에 떨어진다. 이제 이들 간의 규칙적인 관계를 짐작하겠는가? 규칙은 다음과 같다.

첫째, 가까운 3포인트를 치면 출발 위치와 동일한 단쿠션으로 떨어진다.

둘째, 먼 3포인트를 치면 위의 절반 위치로 떨어진다.

얼마나 아름다운 관계성인가? 결국, 가까운 3포인트와 먼 3포인트는 규칙적인 관계로 서로 연결되어 있는 셈이다.

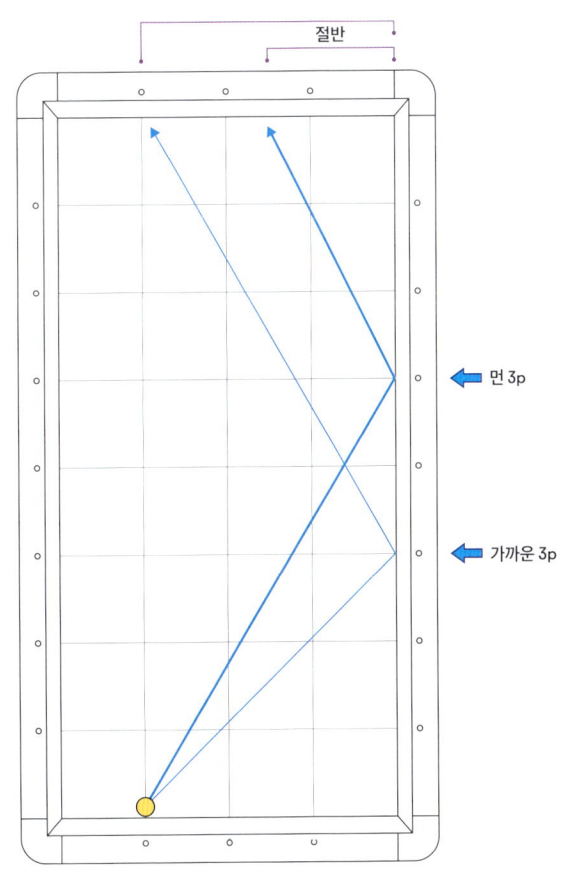

5. 코너로 향하는 지점과 투쿠션 구멍

이제 단쿠션의 각 포인트에서 맞은편 코너로 가는 지점을 확인해보자. 단쿠션 4포인트에서는 당연히 가까운 3포인트가 코너로 가는 기준점이다. 그렇다면 단쿠션 3포인트에서는 어떨까? 여기에서 가까운 3포인를 치면 맞은편 단쿠션의 코너가 아니라 3포인트에 떨어진다. 따라서 0.5포인트 앞인 2.5포인트를 쳐줘야 한다. 이번에는 단쿠션 2포인트를 생각해보자. 여기에서는 2.5포인트보다 0.5포인트 정도 더 앞으로 쳐줘야 할 것이다. 따라서 단쿠션 2포인트에서는 장쿠션 2포인트를 쳐야 코너를 향해서 들어간다. 마지막으로 단쿠션 1포인트에서는 그보다 0.5포인트 앞인 1.5포인트를 쳐줘야 할 것이다. 그런데, 단쿠션 1포인트까지 오면 장쿠션으로 들어가는 입사각이 깊어지기 때문에, 조금 더 앞으로 땡겨서 쳐줘야 한다. 즉 1.2포인트 정도를 기준선으로 잡아주는 게 좋다.

그림에는 단쿠션의 각 포인트 별로 맞은편 단쿠션 코너로 향하는 기준선이 그려져 있다. 이 기준선은 매우 중요한 기준선이다. 빈쿠션을 위해서도 중요하지만, 제각돌리기나 안돌리기에서도 유용하게 활용되며, 또한 비껴치

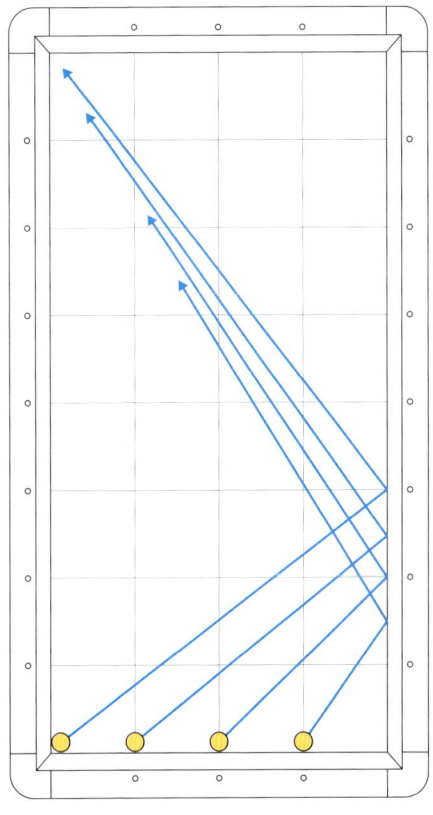

기에서도 활용된다. 따라서 이 기준선은 반드시 숙지하고 있어야 한다.

지금까지 공부한 기준점은 크게 보면 세 가지이다. 가까운 3포인트, 먼 3포인트, 그리고 코너로 향하는 기준점이다. 첫 번째 두 가지는 정해져 있는 기준점이고, 나머지는 단쿠션의 위치에 따라 조금씩 달라진다. 이러한 세 가지 기준점을 확실히 숙지하고 있으면, 수구가 단쿠션에 위치했을 때 맞은편 단쿠션의 어느 지점에라도 정확하게 보낼 수 있을 것이다. 이러한 자신감을 가지고, 다음 그림의 문제에 임해보자.

먼저 수구가 단쿠션 2포인트에 있으니 가까운 3포인트를 치면 맞은편 2포인트에 떨어진다. 그런데 이렇게 치면 구멍에 들어가기에는 짧을 것으로 생각된다. 그다음에 고려해야 할 기준점은 코너로 향하는 기준점이다. 단쿠션 2포인트에서 코너로 향하는 기준점은 장쿠션 2포인트이다. 그렇다면 빨간 공과 쿠션 사이에 구멍으로 넣기 위한 지점은 장쿠션 2포인트와 3포인트 사이가 될 것이다. 그런데 빨간 공은 2포인트 쪽에 가까이 위치해 있다. 그렇다면 거리 비례로 따져서 대충 2.8포인트 정도를 향하여 수구를 치면, 빨간 공과 쿠션 사이의 구멍으로 들어갈 것이라고 생각할 수 있다. 이렇게 생각해나가면, 단쿠션에서 맞은편 단쿠션으로의 투쿠션 구멍이나 투쿠션 걸어치기는 이제 어렵지 않게 공략할 수 있다. 수구가 장쿠션에서 출발할 때의 공략에 관하여는 패턴 67과 68을 참조하라.

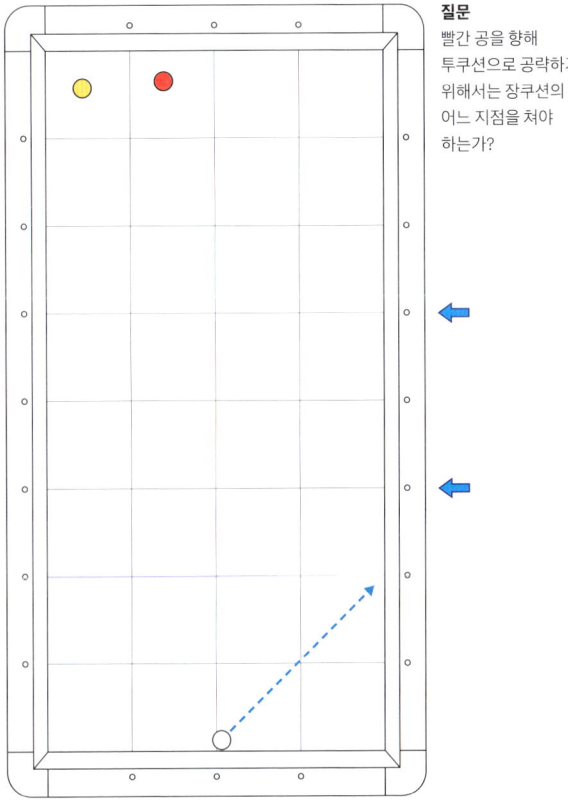

질문
빨간 공을 향해 투쿠션으로 공략하기 위해서는 장쿠션의 어느 지점을 쳐야 하는가?

3

1. 단쿠션 1.5포인트 출발의 장쿠션 대칭

필자는 어느날 갑자기 또 하나의 놀라운 대칭점을 발견하였다. 파이브 앤 하프 시스템의 사각지대에서 빈쿠션을 어떻게 구사해야 하는가를 고민하고 있을 때였다. 파이브 앤 하프 시스템의 사각지대란 70포인트가 넘어가는 지점이다. 즉, 단쿠션의 2포인트를 넘어서는 지점에서는 파이브 앤 하프로 계산을 해서 빈쿠션을 치더라도 잘 맞지 않는다.

    그러한 사각지대에서 반복해서 수구를 돌려보다가 불현듯 깨달음이 찾아왔다. 즉, 단쿠션의 1.5포인트 지점에서 장쿠션을 치면 어느 지점을 치던지 상관없이 맞은편 장쿠션의 대칭되는 지점을 향해 진행한다는 것이다. 즉, 단쿠션 1.5포인트 지점에서 출발한 수구는 첫 번째 입사한 장쿠션 지점(포인트)과 대칭되는 지점의 장쿠션 지점으로 입사한다는 것이다.

    이는 긴 제각돌리기를 할 때에도 그대로 적용된다. 단쿠션의 1.5포인트 지점에서 2팁으로 가까운 장쿠션을 향해 제각돌리기를 하는 경우, 첫 번째 쿠션에 맞은 포인트와 세 번째 쿠션에 맞는 포인트는 일치한다.

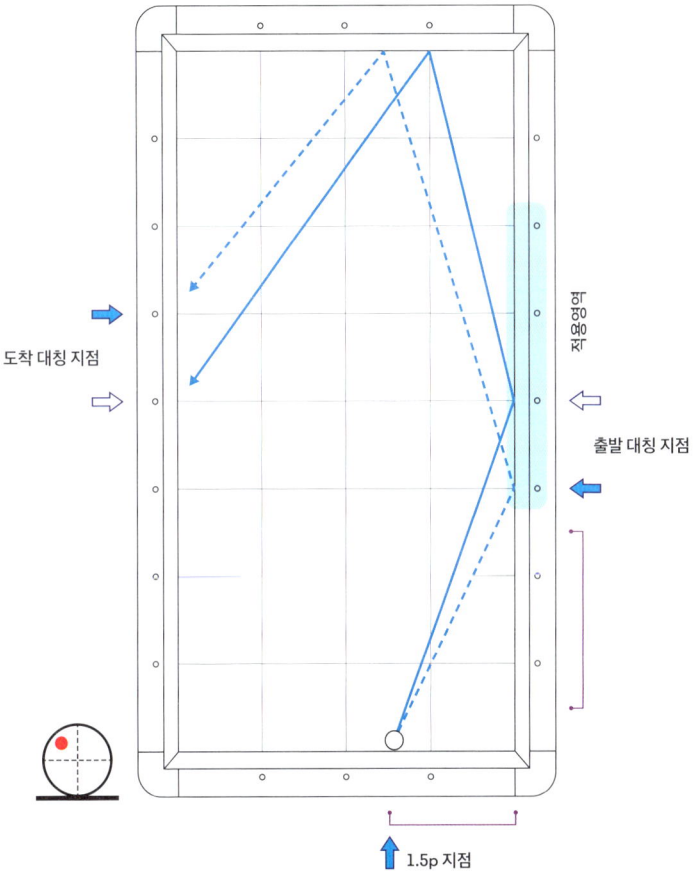

그림에서 단쿠션 1.5포인트에서 가까운 장쿠션 3포인트로 치면 맞은편 장쿠션 3포인트로 들어오고, 가까운 장쿠션 4포인트로 치면 맞은편 장쿠션 4포인트로 들어온다.

그런데 불행하게도 단쿠션 1.5포인트의 대칭이 적용되는 범위는 장쿠션의 3포인트에서 6포인트 사이이다. 장쿠션의 2포인트나 1.5포인트로 입사한 수구는 그보다 0.5포인트 정도 짧은 위치에 떨어진다.

2. 단쿠션 1.5포인트의 대칭점 (긴 제각돌리기)

이 대칭점은 1적구가 단쿠션 1.5포인트에 위치해 있을 때, 그리고 2적구가 맞은편 장쿠션의 3포인트에서 6포인트 사이에 위치해 있을 때 효과적으로 적용할 수 있다.

그림의 예에서 단쿠션에 있는 1적구가 1.5포인트 선에 놓여 있다. 이때 1적구를 끌어서 장쿠션의 3포인트를 향하도록 치면, 수구는 결국 맞은편 장쿠션의 3포인트를 향해 진행한다.

단쿠션 1.5포인트에서 끌어치기를 하여 제각돌리기 (안돌리기)를 하는 경우 흥미로운 점이 있다. 즉, 이때에는 2포인트에 끌어쳐도 대칭이 적용되어 맞은편 장쿠션 하단 2포인트로 진행한다는 점이다. 앞에서 빈쿠션으로 칠 때는 3포인트 이상에서만 대칭이 적용되었지만, 끌어치기를 할 때는 2포인트에도 대칭이 적용된다. 그 이유는 2포인트로 끌어치는 경우에는 장쿠션에서 회전을 많이 먹고 내려가서 길어지기 때문이다.

또한 1적구가 1.5포인트 지점에 위치해 있고, 수구가 그림의 오른편에 있을 때에는 비껴치기를 하여 수구를 장쿠션의 3포인트 지점을 향하도록 구사할 수도 있다. 다만,

비껴치기를 할 때에는 수구에 전진력이 많이 먹기 때문에 짧게 각이 형성될 위험이 높다. 따라서 비껴치기를 할 때는 조금 더 길게 겨냥하는 것이 안전하다. 그림의 점선은 0.5포인트 정도 더 길게 겨냥하고 있다. 이는 수구에 작용하는 전진력의 크기에 따라 조절해주어야 한다. 만약 수구가 그림에서보다 더 오른쪽에 있어서 전진력이 많이 먹을 가능성이 높을 때에는 1포인트 정도 더 길게 겨냥할 수도 있다.

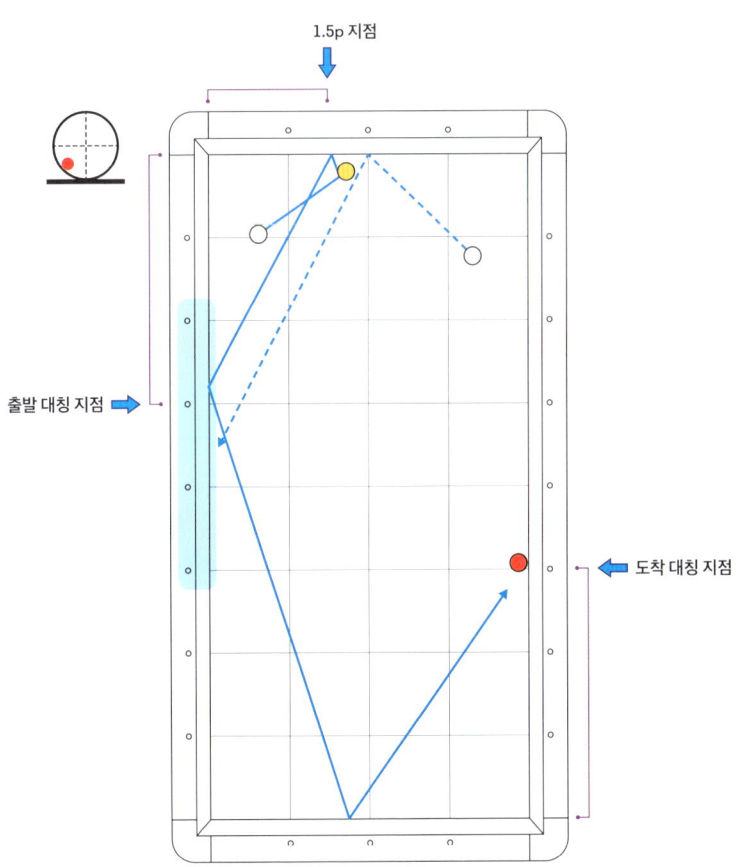

3. 단쿠션 1.5포인트의 대칭점과 짧은 제각돌리기

1적구가 그림에서와 같이 코너 부근에 위치해 있다고 생각해 보자. 1적구를 맞은 수구는 대체로 1포인트 아래 지점을 향하여 입사된다. 이때 1.5포인트 대칭점을 활용하여 제각돌리기를 할 수 있다.

작은 당구대에서 코너 가까운 쪽의 0.75포인트(큰 당구대의 1.5포인트)에서 출발하는 수구는 가상 당구대의 장쿠션에 떨어지는 포인트와 같은 지점을(장쿠션 2포인트 선) 향한다.

여기에서 중요한 것은 두 번째 쿠션이다. 1적구의 두께와 상관없이 수구가 입사하는 첫 번째 쿠션은 거의 정해져 있기 때문이다. 문제는 그렇게 정해진 첫 번째 쿠션에서 두 번째 쿠션으로 진행하는 경로이다. 그런데 우리는 첫 번째 쿠션이 0.75쿠션 근방이라는 점을 알기 때문에, 대칭점의 원리에 입각해서 두 번째 쿠션이 어느 지점에 떨어져야 2적구를 맞출 수 있을지를 알 수 있다. 즉, 2적구가 위치한 지점과 대칭되는 단쿠션의 지점인 것이다.

이러한 형태의 짧은 제각돌리기는 1적구가 조금만 두껍게 맞아도 크게 벗어날 수 있다. 그렇다고 해서 1적구가

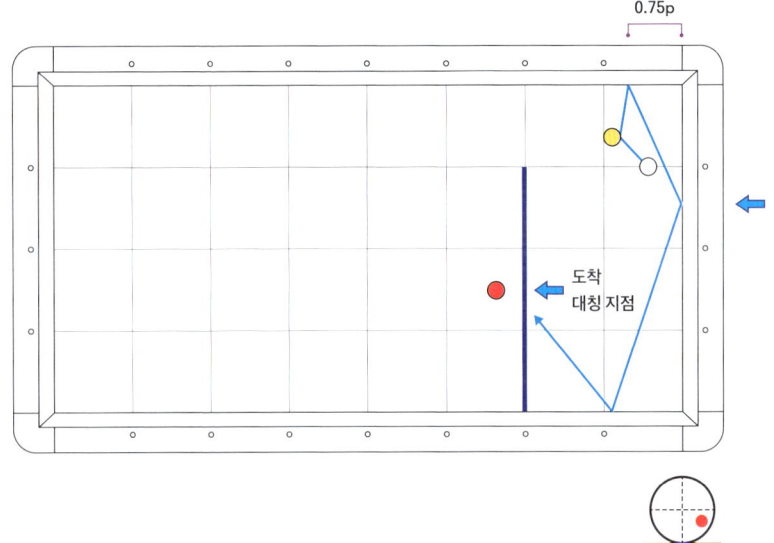

　조금만 얇게 맞으면 턱없이 짧아진다. 따라서 이러한 배치에서는 1적구의 두께에 신경을 쓰기보다는 수구가 1적구를 맞고 첫 번째 쿠션에서 정확한 지점의 두 번째 쿠션으로 진행하도록 하는 것이 관건이다.

　같은 두께와 스피드를 구사하더라도, 수구의 당점을 상중하 또는 1팁, 2팁의 회전을 구사하는가에 따라 수구의 진행방향에 변화를 줄 수 있다. 수구의 상단을 치면 수구의 진로는 길게 형성되며, 수구의 하단을 치면 진로는 짧게 형성된다. 그리고 수구의 회전을 많이 주면 그만큼 수구는 짧은 각을 형성하며 진행한다.

4

1. 단 – 단 맥시멈 원점 1.5포인트

수구가 단쿠션에서 출발할 때, 맞은편 단쿠션을 맥시멈 회전으로 쳐서 제자리로 되돌아오는 원점이 존재한다. 이 지점 역시 중요한 곳이다. 각종 공략에 있어서 활용도가 높은 지점이기 때문이다.

단쿠션에서 맞은편 단쿠션을 쳐서 제자리로 돌아오는 원점은 맞은편 단쿠션 1.5포인트 지점이다. 작은 당구대에서는 맞은편 0.75포인트가 맥시멈 회전으로 되돌아오는 원점이다.

그림의 위쪽에는 작은 당구대를 염두에 두고 맥시멈 회전으로 빈쿠션을 치는 경우를 보여주고 있다. 이러한 상황에서 파이브 앤 하프로 칠 수 있는 각이 보이지 않는다. 이래저래 칠 것이 없는 상황에서 많은 동호인들은 더블 레일을 선택하곤 한다. 하지만, 더블 레일을 정확하게 치기도 어려울 뿐만 아니라, 정확하게 더블 레일을 구사하다 보면 4쿠션에서 수구에 힘이 빠져서 1적구와 2적구를 힘차게 맞히지 못한다. 그래서 1적구를 두툼하게 맞으면 밀고 들어가지 못하고 실패하곤 한다. 이러한 상황에서 맥시멈 하단 회전으로 작은 당구대의 단쿠션 1.5포인트에 해당되는 지점(장쿠션의 0.75포인트)을 향해 스피드 있게 보내면, 힘차게 1적구와 2적구로 향하게 되어 두껍게 맞거나 얇게 맞거나 모두 득점으로 연결된다. 한마디로 말해서 방수가 좋다는 것이다.

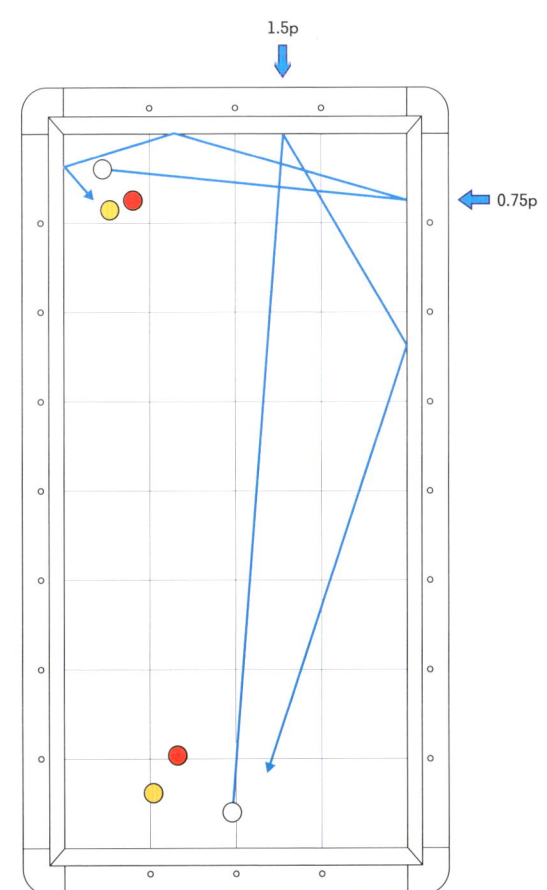

2. 맥시멈 회전 비껴치기 원점 2.5포인트

단쿠션-단쿠션 맥시멈 회전 원점 포인트인 1.5포인트가 중요한 이유는 맥시멈 회전을 주고 길게 비껴치기를 할 때가 많기 때문이다. 물론 길게 안돌리기를 할 때도 1.5포인트의 원점을 활용할 수 있다.

이때 주의해야 할 점은 비껴치기를 하는 경우 전진력이 작용할 가능성이 크다는 것이다. 따라서 비껴치기를 해서 전진력이 많이 발생하는 경우에는 단쿠션의 2.5포인트를 겨냥해야 출발점으로 되돌아오고, 전진력이 조금 붙는 경우에는 단쿠션의 2포인트를 겨냥해야 출발점으로 돌아온다. 수구가 1적구 아래에 가까이 붙어 있어서 전진력이 거의 발생되지 않을 때는 1.5포인트를 겨냥한다. 하지만 어떠한 경우이든 맥시멈 회전이 들어간다는 점을 명심해야 한다.

작은 당구대의 경우에도 마찬가지로 보완해주면 된다. 즉, 작은 당구대에서 1적구를 비껴치는 경우 (바깥돌리기 형태일 수도 있다) 0.5포인트 정도를 더해서 1.25포인트 정도를 향해 입사시켜준다.

전진력을 고려하여 1p 앞으로 겨냥

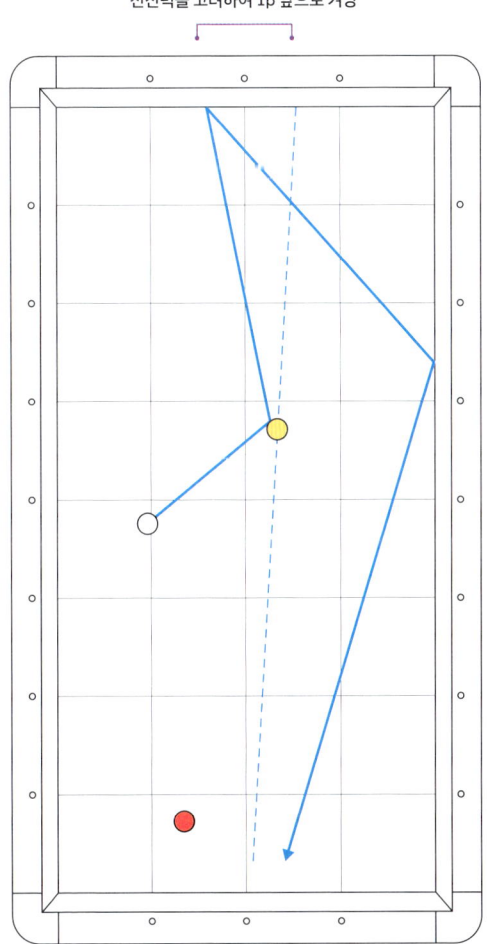

5

1. 대각선 대칭 패턴

필자가 많은 고심을 하다가 첫 번째로 발견한 패턴이 바로 대각선 대칭 패턴이다. 이는 코너에서 대각선 방향의 코너를 향한 비껴치기 또는 긴 안돌리기를 하는 형태이다.

대각선 대칭점은 3쿠션 게임에서 매우 중요하다. 3쿠션 게임에서 이러한 상황이 매우 자주 발생하기 때문이다. 사실상 코너가 3쿠션의 기본 축이라고 할 수 있다. 한쪽 코너에서 맞은편 코너를 향해 진행시켰다가, 원래 코너로 되돌아오는 것은 일반적인 바깥돌리기와 안돌리기의 형태이다. 나머지 한 패턴이 코너에서 대각선 코너로 진행하다가 되돌아오는 형태이다.

대각선 대칭은 1적구를 맞히거나 빈쿠션으로 수구를 보낼 때에, 상단 단쿠션에 입사한 수구가 그대로 하단 단쿠션의 같은 위치로 되돌아오는 대칭을 의미한다. 이러한 대칭을 형성하는 회전력은 수구의 위치에 따라 변화된다.

코너에서 출발할 때 2팁을 주고, 단쿠션 쪽에서 출발할 때는 3팁을 주면 대칭이 형성되고, 코너의 왼쪽 장쿠션에서 출발할 때는 7포인트에서는 1.5팁, 6포인트에서는 1팁, 5포인트에서는 무회전으로 치면 대칭 지점으로 되돌아온다. 이를 적절하게 활용할 수 있다면, 상당히 많은 비껴치기와 안돌리기를 쉽게 구사할 수 있다.

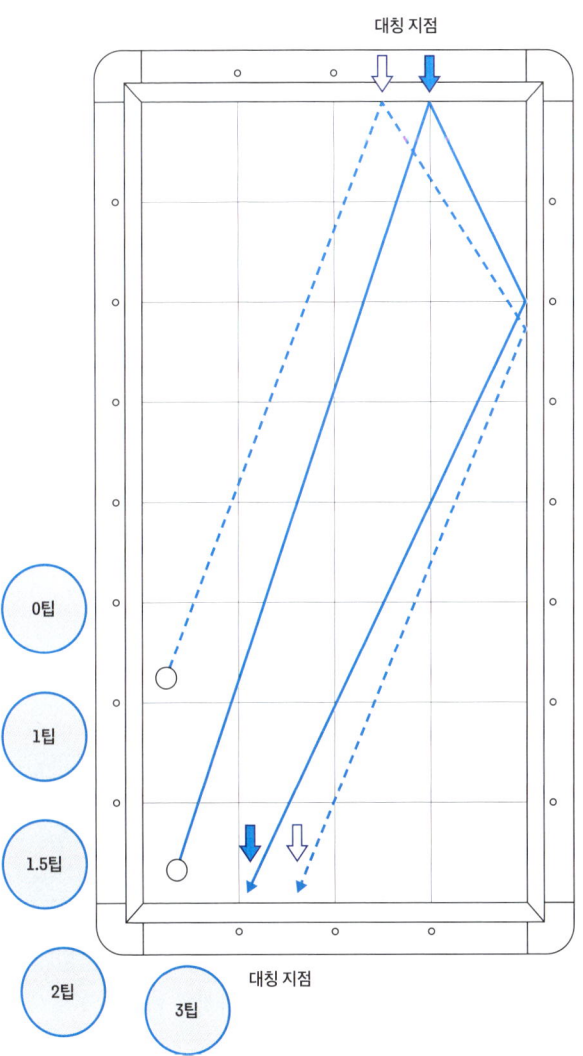

2. 대각선 패턴의 비껴치기 활용

코너에서 코너를 향하는 비껴치기와 이 연장선상에 있는 대회전에도 이 패턴을 적용할 수 있다.

이때 비껴치기는 수구가 1적구와 부딪히면서 회전이 감소된다는 점을 참고하여야 한다. 이는 길어지게 되는 이유이다. 그런데 거꾸로 수구와 1적구가 30도 이상으로 비껴 있을 때에는 전진력이 작용하여 짧아지게 된다. 이 두 가지 점을 감안하여 치되, 회전은 대각선 패턴의 기준에 둔다.

수구의 출발선

그림에서 수구는 장쿠션의 3포인트에 위치해 있지만, 수구에 부딪혀서 움직이는 선의 연장선을 그으면 코너에서 출발하는 것과 마찬가지이다. 이를 수구의 출발선이라고 한다. 수구가 위치하고 있는 지점과 수구의 실질적 출발선은 전혀 다른 개념이다. 수구의 실제 위치가 아니라 1적구를 맞은 후 형성되는 수구의 출발선이 중요하다. 수구가 1적구를 맞은 후에 꺾여서 움직이는 방향을 연장한 선이 쿠션에 닿는 지점을 수구의 출발선이라고 한다.

그림에서 수구의 출발선은 코너 부근이다. 상단 단쿠션의 1포인트보다 조금 앞쪽에 2팁으로 비껴치면, 하단 단쿠션의 1포인트보다 조금 앞쪽에 떨어져 2적구를 맞히게 된다.

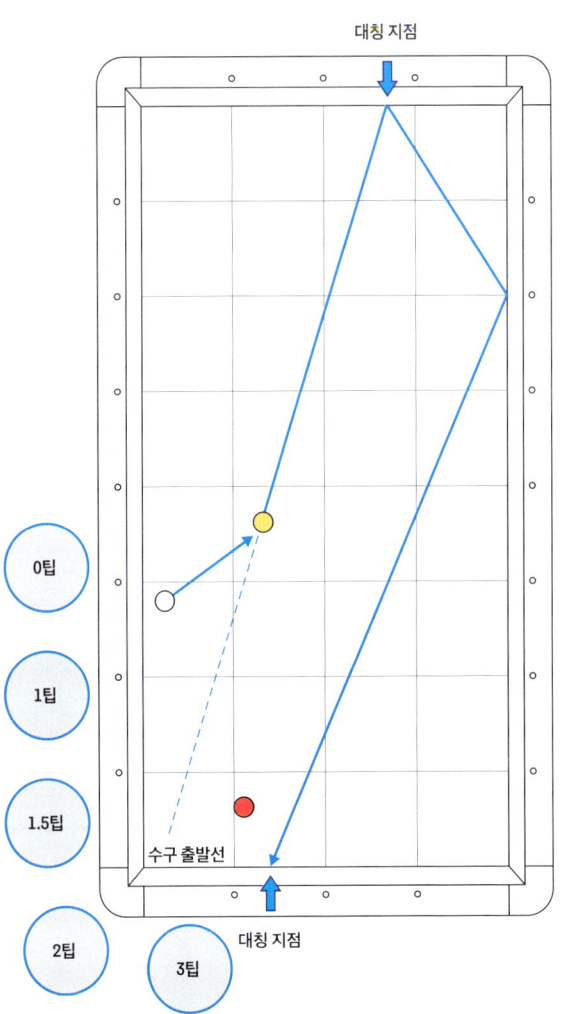

3. 대각선 패턴의 긴 안돌리기 활용

긴 안돌리기(일명 오마우시) 중에서 장쿠션에 짧게 떨어지기보다는 단쿠션에 길게 떨어져야 할 경우, 대각선 패턴을 활용할 수 있다. 물론 그 연장선에 있는 대회전에도 적용 가능하다.

안돌리기는 수구가 1적구와 부딪히면서 회전을 더 먹는다는 점을 참고해야 하며(많이 부딪힐수록 더 먹는다), 또한 1적구를 끌어칠 때에는 끌림의 효과로 인해서 짧아진다는 점을 고려해야 한다.

그림에서 1적구에 부딪혀 수구가 움직이는 선의 연장선을 그으면 장쿠션의 1포인트에서 출발하는 것과 마찬가지이다. 따라서 단쿠션의 1포인트보다 조금 앞쪽에 1.5팁으로 비껴치면(수구와 1적구가 두툼하게 부딪힐 경우에는 1팁 회전), 하단 단쿠션의 1포인트보다 조금 앞쪽에 떨어져 2적구를 맞히게 된다.

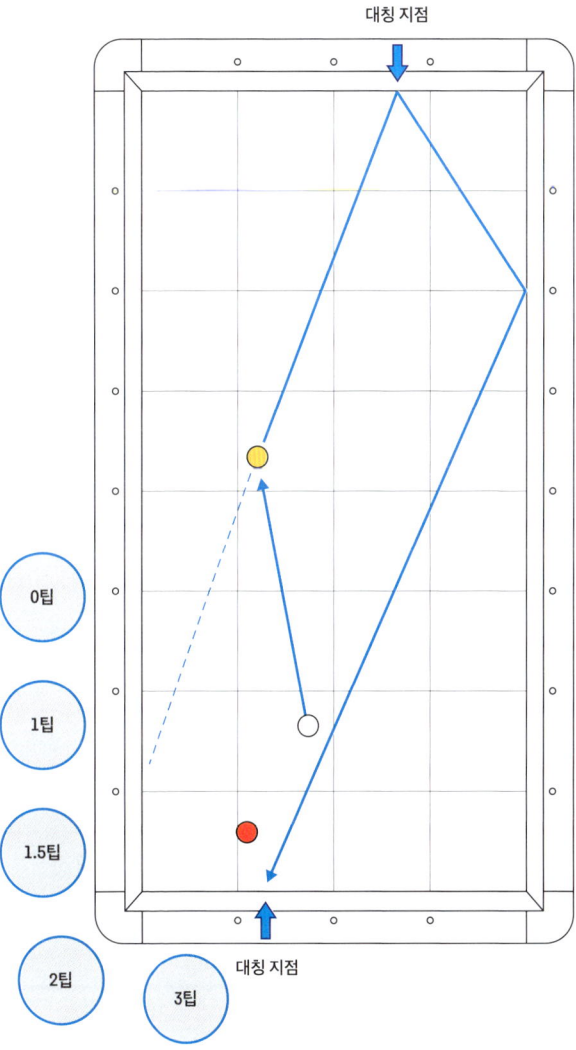

4. 짧은 제각돌리기에서 대각선 패턴

짧은 제각돌리기에서 대각선 패턴을 활용할 수 있다. 짧은 제각돌리기는 특히 당점에 민감하다. 회전이 너무 많아서 길어지는 경우도 있고, 회전이 너무 적어서 짧게 빠지는 경우도 발생한다. 이러한 짧은 제각돌리기에서 대각선 패턴은 어느 정도의 팁을 주어야 안정적으로 움직이는가에 대한 지침을 준다.

장쿠션 2포인트 지점이 작은 당구대의 코너라고 생각하면 된다. 장쿠션 2포인트 지점에서 2팁으로 치면 대칭으로 되돌아오고, 장쿠션 2포인트 오른쪽에서는 3팁, 장쿠션 2포인트 왼쪽에서는 팁을 줄인다.

그림의 경우 1적구가 작은 테이블 코너에서 (장쿠션 2포인트 지점) 위로 올라가 있으므로 1팁만 주고 장쿠션의 1포인트를 향하여 진행시키면, 장쿠션의 1포인트 지점으로 되돌아온다.

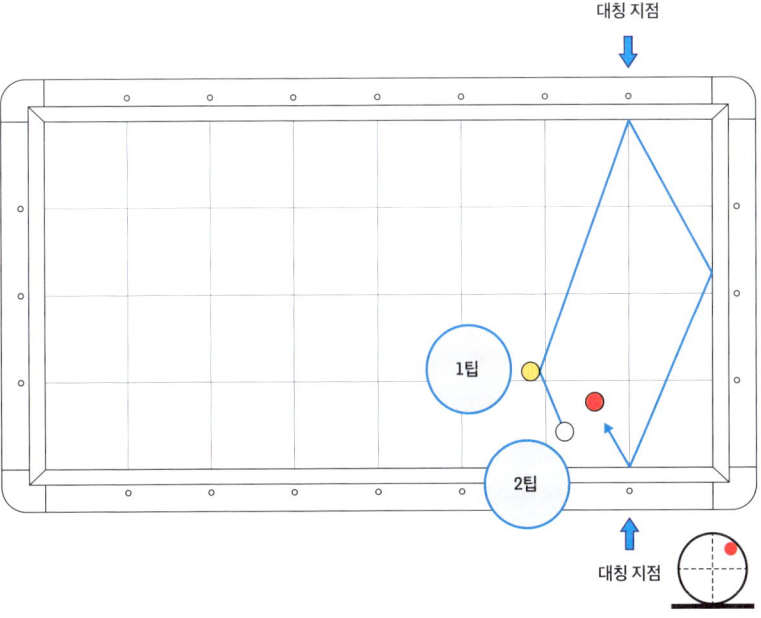

5쿠션 대회전 대칭

당구대를 두 번 회전하는 대회전의 경우, 단쿠션에 수구가 처음에 입사한 지점으로 다시 수구가 되돌아오는 대칭이 존재한다. 이때 수구의 회전은 수구가 어디에서 출발하는가에 의해 결정된다.

첫째, 수구가 단쿠션 코너에서 출발하면 무회전(0팁)
둘째, 수구가 단쿠션 1포인트 출발하면 1팁
셋째, 수구가 단쿠션 2포인트 출발하면 2팁

이는 빈쿠션에도 적용할 수 있지만, 1적구를 바깥돌리기 또는 제각돌리기로 대회전을 쳐서 5쿠션을 거치는 공략에서도 적용할 수 있다. 물론 이때에는 1적구에 의해 발생되는 공 회전력을 감안해야 한다.

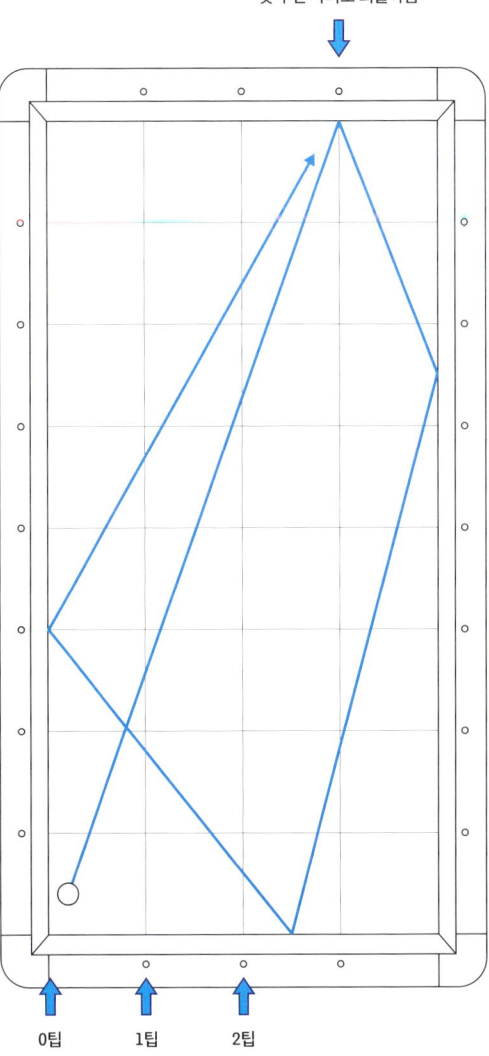

7

제자리로 가는 안돌리기 대회전

1적구와 2적구가 모두 단쿠션으로부터 어느 정도 떨어져 있고, 수구는 맞은편 단쿠션 쪽으로 위치해 있는 경우가 있다. 이는 상대방의 수비에 의해 빚어진 결과일 때가 많다.

이때 중요한 점은 1적구의 단쿠션으로부터의 거리의 1/3 되는 지점을 겨냥하여 친다는 것이다. 수구의 회전은 그림에 표시되어 있듯 1적구와의 위치에 따라 적절하게 조절한다. 이렇게 치면 수구는 원래의 1적구 자리를 향하여 되돌아온다.

앞서 설명한 5쿠션 대회전 제자리로 오는 형태와 비교를 하면, 수구의 움직임이 길게 형성된다. 앞에서 큐의 방향은 수구가 진행하는 방향이었지만, 여기에서 큐의 방향은 수구가 진행하는 방향과 반대방향이어서 전진력이 작용하여 수구가 길게 형성된다.

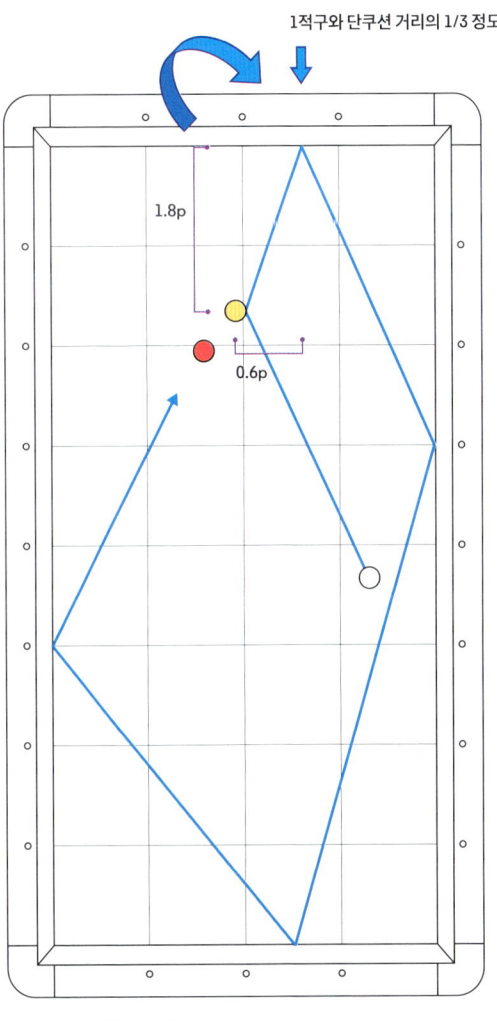

수구와 1적구가 직선: 약간 역회전
수구와 1적구가 15도: 무회전
수구와 1적구가 30도: 1팁
수구와 1적구가 45도: 1.5팁

당구대의 이해

당구대를 새로운 관점에서 바라보면
3쿠션 공략이 훨씬 쉬워진다.

8

정사각형 대칭 패턴

당구대는 정사각형 두 개가 합해진 직사각형이다. 수구와 1적구, 2적구가 당구대의 한쪽으로 몰려 있는 경우가 있다. 당구대의 절반은 사용하지 않고, 한쪽 절반만을 사용해서 제각돌리기를 해서 3쿠션을 치곤 한다. 이러한 상황에서는 당구대의 절반이 정사각형이라는 점을 인식하고 그 성질을 이용하는 것이 중요하다.

    정사각형의 대칭을 이용하기 위해서 무엇보다 중요한 것은 수구를 무회전으로 보내야 한다는 것이다. 회전이 없으면 입사각과 반사각이 동일하기 때문에, 정사각형에서 수구의 움직임은 기하학적으로 대칭각을 형성할 것이기 때문이다.

    특히 수구가 정사각형에서 45도로 입사될 때 대칭선이 형성되기 쉽다. 정사각형에서 무회전을 주고 수구를 45도로 입사시키면 45도로 반사되고, 대칭되는 단쿠션을 향해서 45도로 입사되고 다시 45도로 반사된다. 1적구를 맞추어서 수구가 진행할 때에도 마찬가지이다. 1적구의 절반 조금 넘는 두께를 치면 45도 정도로 수구가 쿠션을 향해서 입사하게 되며, 이는 그림에서와 같은 대칭각을 형

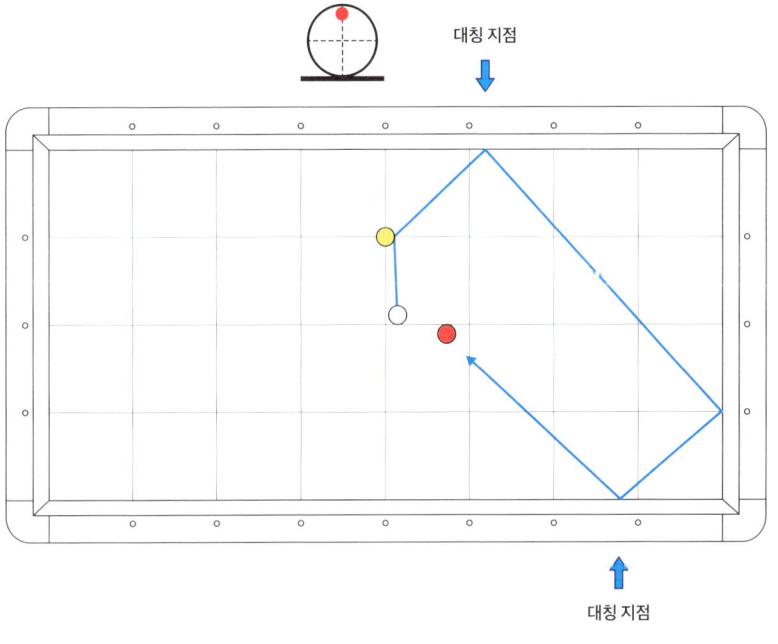

성한다.

    다만 여기에서 주의할 점은 쿠션에 부딪히면서 자연 회전을 먹기 때문에 약간(0.5팁 정도) 길어진다는 점이다. 1적구의 절반보다 약간 두껍게 수구를 맞혀도 45도보다 약간 좁은 각도로 입사되지만 결국 자연 회전을 먹기 때문에 45도 입사의 효과와 거의 유사하게 진행한다.

    수구에 회전을 1팁 주면 0.5포인트 정도 더 길어지고, 2팁을 주면 1포인트 정도 더 길어진다. 이러한 점을 활용하여 2적구가 대칭점에서 길게 놓여 있을 때도 자연스럽게 제각돌리기로 맞힐 수 있다.

두 정사각형을 잇는
제각돌리기 대칭

 두 적구가 장쿠션을 따라 위아래로 놓여 있을 때, 짧은 제각돌리기를 정확하게 구사하기 어렵게 느껴질 때가 있다. 이때에는 두 정사각형 간의 대칭을 이용할 수 있다.

 당구 테이블은 결국 4포인트를 기준으로 하여 두 개의 정사각형이 포개어진 것이라고 할 수 있다. 45도 입사각/반사각으로 움직인다고 한다면, 위의 정사각형과 아래의 정사각형 간에 대칭되는 패턴이 존재한다.

 첫째, 장쿠션 근처의 1적구를 절반 정도 두께(45도 입사/반사)로 무회전으로 치면 다른 편 정사각형의 대칭되는 위치에 입사된다.

 둘째, 물론 쿠션에 부딪히면서 쿠션 회전력을 먹기 때문에 대칭되는 위치보다 조금 더 길게 떨어진다고 보아야 한다.

 셋째, 이때 주의할 점은 완전한 무회전은 곡구의 위험이 있기 때문에 회전을 미세하게 추가해주어야 공이 부드럽게 진행한다는 점이다.

 넷째, 1팁을 주면 장쿠션상에서는 1포인트, 2팁을 주면 2포인트씩 길어진다는 점을 명심해야 한다. 예를 들어,

1적구의 대칭되는 지점보다 2적구가 2포인트 정도 내려가 있다면, 1.5팁 정도를 주고 1적구의 절반을 겨냥하여 제각돌리기를 한다(쿠션 회전력을 감안해서).

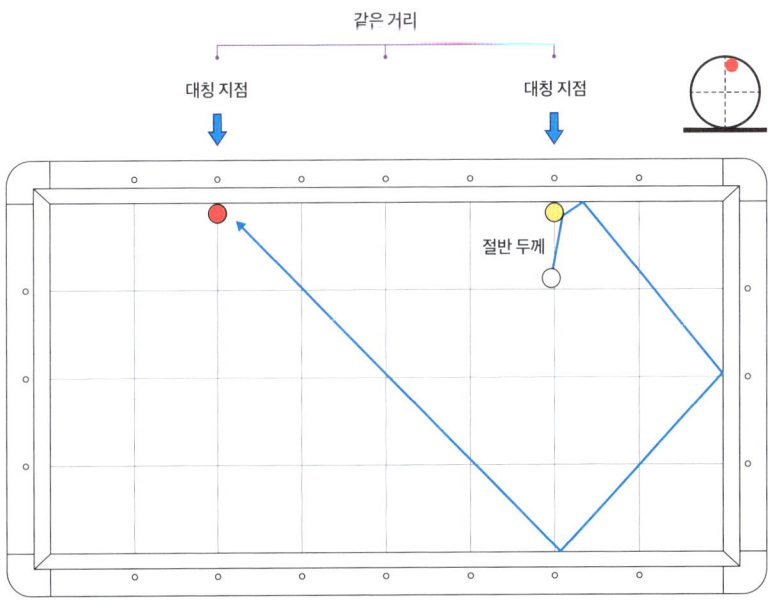

10

직사각형 당구대 대칭(무회전)

당구대는 정사각형 두 개로 구성된 직사각형이다. 무회전으로 수구를 진행시킬 때 입사각과 반사각이 같기 때문에 대칭적인 패턴을 직사각형에서도 발견할 수 있다. 장쿠션의 가운데 지점에서 단쿠션의 가운데 지점을 무회전으로 보내면, 그다음 정사각형에서도 장쿠션 가운데와 단쿠션 가운데를 맞고 출발한 자리로 되돌아올 것이라고 예상할 수 있다. 그림에서 점선은 이론적인 대칭 패턴이다.

그러나 수구가 쿠션에 부딪히면서 자연회전을 먹기 때문에 네 번째 쿠션은 장쿠션 가운데 지점이 아니라 3포인트 지점 조금 위를 향하게 된다(쿠션의 반발력에 따라 다소 차이가 있다).

이러한 특성을 이용하여 긴 안돌리기를 구사할 수 있다. 그런데 안돌리기를 하면, 수구와 1적구가 충돌할 때, 수구의 진행방향으로 회전이 먹는다. 결국 수구를 무회전으로 보낸다고 하더라도, 공 회전력과 쿠션 회전력이 모두 먹기 때문에 네 번째 쿠션은 4포인트보다 훨씬 아래 지점인 3포인트를 향하기 쉽다.

하지만 비껴치기를 하여 동일한 진로로 보낸다고 생

각해보자. 1적구를 얇게 맞추어 비껴치기 형태로 진행시킬 때는 공 회전력은 역방향으로 먹고 쿠션 회전력은 진행방향으로 먹는다. 그렇기 때문에 두 회전력이 상쇄되어 거의 무회전 경로에 근접하는 4포인트 지점을 향할 것이라고 예상할 수 있다.

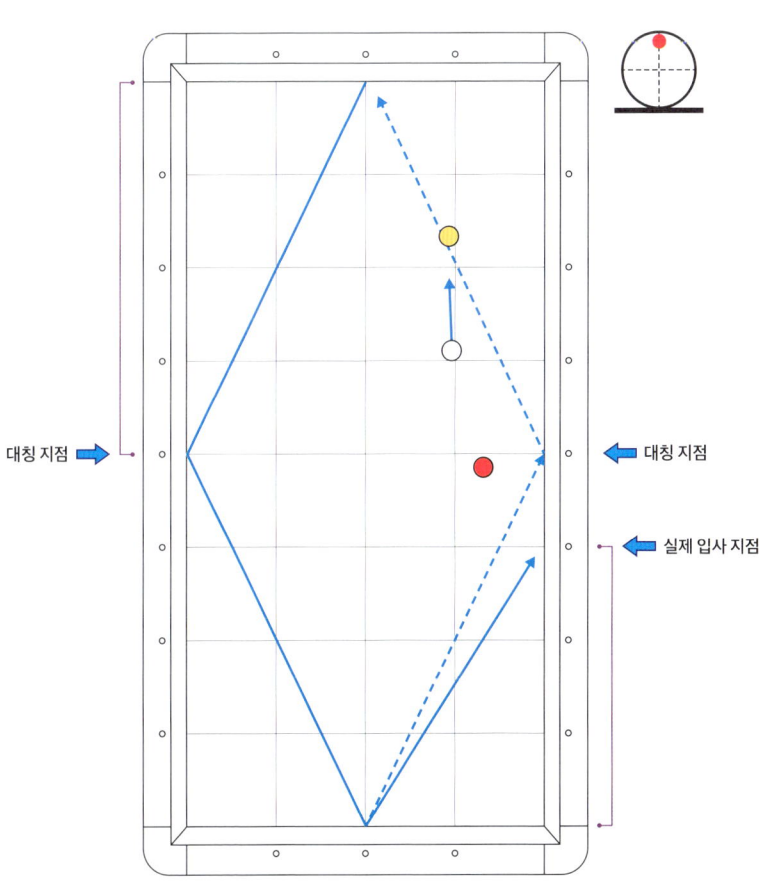

1. 작은 당구대 연결 패턴

사물을 기존에 보던 방식과 다른 방식으로 바라보면, 어렵던 문제도 쉽게 보이곤 한다.

　3쿠션 역시 마찬가지이다. 당구대를 항상 똑같이 바라보는 고정관념으로는 어려운 배치의 공은 항상 어렵게 느껴진다. 3쿠션 중에서 가장 어려운 형태 중의 하나가 짧은 제각돌리기이다. 그런데 이를 안으로 돌리기라고 생각할 수 있는 것이다. 단쿠션의 4포인트와 장쿠션의 2포인트로 이루어진 직사각형 역시 하나의 작은 당구대이다. 당구대는 이러한 작은 당구대 네 개로 구성되어 있다고 생각할 수 있다. (실제로 대대는 직사각형의 석판 네 개로 구성된다.) 작은 당구대의 관점에서 보면, 짧은 제각돌리기는 긴 안돌리기인 셈이다. 만약 내가 긴 안돌리기에 자신이 있다고 한다면, 짧은 제각돌리기를 긴 안돌리기라고 생각하고 치면 되는 것이다.

　그런데 당구대의 한 영역을 작은 당구대의 입장으로 바라보는 것에 더하여 무언가의 연결 고리가 더 있지 않을까? 이에 대해서 깊이 생각한 끝에, 작은 당구대는 큰 당구대와 기하학적 관계로 연결되어 있다는 점을 발견할 수

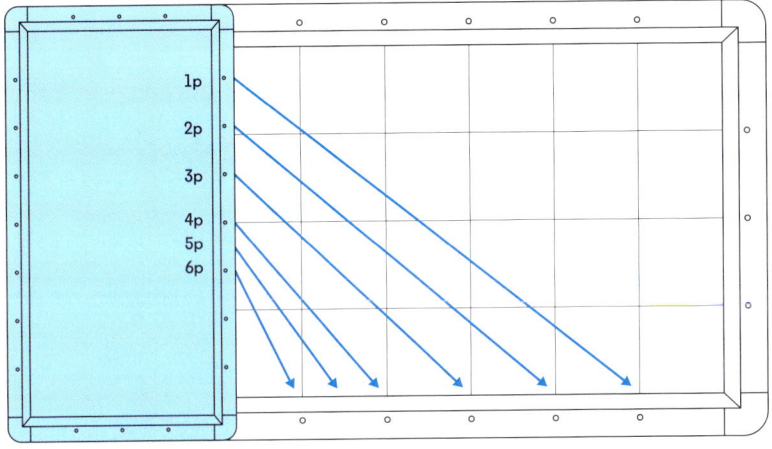

있었다.

 작은 당구대와 큰 당구대의 연결 포인트는 이렇다. 작은 당구대의 장쿠션 포인트는 큰 당구대의 장쿠션 포인트와 대칭으로 연결된다. 이때의 포인트는 파이브 앤 하프 시스템의 포인트에 준한다. 즉, 작은 당구대에서 파이브 앤 하프를 이용하여 3쿠션을 친다고 생각하고, 작은 당구대 장쿠션 4포인트에 떨어뜨리면, 큰 당구대 장쿠션 4포인트에 떨어진다. 이때 주의할 점은 작은 당구대의 4포인트가 큰 당구대의 4포인트보다 조금 위에 떨어지는 것이 보통이라는 것이다.

 이러한 연결을 활용하는 경우 상당히 정교한 수준으로 장쿠션에 떨어뜨릴 수 있다. 큰 당구대의 장쿠션에는 두 배의 정교함으로 떨어뜨릴 수 있어, 에러 폭이 작아진다.

11

2. 작은 당구대와 플러스 투

플러스 투 시스템을 사용해야 하는 상황에서 필자는 불안정한 플러스 투를 사용하기보다는 작은 당구대의 원리를 사용한다.

  작은 당구대의 원리는 단순하다. 작은 당구대와 큰 당구대의 연결선을 참고하면, 작은 당구대에서 파이브 앤 하프로 원하는 지점을 향해 수구를 진행시킬 수 있다. 이때 수구는 그 지점의 연장선에 있는 큰 당구대 장쿠션을 향하여 진행한다.

  그림에서 큰 당구대의 4포인트에 떨어뜨리기 위해서 작은 당구대의 4포인트를 향하여 진행하도록 작은 당구대에서 파이브 앤 하프로 계산하여 치면 된다.

  우리는 제각돌리기 또는 바깥돌리기를 하여 수구를 장쿠션의 특정 지점으로 보내는 연습을 무수히 반복하곤 한다. 이러한 경험을 작은 당구대에 살린다면, 플러스 투의 형태는 쉽게 공략할 수 있다.

  그림의 오른쪽과 같이 배치되어 있는 경우, 많은 사람들이 플러스 투 형태로 공을 보내기 어려워한다. 정확히 보내기 위해서는 수구를 끌어야 하고, 끌린 수구는 회전을 많이 먹어서 어디로 갈지 잘 모르기 때문이다. 이때 작은 당구대의 원리가 파워를 발휘한다. 그저 단순하게 작은 당구대만을 생각한다. 작은 당구대 안에서 1적구를 바깥돌리기하여 수구를 30의 위치로 보낸다고 생각하고 공략하면 된다. 작은 당구대의 30을 향하여 진행하는 수구는 자동으로 장쿠션의 3포인트를 향하여 진행한다.

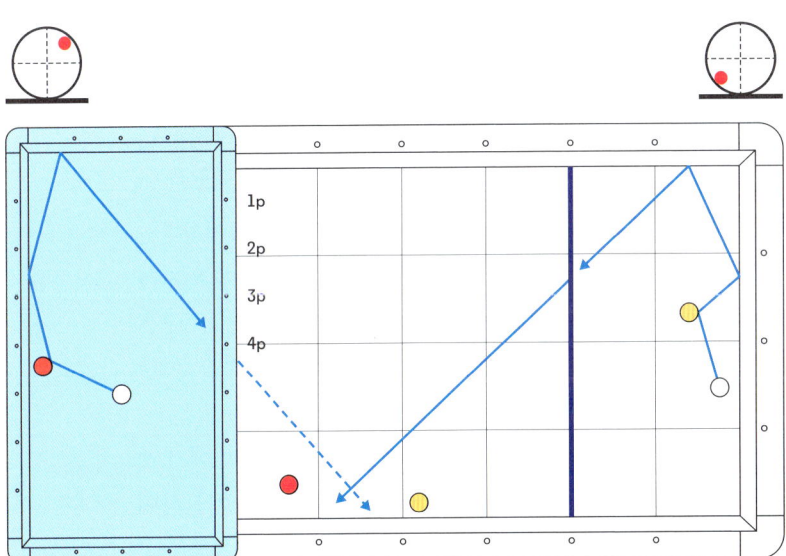

3. 작은 당구대와 짧은 안돌리기

긴 안돌리기(일명 오마우시)의 경우에도 작은 당구대를 활용할 수 있다. 특히 장쿠션으로 짧게 떨어져서 2적구를 향해서 진행하는 안돌리기의 경우에 활용하기에 용이하다.

그림에서 1적구가 작은 당구대의 코너(50)에 위치하고 있으므로, 작은 당구대의 40선을 향해서 치면, 수구는 작은 당구대의 10포인트를 향해서 진행하고, 결국 큰 당구대인 장쿠션의 1포인트 지점으로 떨어진다.

앞에서와 마찬가지로 여기에서도 작은 당구대에서 제각돌리기를 한다고 생각하고, 파이브 앤 하프로 계산하여 첫 번째 쿠션 지점을 확인할 수 있다. 이렇게 하는 경우 상당히 정확하게 장쿠션의 원하는 지점에 떨어뜨릴 수 있다.

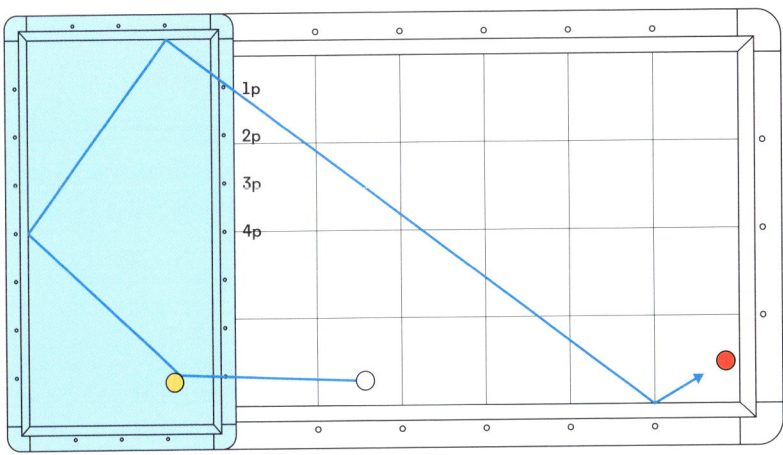

보완 패턴

긴 안돌리기의 당점

짧은 안돌리기는 작은 당구대 패턴을 사용해서 공략하기 쉽다. 하지만 긴 안돌리기를 구사해야 하는 경우, 작은 당구대 패턴을 적용하기 어려운 경우가 있다.

긴 안돌리기의 경우, 수구와 1적구가 멀리 떨어져 있는 경우가 많다. 그만큼 1적구의 두께를 정확하게 맞추기가 쉽지 않다. 더군다나 1적구가 단축에 가까이 있는 경우, 조금만 두툼하게 맞아도 수구가 휘어지는 곡구가 발생한다.

긴 안돌리기는 당점에 민감하다. 단축에 입사하는 각도가 작기 때문에, 회전에 민감하게 변화하기 때문이다. 그래서 긴 안돌리기를 어려워 하는 사람이 많다.

그런데 긴 안돌리기의 이러한 특성을 거꾸로 잘 활용하면 공략하기 용이한 두께와 당점을 발견할 수 있다. 수구와 1적구가 일직선으로 위치할 때를 기준으로 한다.

첫째, 1적구의 절반 두께를 겨냥한다. 먼 거리에 있는 1적구의 절반을 겨냥하기 위해서는 큐의 선을 활용한다. 내 큐가 수구의 가운데를 통과해서 1적구의 가장 자리를 겨냥하면, 수구의 절반을 맞힐 수 있다.

둘째, 무회전을 주는 경우 수구는 코너의 단축 1포인트 지점을 향한다. 1팁을 주면 수구는 코너의 장축 1포인트 지점을 향한다. 2팁을 주면 수구는 장축의 2 포인트를 향한다.

이러한 패턴을 활용하는 경우 긴 안돌리기를 부담없이 편안하게 구사할 수 있다.

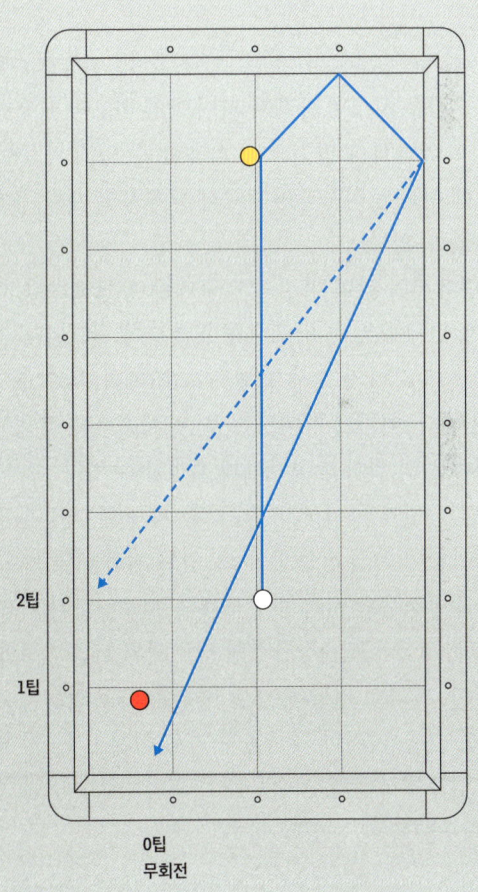

0팁
무회전

12

정사각형 당구대와
파이브 앤 하프 활용

　필자는 수많은 시스템 중에서 파이브 앤 하프만 사용한다. 가장 정확하면서 보편적으로 적용할 수 있기 때문이다. 파이브 앤 하프는 정사각형 당구대에 적용할 때도, 유용하게 활용할 수 있다.

　그림에서와 같이 가상의 당구대를 상상해보자. 이때 정사각형 당구대는 큰 당구대의 윗부분에 해당된다. 정사각형 당구대 코너의 수구 포인트는 30이며, 목표 포인트는 40이 된다. 여기에 파이브 앤 하프 시스템을 적용하면, 두 번째 쿠션의 위치를 정확하게 결정할 수 있다.

　그림의 예를 들어보자. 수구로 1적구를 어떻게 맞히든지 상관없이 거의 장쿠션의 4포인트 지점을 맞는다. 즉, 수구의 출발점은 정사각형 당구대의 30포인트라고 할 수 있다. 그런데 2적구는 정사각형 당구대의 15포인트에 위치해 있다. 따라서 겨냥해야 할 쿠션은 15포인트가 된다 (15 = 30 − 15). 이러한 계산을 근거로 해서 1적구를 맞히고 30포인트에서 출발한 수구를 15포인트로 보내면, 정확하게 2적구를 맞힐 수 있다.

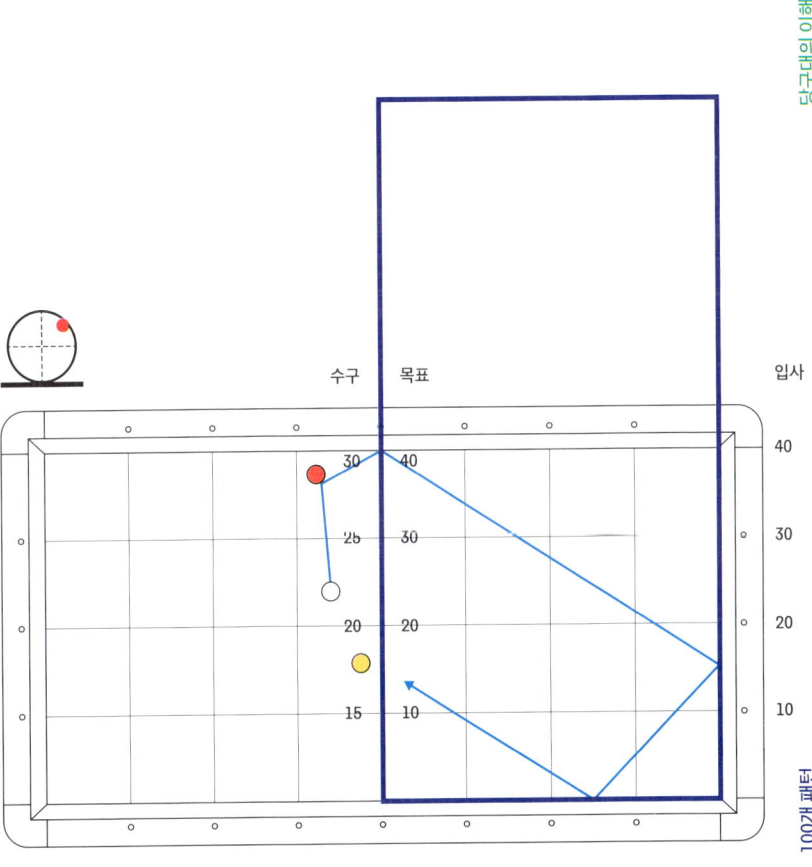

작은 당구대와
파이브 앤 하프 활용

마찬가지로 작은 당구대의 코너를 수구 포인트 50으로 간주한다면, 작은 당구대의 장쿠션에 위치한 2적구의 위치를 확인하여 두 번째 쿠션에 입사시킬 포인트를 쉽게 확인할 수 있다.

그림에서는 2적구가 30의 위치에 있고, 수구는 40선을 통과하기 때문에 입사 지점은 10포인트로 잡는다.

이렇게 정사각형 당구대 또는 작은 당구대에 파이브 앤 하프 시스템을 적용하기 위해서는 발상의 전환이 요구된다. 그리고 약간의 계산을 해야 한다. 세계적인 선수들도 중요한 순간에는 계산을 해서 두 번째 쿠션의 입사 지점을 확인하는 경우를 종종 볼 수 있다. 정사각형 당구대에 파이브 앤 하프 시스템을 적용하는 것이 처음에는 어렵게 느껴지지만, 몇 번만 연습해보면 쉽게 익힐 수 있다.

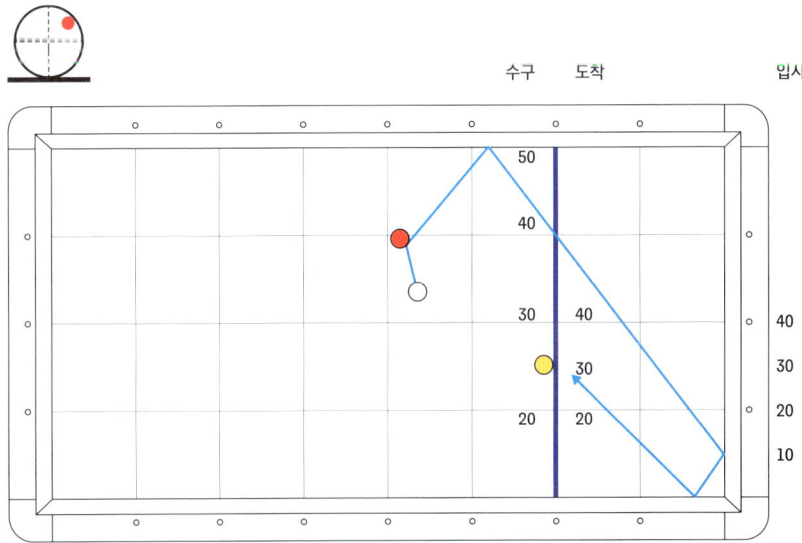

14

단쿠션 맥시멈 회전
코너 한계각

제각돌리기이건 바깥돌리기이건 간에 코너를 돌아나가는 수구의 진로는 변화가 많다. 회전에 따라서도 변화가 많으며, 스피드에 따라서도 변화가 심하다. 코너에는 두 개의 쿠션이 서로 맞물리고 있어서 한 쿠션에서의 입사-반사가 바로 옆 쿠션에서의 입사-반사로 이어지면서 변화가 증폭되기 때문이다. 이러한 상황에서 안정적인 수구의 진로를 이해하고 기억하는 것이 중요하다. 이때에 효과적인 방법이 수구의 회전을 맥시멈으로 가져가는 것이다.

플러스 투 시스템에서 맥시멈 회전을 활용하면 비교적 안정적인 수구의 진행 패턴을 확보할 수 있듯이, 코너를 돌아나가는 각에서도 맥시멈 회전을 구사하면 안정적인 수구의 진로를 확보할 수 있다.

장쿠션의 3.7포인트에서 맞은편 장쿠션 코너를 향해 맥시멈 회전으로 입사시키는 경우 3.7포인트 원위치로 되돌아온다. 이때는 어느 정도의 스피드도 가미해주어야 한다.

이렇게 3.7포인트가 원점을 형성한다는 것이 중요한 기준점을 제공한다. 맥시멈 회전으로 수구를 다른 포인트에서 출발시켜 코너로 진행시키면, 수구는 3.7포인트 원점과 일정한 대칭성을 지니는 지점으로 도착하기 때문이다. 즉 그 수구는 3.7포인트 원점과 출발점의 중간 지점으로 되돌아오는 것이다. 맥시멈 플러스 투에서는 원점과 출발점의 2/3 되는 지점으로 떨어졌는데, 여기에서는 절반(1/2) 지점으로 떨어지는 이유는 무엇일까? 사실상, 그림에서 상구선 2포인트 오른쪽의 영역을 직육면체대리고 생각한다면, 맥시멈 회전 코너는 맥시멈 회전 플러스 투와 같은 형태의 진행이라고 생각할 수 있다. 이때에 작은 당구대의 40이 큰 당구대의 40에 정확하게 매칭되지 않고 37에 매칭되기 때문에 그러한 현상이 발생하는 것이다.

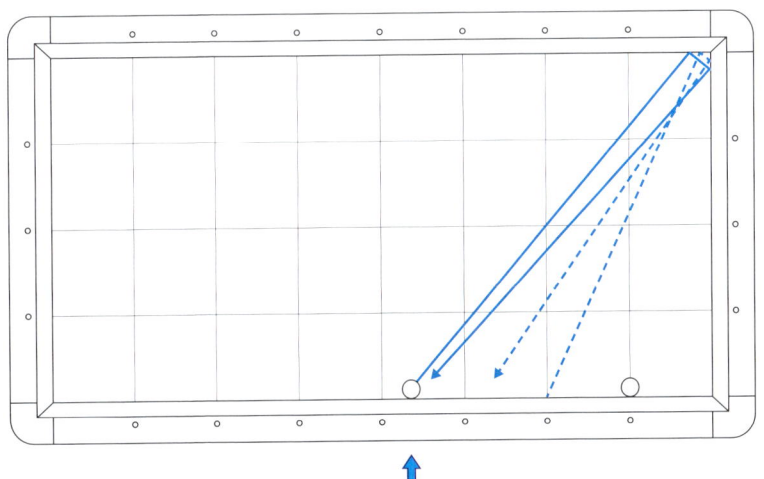

원점(3.7p)
도착점 = 출발점과 원점의 중간 지점

15

장쿠션 맥시멈 회전 코너 한계각

단쿠션 1포인트에서 가까운 장쿠션 코너를 향해 치면 맞은편 장쿠션 코너를 향해 진행한다.

이러한 한계각을 숙지해 놓고 있어야 한다. 가끔 장쿠션을 따라서 길게 제각돌리기(또는 바깥돌리기)를 해서 맞은편 코너 근방에 놓여 있는 2적구를 맞추어야 하는 경우가 발생한다.

오른쪽 그림에서와 같이 1적구와 2적구가 배치되어 있는 경우에는 이러한 장쿠션의 맥시멈 회전 한계각을 활용할 수 있다. 즉, 작은 당구대에서도 같은 한계각이 적용되기 때문에 작은 당구대의 코너를 향해 맥시멈 회전으로 빠르게 입사시키면, 장쿠션의 2포인트 조금 넘는 지점에 수구가 떨어지고, 빈쿠션을 성공시킬 수 있다.

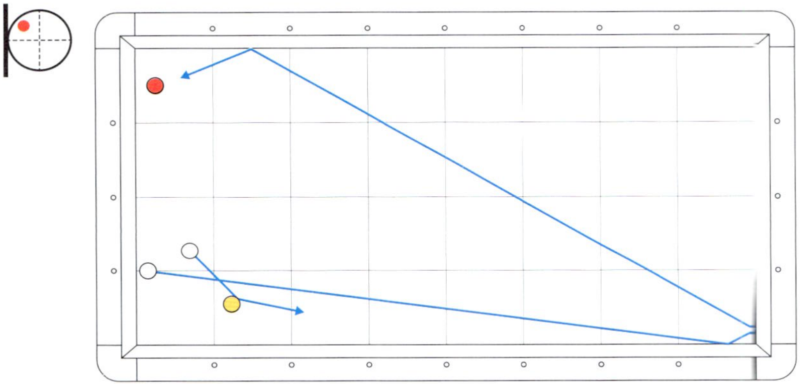

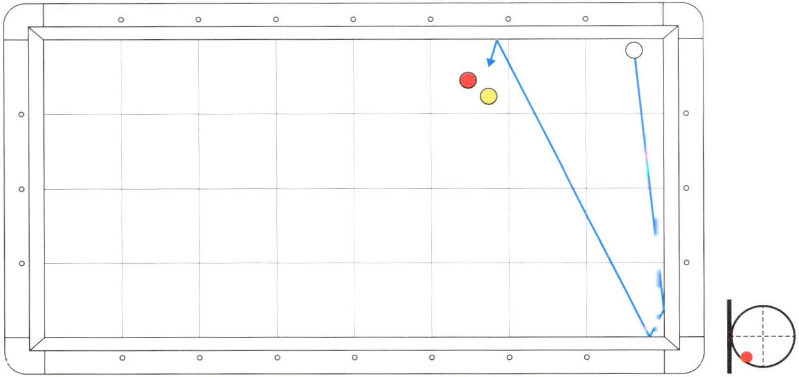

16

1. 무회전 장코너 기본선

무회전으로 쳐서 장쿠션 코너를 향해 입사시키면 재미있는 현상이 발생한다. 수구는 장쿠션-단쿠션을 돌아서 나온다. 이때 수구의 출발점에 따라서 수구의 경로는 상당히 안정적인 패턴을 보이면서 진행된다.

첫째, 수구가 단쿠션 1.5포인트 안에서 출발하면 거의 제자리로 온다.

둘째, 수구가 단쿠션 2포인트에서 코너로 가면 0.5포인트 옆으로 온다.

셋째, 수구가 단쿠션 3포인트에서 코너로 가면 1포인트 옆으로 온다.

이를 활용하여 어려운 빈쿠션을 의외로 쉽게 공략할 수 있다. 예를 들어 수구가 단쿠션 2.5포인트 근방에 있다고 생각해보자. 적구가 그림에서처럼 장쿠션 3포인트 선에 있다면, 수구를 코너로 입사시켜 장-단-단으로 이어지는 노선을 취하여 공략할 수 있다.

이와 마찬가지로 비껴치기를 하여 장-단-단-장의 경로로 수구를 보내어 득점 확률(방수)을 증가시키곤 한다.

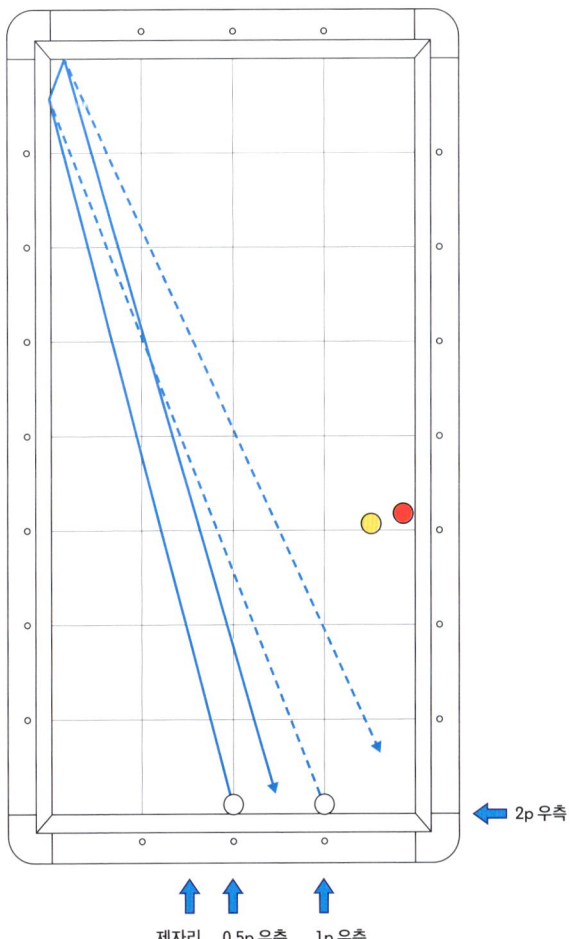

16

2. 무회전 장쿠션
2포인트 기본선

무회전으로 장쿠션 2포인트를 향하게 보내면 코너로 보낼 때에 비해 각각 1포인트씩 더 오른쪽으로 떨어진다.

예를 들어, 그림에서와 같이 수구가 단쿠션 2포인트에 있고, 두 적구가 장쿠션 2포인트에 붙어 있을 때, 수구를 장쿠션 2포인트로 입사시키면, 1.5포인트 만큼 오른쪽에 떨어져 적구를 쉽게 공략할 수 있다.

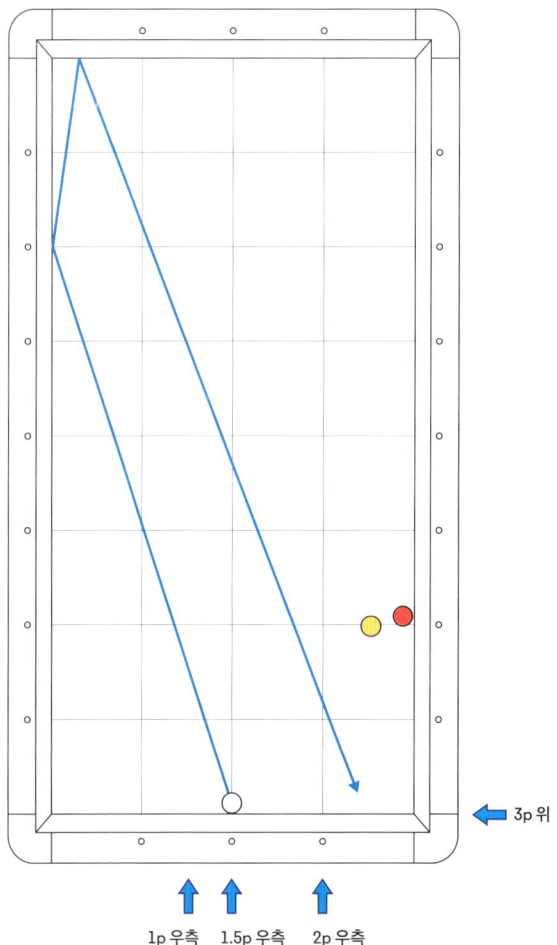

17

초구 자리로 진행하는 3포인트

적구가 초구 자리에 위치해 있을 때가 있다. 이 자리 역시 쉽지 않은 자리이다. 적당히 코너를 보고 돌리면 짧게 빠지고, 넉넉하게 단쿠션의 가운데를 보고 돌리면 길게 빠지는 자리이다. 그런데 적구가 이 초구의 자리에 위치하는 경우가 상당히 자주 발생한다. 이 자리로 진행하기 위해 수구는 어느 지점으로 들어가야 하는가?

장쿠션 3포인트는 초구 지점으로 진행하는 전형적인 자리이다. 이를 확인해두면, 초구 근처에 위치한 적구를 빈쿠션으로 맞추거나 제각돌리기 또는 바깥돌리기를 할 때 유리하다.

또한 초구에서 1포인트 옆으로 가 있는 곳에 적구가 있을 때는 일반적으로 4포인트를 겨냥하여 공략한다.

물론 수구의 출발점이 어디인가에 따라서 이러한 지점이 다소 달라질 수는 있다. 하지만 시합 중에 머리가 복잡해질 때, 그리고 마음이 흔들릴 때, 이런 기준을 가지고 있으면 흔들리지 않고 공략할 수 있다.

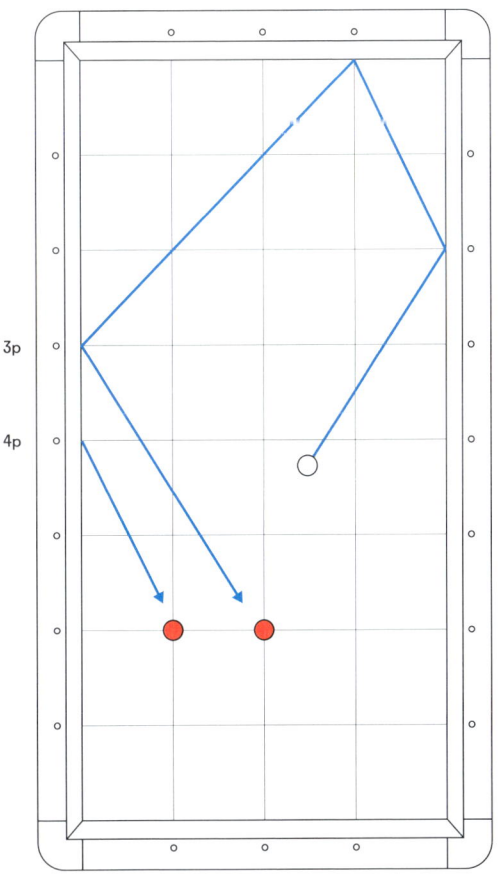

제각돌리기 패턴

세계적인 선수들도 가장 많이 실수하는 것이
제각돌리기이다. 그렇기 때문에 제각돌리기에는
가장 많은 대칭점과 기준이 존재한다.
여기에서 설명된 대칭점과 기준선을 활용하되,
적용하기 어려울 때는 파이브 앤 하프 시스템을 사용한다.

18

무회전 절반 두께 제각돌리기

정사각형 내에서 제각돌리기를 하는 경우에는 앞서 설명하였듯이 1적구의 절반보다 조금 두껍게 맞추어서 45도로 쿠션에 입사시켜 대칭각을 형성하는 방법이 있다. 그러나 이러한 대칭각을 사용하기보다는 편안하게 1적구의 절반 정도를 맞추되, 무회전으로 수구를 보내어 자연스럽게 수구를 진행하도록 하는 방법을 종종 사용하게 된다. 특히 수구가 1적구보다 약간 아래쪽에 위치해 있을 경우에 이러한 방법을 종종 사용한다. 이때에 주목해야 할 점은 정사각형 안에서 수구는 총 3포인트 정도 간격을 벌리면서 진행한다는 점이다. 이를 정리하면 다음과 같다.

첫째, 무회전으로 1적구의 절반 두께로 치는 경우 45도보다 적은 각도로 입사된다(40도 정도). 따라서 무회전 절반 두께로 치면 수구는 대략 3포인트 정도 진행하게 된다.

둘째, 여기에 1팁을 첨가하면 0.5포인트를 더 진행한다.

셋째, 1적구의 절반 두께는 가장 겨냥하기 쉬운 두께이기 때문에(무회전 시 큐선이 1적구의 가장자리를 겨냥), 안정적으로 제각돌리기를 할 수 있다.

넷째, 수구와 1적구가 직선으로 놓여 있지 않고 비스듬하게 놓여 있는 경우에는 공에 변화가 생긴다. 수구가 1적구의 위에 있으면 길어지고, 수구가 1적구의 아래에 있으면 짧아진다. 수구가 1적구의 아래에 위치해 있을 때에는 회전을 약간이라도 추가해주어야 수구가 자연스럽게 진행한다.

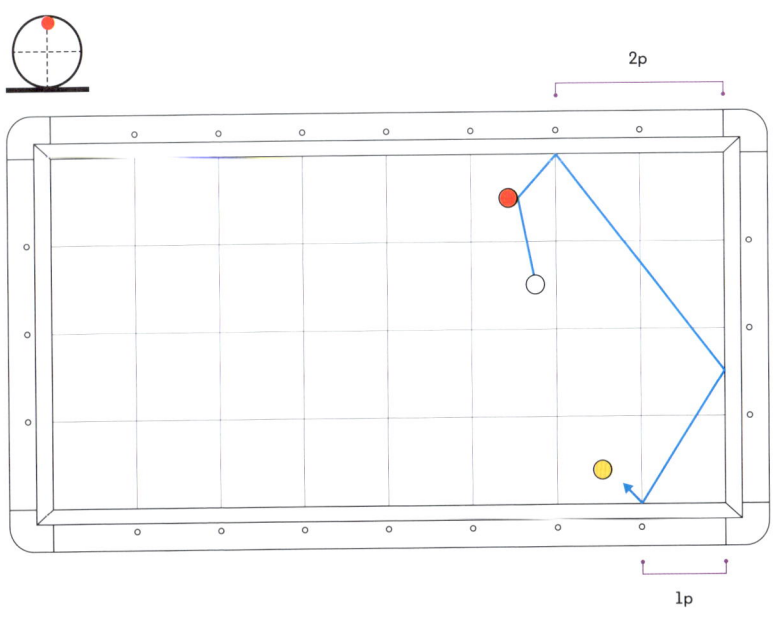

19

무회전 절반 두께 다대
(3포인트 이동)

직사각형의 장쿠션을 따라서 무회전으로 길게 다대를 쳐야 할 때가 있다. 이때에는 앞서 설명한 평행이동 시스템을 적용할 수도 있지만, 1적구에 비해 수구가 대략 1포인트 정도 안쪽으로 놓여 있을 때, 1적구의 절반을 겨냥해서 맞추면, 수구는 대략 3포인트 정도 이동한다. 이러한 패턴은 1적구를 겨냥하기에 용이하게 때문에 평행이동보다 우선하여 적용하곤 한다. 그 과정을 상술하면 다음과 같다.

첫째, 장쿠션 방향으로 길게 다대를 치는 상황은 거의 언제나 수구가 1적구에 비해 약간 안쪽으로 들어와 있어서 다대를 치기 편안한 위치에 놓여 있을 때이다. 즉, 그림에서 X 표시에 있을 때는 다대를 치지 않는다.

둘째, 1적구에 비해 수구가 안쪽으로 들어와 있기 때문에 무회전으로 1적구를 절반 두께로 맞히면 장쿠션임에도 불구하고 (앞의 단쿠션을 따라서 무회전 제각돌리기와 마찬가지로) 3포인트 정도 진행한다.

셋째, 이러한 3포인트를 기준으로 하여 조금 더 두껍게 맞추거나 회전을 약간(0.5팁에서 1팁) 더 주는 방식으로 조절한다.

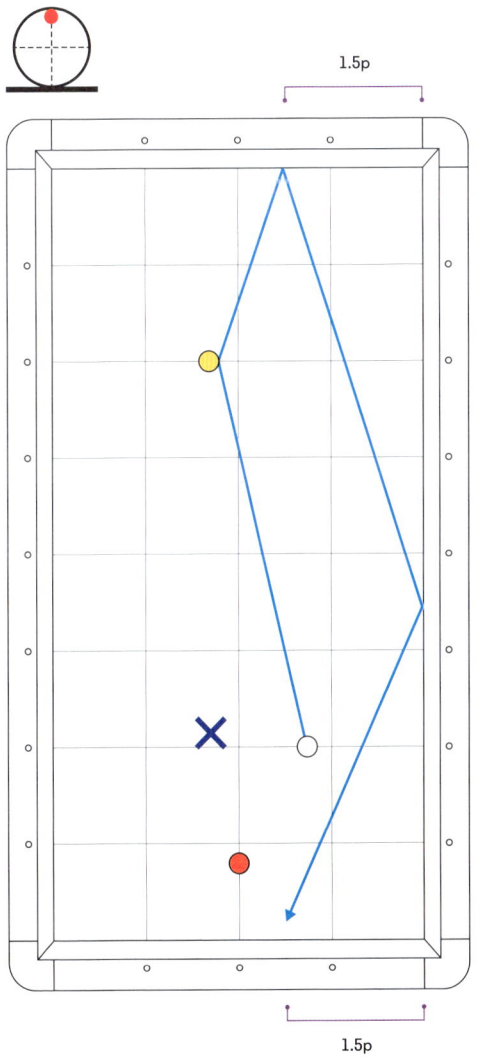

> 보완 패턴

무회전 길게치기

1적구와 2적구가 당구대 끝과 끝에 마주하는 위치에 있어서 바깥돌리기나 제각돌리기를 시도하기 어려운 경우가 있다. 이때에는 무회전으로 길게 구사해야 하는데, 이는 무회전 제각돌리기 또는 긴 안돌리기라고 할 수도 있지만, 보통 당구장에서는 다대로 통칭한다. 여기에서는 무회전 길게치기라고 한다.

무회전 길게치기는 말 그대로 무회전으로 곱게 굴리는 것이다. 그렇기 때문에 무회전 길게치기는 특별한 스트로크를 요구하지 않는다. 여기에서는 기준선을 잘 잡아 놓는 것이 중요하다. 보통 세 가지 기준선이면 충분하다.

코너 기준선

장축 3포인트에서 단축 1포인트를 향해 수구를 진행시키면, 코너를 돌아 2적구를 향해 길게 진행한다.

장축 2포인트에서는 단축 1포인트 보다 0.2 포인트 안쪽을 겨냥하고, 장축 1포인트에서는 1포인트 보다 0.4 포인트 안쪽을 겨냥하면 된다.

장축 4포인트에서는 단축 1포인트에서 오른쪽으로 0.2 포인트 이동한 지점을 겨냥한다.

이렇게 장축 3포인트 단축 1포인트를 기준선으로 하고, 장축의 위치가 1포인트 이동할 때 마다 그에 대응하여 단축에서 0.2 포인트씩 겨냥점을 바꾸어 주면 된다.

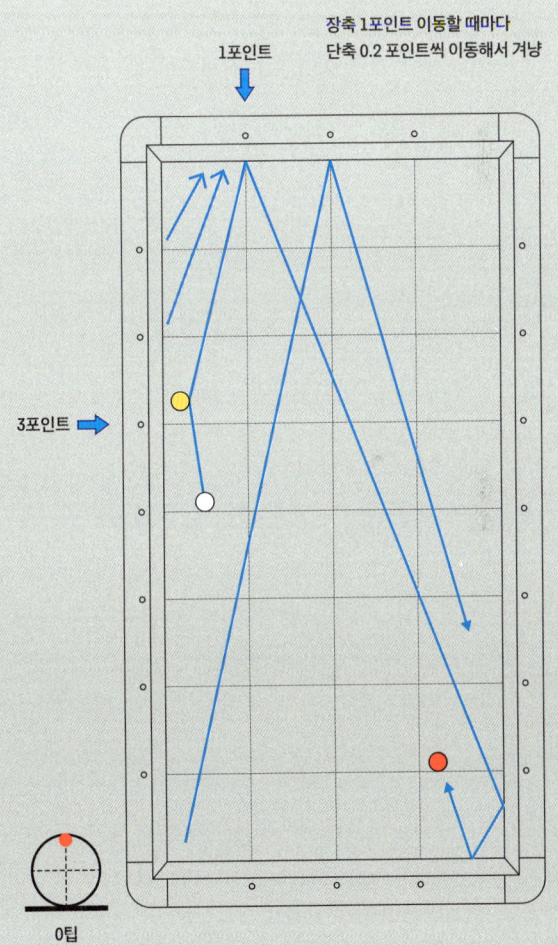

1포인트 기준선

단축의 1포인트로 향하는 기준선은 장축 2포인트에서 단축 1포인트로 향하는 선이다. 수구의 출발지점이 장축 2포인트를 기준으로 1포인트 내려갈 때마다 단축의 겨냥점은 0.3 포인트씩 오른쪽으로 이동한다.

2포인트 기준선

단축의 2포인트로 향하는 기준선은 장축 4포인트에서 단축 2포인트로 향하는 선이다. 수구의 출발지점이 장축 4포인트를 기준으로 1포인트 이동할 때마다 단축의 겨냥점은 0.4 포인트씩 이동한다.

이렇게 무회전 길게치기는 떨어트리고자 하는 3번째 쿠션 지점을 확인하고 나서, 어떤 기준선을 적용할 것인가를 정한다. 그리고 0.2 포인트씩 이동할 것인지, 0.3 포인트씩 이동할 것인지, 0.4 포인트씩 이동할 것인지를 정한다. 그리고 목표 지점을 향해 수구를 곱게 굴려주면 된다.

앞서 설명한 바와 같이 무회전을 준다고 하더라도, 수구는 1적구와 부딪히면서 약간의 회전력을 얻고, 쿠션에 부딪힐 때 마다 추가적인 회전력을 얻으면서 진행한다. 그것을 감안해서 수구를 곱게 굴려주면 득점 확률을 상당히 높일 수 있다.

이상은 무회전 기준이다. 1팁의 회전을 더하면 수구가 도착하는 3번째 쿠션은 1포인트 증가한다는 점을 고려하면, 수구를 보다 정확한 지점으로 보낼 수 있다.

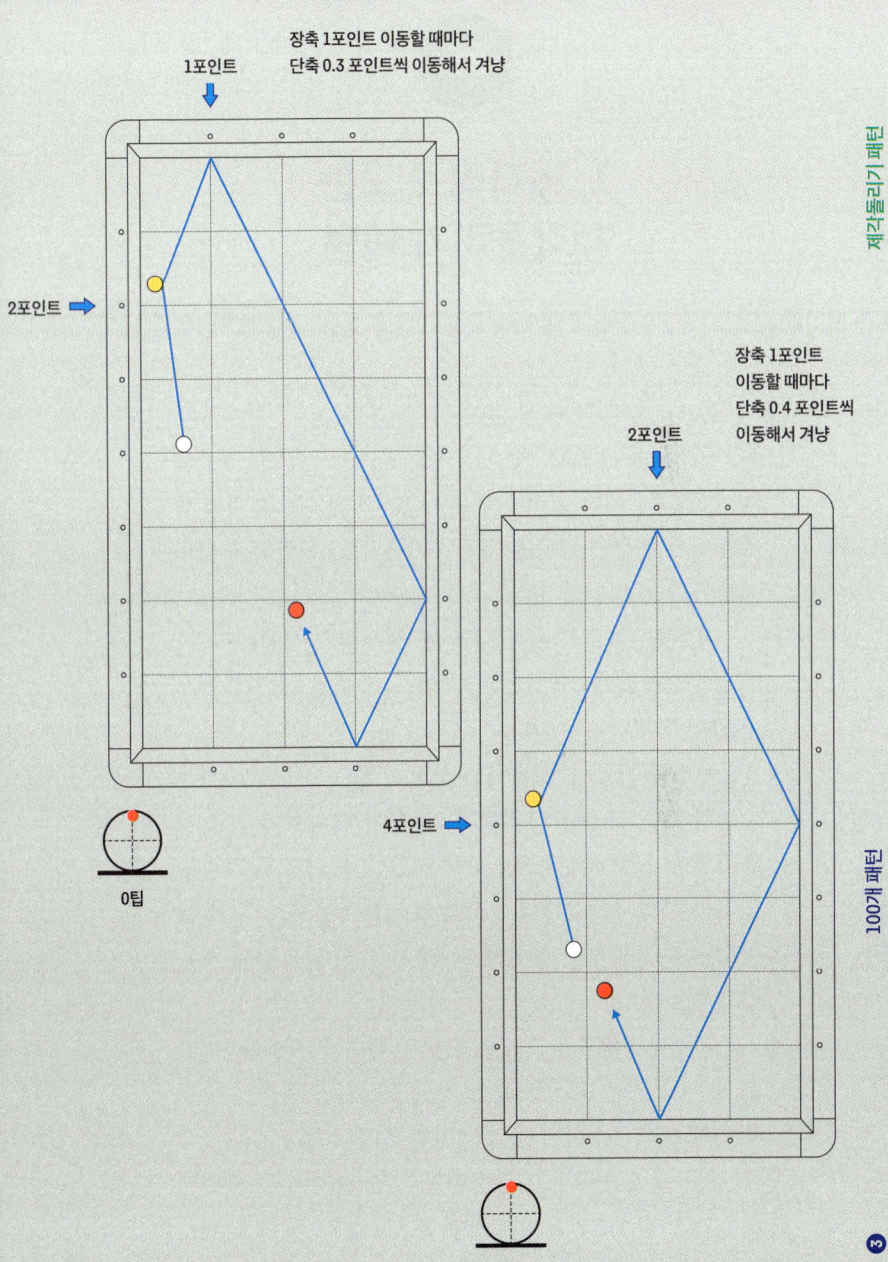

1. 제자리로 오는 제각돌리기 패턴

1적구가 단쿠션 1포인트 선상에 있을 때, 2팁으로 수구를 쳐서 1적구를 맞히고 맞은편 장쿠션 1포인트로 보내어 제각돌리기를 하면, 수구는 결국 1적구가 원래 있던 자리로 되돌아 오는 경향이 있다.

장쿠션 1포인트에서 6포인트 정도까지 적용된다. 다만 장쿠션 5포인트에서는 0.5포인트, 장쿠션 6포인트에서는 코너를 겨냥해야 한다.

이러한 대칭을 활용하면 상당히 많은 제각돌리기를 해결할 수 있다. 특히 1적구와 2적구가 가까이에 있을 때 효과적이다. 먼저 1적구를 장쿠션 1포인트를 향해 제각돌리기를 하면 수구는 1적구를 향해 되돌아온다. 그렇게 돌아오는 수구의 연장선상에 2적구가 걸쳐 있으면 문제는 쉽게 해결된다.

그런데 2적구가 그 연장선보다 짧은 위치에 놓여 있을 때는 장쿠션 1포인트보다 약간 윗부분을 향하여 수구를 진행시키거나 아니면 약간 회전을 빼고 친다.

거꾸로 2적구가 그 연장선보다 긴 위치에 놓여 있을 때는 장쿠션 1포인트의 아랫쪽을 향하여 수구를 진행시키거나 아니면 회전을 3팁으로 주고 스피드 있게 쳐서 수구가 길게 진행되도록 구사한다.

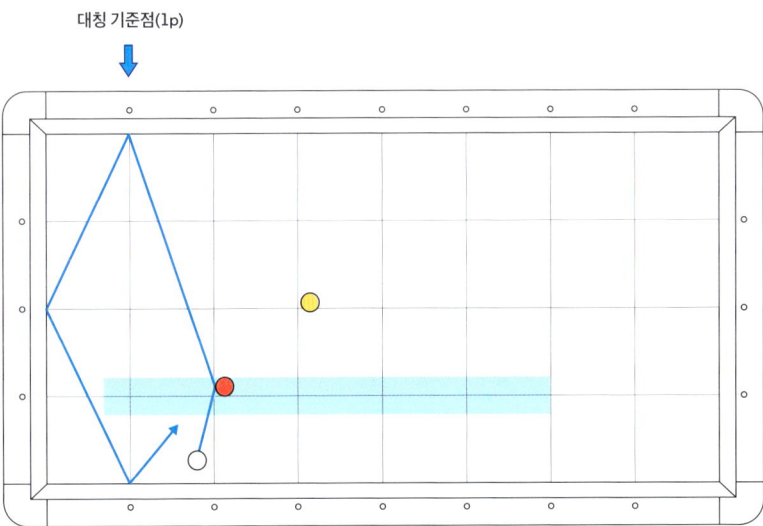

2. 제자리로 오는
긴 제각돌리기 패턴

장쿠션을 따라서 돌리는 긴 제각돌리기에도 제자리로 오는 패턴이 존재한다. 이때에는 단쿠션의 2포인트가 기준점이 된다. 그리고 1적구는 장쿠션의 2포인트 선상에 놓여 있어야 한다.

그림에서와 같이 1적구가 장쿠션 2포인트 선상에 있을 때, 2팁으로 수구를 쳐서 1적구를 맞히고 상단의 단쿠션 2포인트로 보내면, 수구는 결국 1적구가 원래 있던 자리로 되돌아오는 경향이 있다.

이러한 긴 제각돌리기를 구사할 때에 가장 어려운 점은 회전을 일정하게 유지하기가 어렵다는 것이다. 즉, 처음에는 회전을 많이 먹다가 나중에는 회전이 풀리게 되어 짧아질 위험이 있다는 것이다. 이를 방지하기 위하여 될 수 있으면 1적구를 얇게 맞히면서, 수구를 부드럽게 밀어주어야 한다.

이러한 대칭은 긴 제각돌리기뿐만 아니라 긴 비껴치기를 할 때에도 적용할 수 있다. 이때에도 앞에서 설명한 바와 같이 1적구를 얇게 치고 수구를 부드럽게 진행시키는 방식으로 구사해주어야 한다.

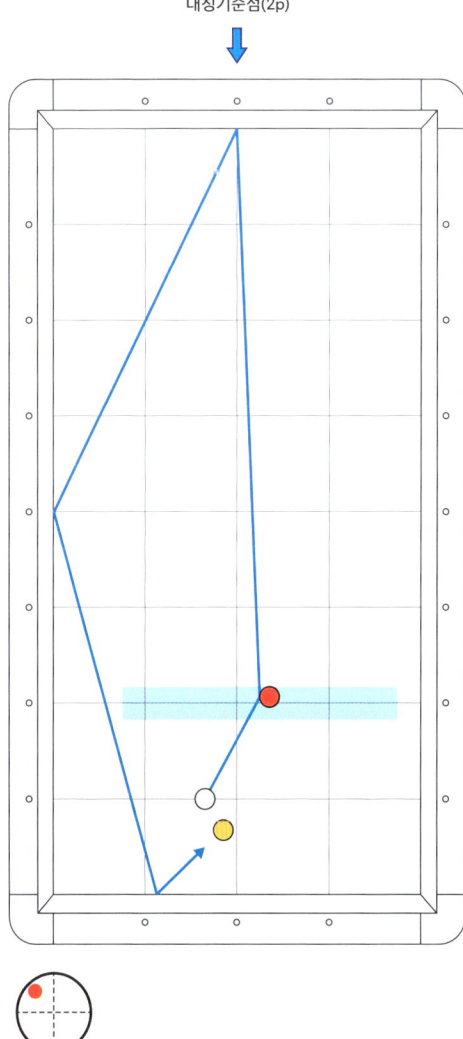

1. 제자리로 되돌아오는
1적구 위치(2.3포인트)

5년 전쯤 유명한 당구 선수와 게임을 하던 중이었다. 어렵게 배치된 공이었는데, 갑자기 혼잣말로 "절반을 맞춰서 끌면 제자리로 돌아오겠지"라고 하는 것이었다. 그리고 그대로 구사하여 제각돌리기를 성공하는 장면을 보았다. 그 이후로 수구가 출발했던 제자리로 되돌아오는 1적구의 두께가 있다는 점을 어렴풋이 짐작할 수 있었다.

그러다가 김동수 선생님의 당구 카페에 올라와 있는 자료에서 이와 유사한 패턴이 소개되어 있는 것을 발견하였다. 즉, 1적구가 장쿠션 2.3포인트에 있을 때, 2팁 하단으로 1적구의 절반 두께를 치면, 수구는 출발했던 장쿠션으로 되돌아온다는 것이었다.

1적구가 장쿠션의 2.3포인트에 위치해 있을 때, 수구가 제자리로 되돌아온다는 점을 알고 있다면, 안심하고 제각돌리기를 구사할 수 있다. 심지어는 수구가 코너 가까이에 있을 때에도 안심하고 제각돌리기를 구사할 수 있다. 수구는 거짓말처럼 출발했던 자리로 되돌아와서 결국은 3쿠션을 성공시킨다.

1적구가 쿠션에 붙어 있는 경우, 이러한 제자리 귀환

현상을 활용하는 것 말고는 정확하게 3쿠션을 구사할 수 있는 방법이 없다. 쿠션에 붙어 있는 공에 대해서는 각도를 잡기가 쉽지 않기 때문이다. 즉, 아무리 두껍게 친다고 하더라도 수구가 조금만 밀리면 각이 형성되지 않는다. 이때에는 수구의 당점과 1적구의 두께의 배합에 의해 자연스럽게 발생하는 제자리 귀환 현상을 활용하는 것이 효과적인 방법이다.

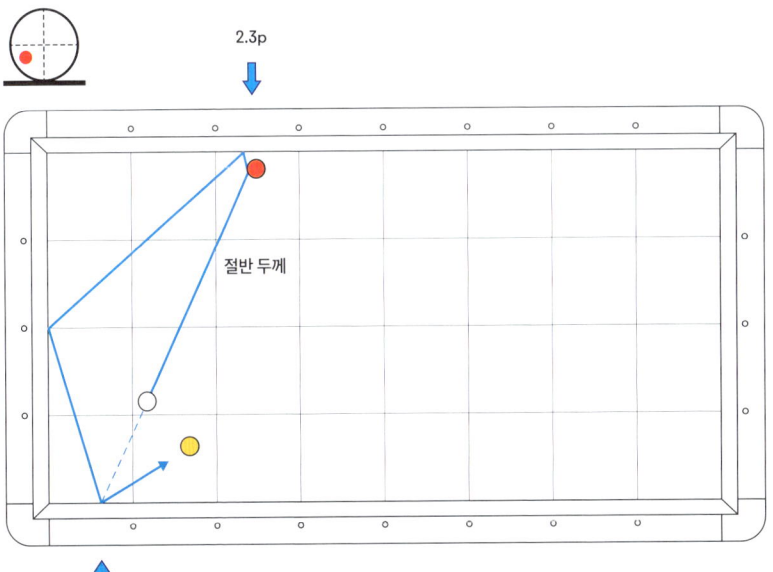

절반 두께

2.3p

수구가 출발했던 장쿠션 위치로 되돌아옴.

2. 제자리로 되돌아오는 1적구 위치(3 ~ 4포인트)

그렇다면 1적구가 장쿠션 2.3포인트보다 더 높이 올라가 있으면 어떻게 될까? 다양한 방식으로 구사해본 결과, 2팁 하단 회전으로 수구를 치되, 1적구의 2/3 두께를 맞히면, 수구는 출발했던 자리로 되돌아온다는 점을 확인할 수 있었다.

이러한 제자리 귀환 현상은 1적구가 3포인트를 넘어서서 4포인트 근방에 있을 때에도 적용되었다. 물론 4포인트 근방에 있으면 무의식적으로 약간 더 두툼하게 겨냥하기도 하고, 약간 더 하단으로 수구를 쳐서 끌리게 하기도 한다. 어떠한 방식으로든지 간에, 1적구가 3포인트에서 4포인트 근방에 있을 때에는 수구의 하단 2팁 또는 3팁으로 1적구의 2/3를 겨냥하면 수구가 출발한 원래의 자리로 되돌아온다.

물론 이때에는 수구의 하단으로 끌어치는 타법을 구사해야 한다. 그리고 어느 정도의 스피드로 수구를 보내야만 부드럽게 끌려올 수 있다.

3-4p

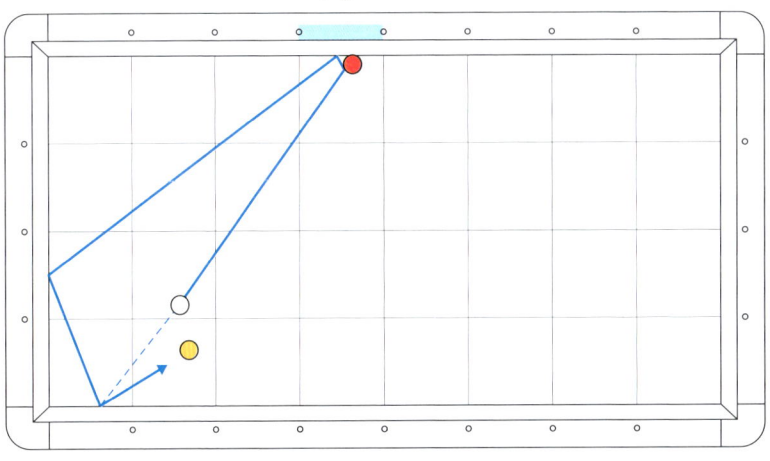

↑
수구가 출발했던
장쿠션 위치로 되돌아옴.

21

3. 제자리로 되돌아오는
1적구 위치(1.5포인트)

앞에서와는 반대로 1적구가 장쿠션의 2.3포인트보다 아래쪽에 위치해 있을 경우에는 제자리로 귀환하는 패턴이 존재할 수 있을까? 물론 이때에도 존재한다. 1적구가 장쿠션의 1.5포인트에 위치해 있을 때, 무회전 하단으로 수구를 쳐서 1적구의 절반을 맞히면, 수구는 출발했던 자리로 되돌아온다.

    이때 주의해야 할 점은 무회전이기 때문에 약간 스피드를 주어야 한다는 점이다. 무회전 하단일지라도 스피드를 주지 않으면 수구가 약간의 곡구와 함께 퍼져버릴 수가 있다.

    이러한 형태의 배치는 장쿠션에서도 자주 형성된다. 아랫쪽 그림에서 1적구가 단쿠션의 3포인트에 위치하고 있다. 이는 장쿠션의 1.5포인트에 해당되는 위치이다. 이때 수구가 출발한 자리로 되돌아오면, 2적구를 향해서 진행할 수 있다면, 무회전 하단으로 수구를 쳐서 1적구의 절반을 빠르게 맞히는 방식으로 공략한다.

1.5p

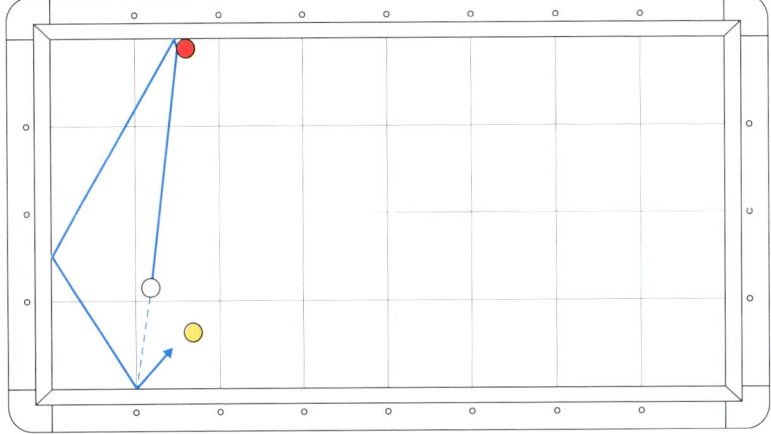

수구가 출발했던
장쿠션 위치로 되돌아옴.

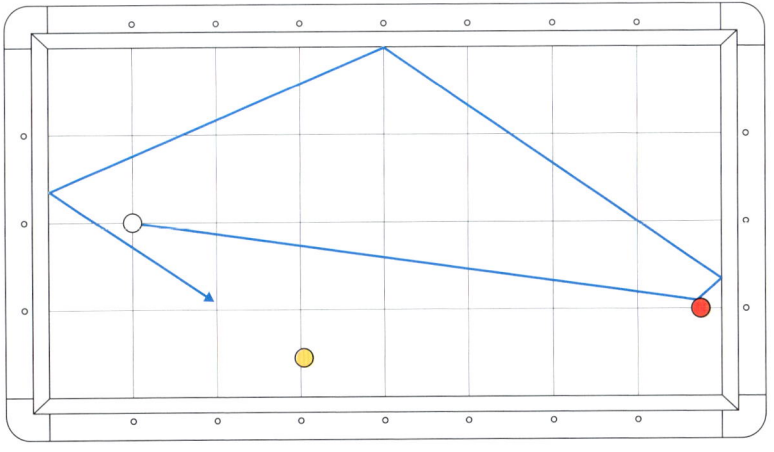

중간 지점 제각돌리기 패턴

짧은 제각돌리기에서 1적구와 단쿠션 거리의 중간 지점으로 수구를 보내면, 수구는 1적구의 위치에 해당되는 장쿠션 지점으로 진행한다. 이러한 패턴은 상당히 안정적이다. 다만 1적구의 위치에 따라서 수구의 회전력을 조절해 주어야 한다. 수구의 회전 기준은 다음과 같다.

첫째, 1적구가 단쿠션의 1포인트 선상에 있을 때는 무회전을 주고 수구를 쳐서, 1적구를 맞히어 1적구와 단쿠션의 중간 지점으로 보낸다.

둘째, 1적구가 단쿠션의 1.5포인트선상에 있을 때는 1팁을 주고 수구를 쳐서, 1적구를 맞히어 1적구와 단쿠션의 중간 지점으로 보낸다.

셋째, 1적구가 단쿠션의 2포인트선상에 있을 때는 2팁 회전을 주고 수구를 쳐서, 1적구를 맞히어 1적구와 단쿠션의 중간 지점으로 보낸다.

이렇게 중간 지점으로 보내면, 수구가 위치하고 있는 지점과 같은 위치의 장쿠션 지점을 향해 수구는 진행한다.

이러한 원리가 적용되는 영역은 장쿠션 1포인트 지점에서 장쿠션 3.5포인트 지점까지의 영역이다. 이는 짧은 제각돌리기의 거의 전 영역에 걸쳐서 적용된다고 할 수 있는 광범위한 영역이다.

1적구가 단쿠션의 2포인트 선에 있을 때, 무회전으로 쳐서 수구를 중간 지점에 보내면 바로 그 중간 지점에 해당되는 장쿠션으로 돌아온다. 이를 활용하여 짧은 제각돌리기를 편안하게 구사할 수 있다.

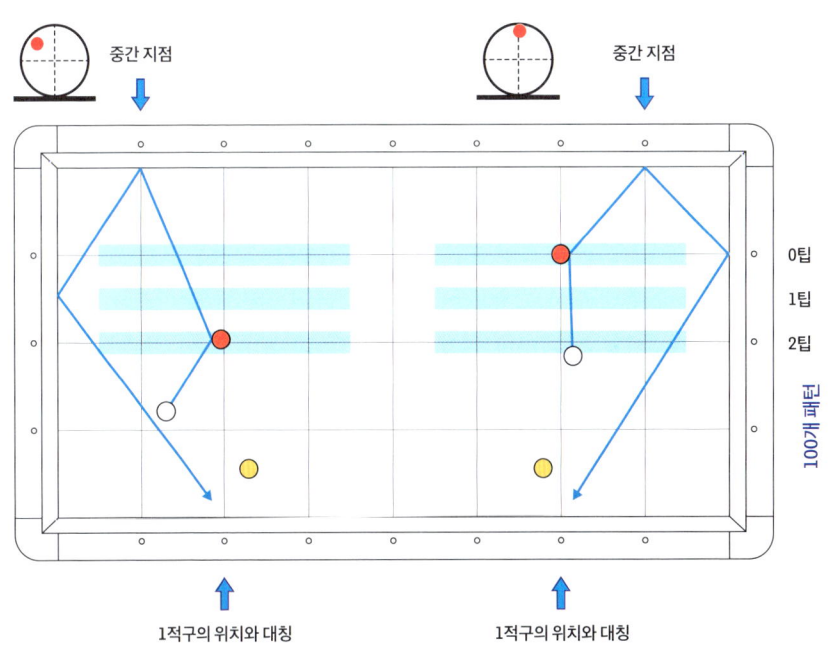

23

1. 무회전 중간 지점
제각돌리기 연장선

무회전 중간 지점으로 수구를 보낼 때, 수구가 진행하는 네 번째 쿠션에 관한 패턴이다.

　1적구가 단쿠션의 2포인트 선에 있을 때에는 1적구 위치보다 2포인트 아래로 내려간다.

　1적구가 단쿠션의 1포인트 선에 있을 때에는 1적구 위치보다 1포인트 아래로 내려간다.

　1적구가 단쿠션의 0포인트 선에 있을 때에는, 즉 장쿠션에 붙어 있는 선을 기준으로 본다면, 1적구 위치보다 0.5포인트 정도 내려간다(다음 페이지의 설명 참조).

　그림의 점선과 같이 바깥돌리기를 하여 짧게 떨어뜨릴 때에도 이 패턴을 활용할 수 있다. 다만 이때에는 과도한 전진력이 먹지 않도록 하기 위하여 큐를 평소보다 짧게 잡고 쳐야 한다. 그리고 역회전이 많이 먹지 않도록 하기 위하여 1적구를 두껍게 치기보다는 얇게 치되 수구의 중하단을 구사할 필요가 있다. 불가피하게 두툼하게 쳐야 할 때에는 0.5팁의 회전을 추가해준다.

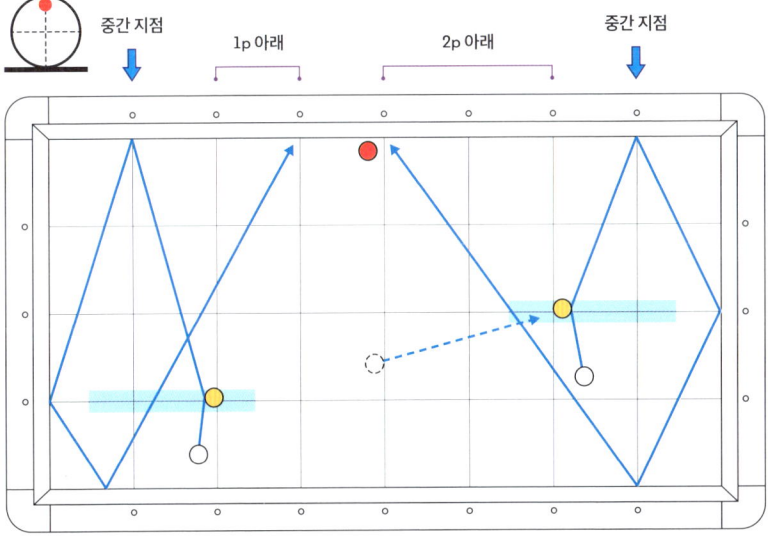

2. 무회전 중간 지점 다대

무회전 중간 지점 제각돌리기가 장쿠션의 끝에서 출발한다고 한다면, 이는 이미 널리 소개된 바 있는 무회전 대칭과 동일하다.

무회전으로 쳤을 때 입사각과 반사각이 일정하게 유지된다고 가정해보자. 출발 쿠션의 중간 지점에 해당되는 맞은편 쿠션의 지점으로 무회전으로 수구를 보내면, 수구는 출발 쿠션의 코너를 돌아서 출발 쿠션의 위치와 같은 지점의 맞은편 쿠션으로 향할 것이다. 하지만 쿠션에 부딪힐 때마다 수구는 자연회전을 먹기 때문에 동일한 위치로 되돌아가기보다는 조금 더 긴 지점에 떨어진다.

특히 그림에서와 같이 1적구를 쳐서 맞은편 중간 지점으로 보내는 경우에는 조금 더 길게 떨어질 것으로 예상해야 한다(공 회전력이 순방향으로 작용하기 때문).

중간 지점

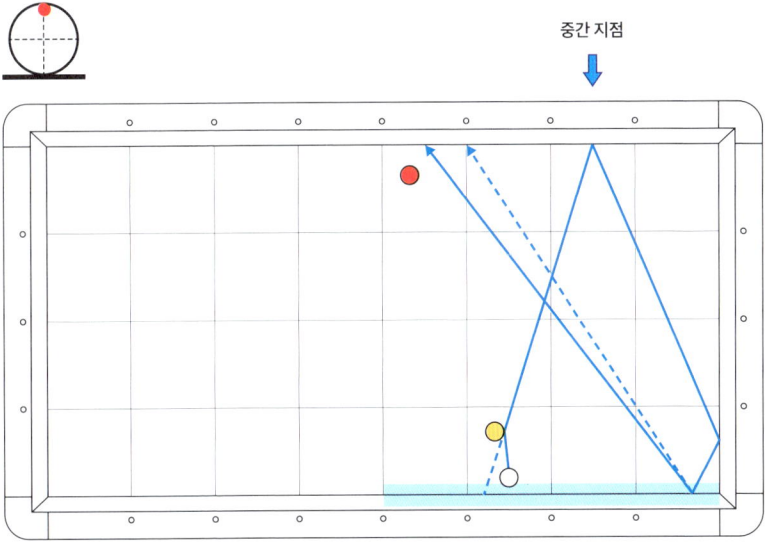

1. 장쿠션 2포인트 중앙점
- 0팁 제각돌리기 대칭

1적구가 쿠션의 한가운데에 놓여 있을 때, 각을 잡기가 쉽지 않다. 출발하는 연장선을 어디에 두느냐에 따라 1쿠션에 도착하는 선이 크게 달라지고, 이에 따라 각이 많이 달라지기 때문이다. 이때에 적용할 수 있는 대칭각이 있다.

먼저 장쿠션 2포인트 중앙점에서 출발할 때는 0팁을 주고 제각돌리기를 하면 수구는 대칭되는 위치를 향해 진행다.

즉, 무회전으로 수구를 쳐서 중앙의 1적구를 맞혀서 0.7포인트 아래로 떨어뜨리면, 맞은편 장쿠션의 0.7포인트 위치로 수구가 진행한다.

마찬가지로 무회전으로 수구를 쳐서 중앙의 1적구를 맞혀서 1.5포인트 아래로 떨어뜨리면, 맞은편 장쿠션의 1.5포인트 지점에 수구가 도달한다.

이렇게 무회전으로 짧은 제각돌리기를 하는 경우, 세 번째 쿠션을 맞은 수구가 회전을 많이 먹지 않고 툭 떨어지게 된다. 이러한 성질을 고려하여, 무회전으로 제각돌리기를 할 때에는 충분히 깊은 지점을 겨냥해야 한다. 이때 2적구가 쿠션에서 비교적 멀리 위치해 있더라도, 맞을 확률이 높아진다. 이것이 무회전 짧은 제각돌리기의 장점이라고 할 수 있다.

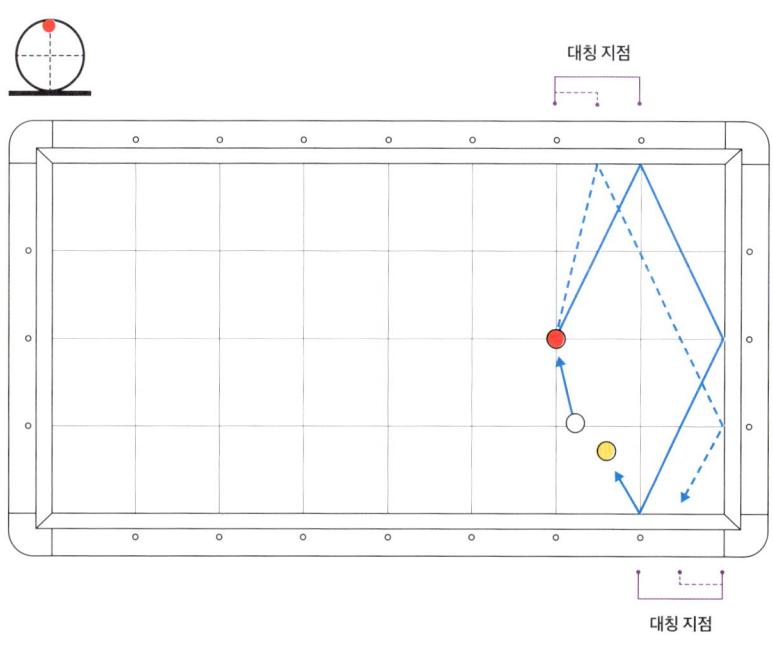

2. 장쿠션 3포인트 중앙점 1팁 제각돌리기 대칭

장쿠션 3포인트 중앙점에 1적구가 위치할 때에는 수구에 1팁을 주고 제각돌리기를 하면 대칭되는 위치를 향하여 진행한다.

간단히 말해서 1적구가 장쿠션 3포인트 중앙점에 있을 때에는 무회전이나 2팁 회전이 아니라 1팁 회전을 주고 제각돌리기를 해야 수구가 자연스럽게 대칭으로 움직인다는 것이다.

물론 1적구가 반드시 장쿠션 3포인트 선의 중앙 지점에 위치하지 않아도 이러한 대칭을 이용할 수 있다. 그림의 왼쪽에서 보듯이 1적구의 연장선이 3포인트 중앙에 걸치고 있으면, 1팁으로 수구를 보내어 대칭각을 형성할 수 있다. 이렇게 보내는 것이 가장 자연스러운 방법이다.

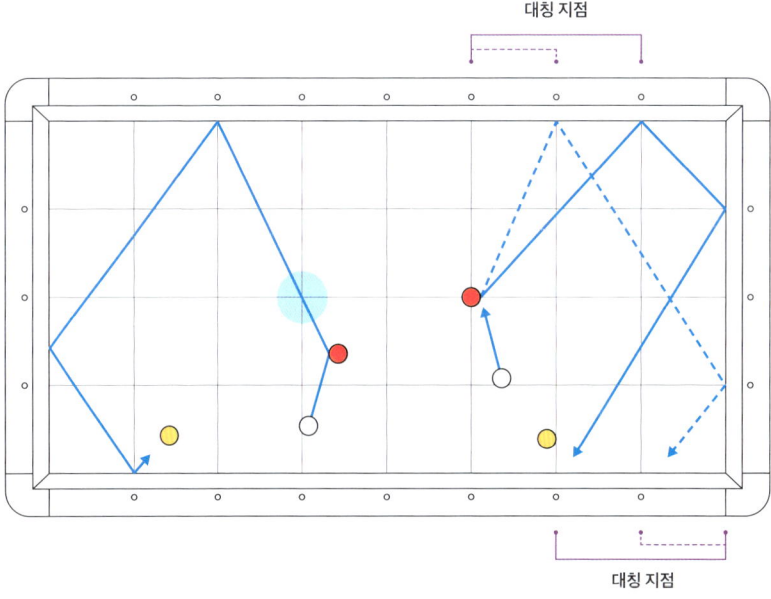

3. 정중앙점 2팁
제각돌리기 대칭

1적구가 당구대의 정중앙에 위치해 있을 때, 각을 잡기가 대단히 어렵다. 파이브 앤 하프로 각을 잡는다고 하더라도, 연장선이 조금만 달라져도, 양쪽으로 벌어져 두 배의 차이가 나기 때문이다. 이때에도 제각돌리기 대칭을 활용함으로써 에러를 줄일 수 있다.

당구대의 정중앙에서 출발할 때는 수구에 2팁을 주고 제각돌리기를 하면 대칭되는 위치를 향한다.

이때 수구의 하단을 쳐서 1적구를 맞힌 다음에 끌어서 제각돌리기를 하는 경우에는 대칭 위치보다 조금 더 앞쪽을 쳐주어야 한다. 끌림으로 인해 각이 깊어지기도 하고, 1적구를 많이 맞혀서 회전이 강화되기도 하기 때문이다.

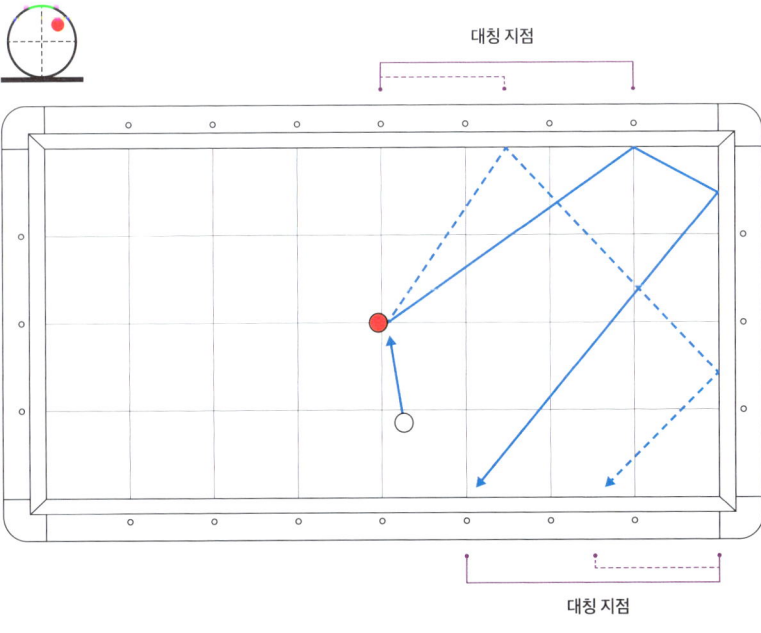

4. 장쿠션 5포인트 중앙점 3팁 제각돌리기 대칭

당구대의 4포인트 선을 넘어서 5포인트 선에서는 3팁으로 제각돌리기를 하면 대칭으로 맞은편 장쿠션을 향해 진행된다. 즉, 장쿠션을 따라서 3포인트(2포인트) 만큼 내려가도록 진행시키면, 맞은편 장쿠션을 따라서 코너로부터 3포인트(2포인트)만큼 올라온 지점을 향해 진행된다.

    수구와 1적구가 충분한 회전을 주기 어렵게 배치되어 있을 경우가 있다. 예를 들어 그림에서처럼 수구가 적구보다 위쪽에 위치하고 있어서 적구를 얇게 쳐야 하는 경우이다. 적구를 얇게 치면서 수구에 회전을 3팁 이상 주기는 쉽지 않다. 이런 경우에는 그림의 점선과 같이 수구가 떨어져야 할 겨냥 지점보다 0.5포인트 정도 더 길게 겨냥하는 것도 좋은 방법이다.

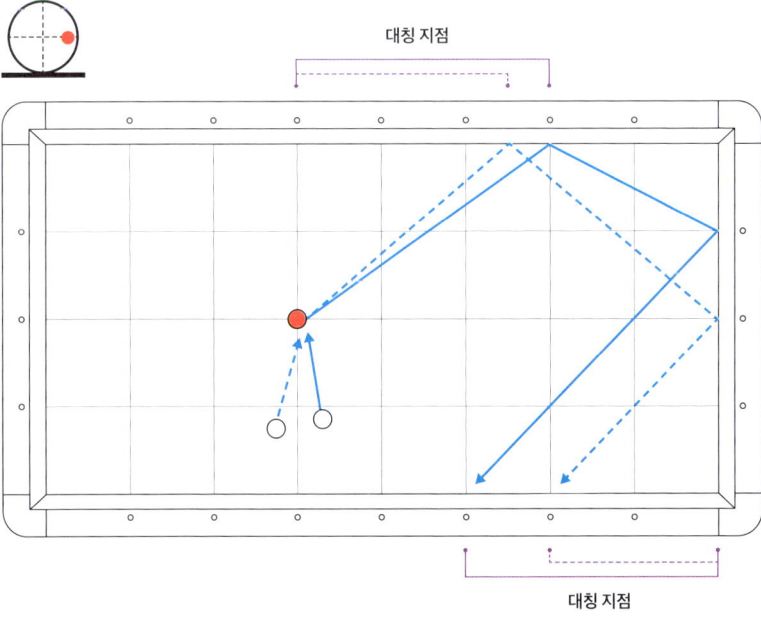

25

1. 코너 안돌리기(단쿠션)

앞서 설명한 중간 지점 제각돌리기는 다양한 배치에서 활용할 수 있다. 특히 코너 안돌리기에서 기준선을 잡는 데 도움이 된다.

코너 안돌리기를 안정적으로 구사하기는 늘 까다롭다. 수구가 코너를 돈다는 것은 직각으로 맞물려 있는 두 개의 쿠션에 연달아 입사-반사를 형성한다는 점을 의미한다. 이렇게 두 개의 쿠션을 연달아 입사-반사하면서 생각보다 길어지기도 하고 생각보다 턱없이 짧아지기도 한다.

그림은 단쿠션 방향으로 코너 안돌리기를 하는 사례이다. 장쿠션 1포인트와 단쿠션 1포인트가 만나는 정사각형 지점에 1적구가 배치되어 있다. 1적구의 절반을 쳐서 수구를 장쿠션의 0.5포인트를 향하여 입사시키는 것이 코너 안돌리기를 가장 안정적으로 구사하는 방법이다.

이때 무회전을 주면, 수구는 맞은편 장쿠션의 1포인트 지점으로 향한다. 이는 앞서 설명한 무회전 중간 지점 제각돌리기와 같은 경우이다.

그리고 1팁을 주면, 수구는 맞은편 장쿠션의 1.5포인트 지점으로 향한다. 이는 상당히 자주 부딪히는 배치이면서도, 짧게 또는 길게 실패하는 배치이다.

　　마지막으로 2팁을 주면, 수구는 맞은편 장쿠션의 2포인트 지점으로 향한다. 당연한 말이지만 3팁의 회전을 주면 2.5포인트를 향해서 진행될 것으로 기대할 수 있을 것이다. 수구의 위치에 따라서 2팁을 주고 더 안쪽으로 쳐서 2.5포인트로 진행하도록 구사하는 것이 편리할 때도 있다.

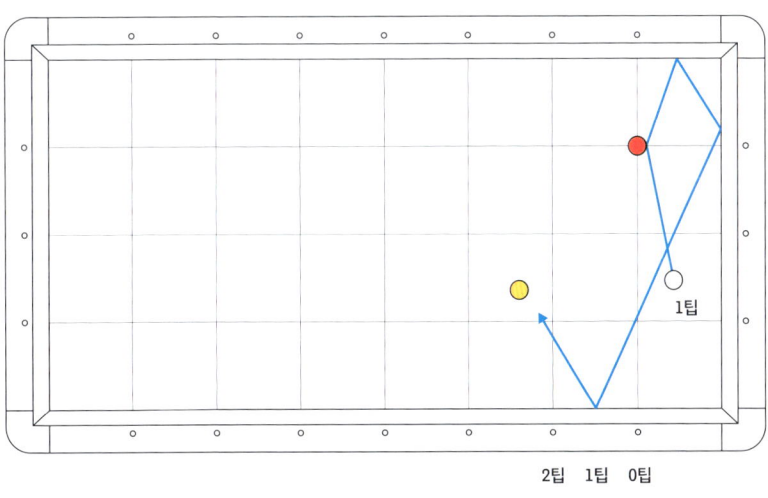

2. 코너 안돌리기(장쿠션)

장쿠션을 따라 코너 안돌리기를 하는 것은 단쿠션 코너 안돌리기와 원리가 같다. 단쿠션 코너 안돌리기와 동일한 배치는 그림의 점선과 같이 단쿠션 2포인트와 장쿠션 2포인트에 1적구가 배치되어 있을 때이다. 이때에는 말할 필요 없이, 무회전(0팁)을 주면 아래쪽 단쿠션의 2포인트로 향하고, 1팁을 주면 1포인트, 2팁을 주면 코너로 향한다. 이렇게 팁과 포인트가 일치하는 대칭은 그 자체로 아름답다.

　1적구가 단쿠션 1포인트와 장쿠션 1포인트에 배치되어 있을 때, 장쿠션 코너 안돌리기는 더욱 어려워진다. 하지만 이때에도 대략 같은 기준선을 사용할 수 있다. 즉, 0팁은 2포인트, 1팁은 1포인트, 2팁은 코너로 향한다는 것이다. 마찬가지로 1적구의 절반을 쳐서 장쿠션의 0.5포인트를 향해 수구를 입사시킨다. 이는 평행이동의 원리가 적용되는 부분이다. 하지만 평행이동은 약간의 오차를 수반할 수밖에 없다. 동일한 기준선을 활용하되, 이러한 점을 감안하여 구사할 수 있다.

　이처럼 장쿠션 코너 안돌리기에서 안정적인 기준선을 활용하는 것이 득점 성공을 위해 매우 중요하다. 다만, 여기에서 조심해야 할 점은 수구의 회전을 확실하게 주어야 한다는 것이다. 단쿠션에 비해서 수구가 먼 거리를 이동하므로 회전을 확실히 주어야 끝까지 먹기 때문이다.

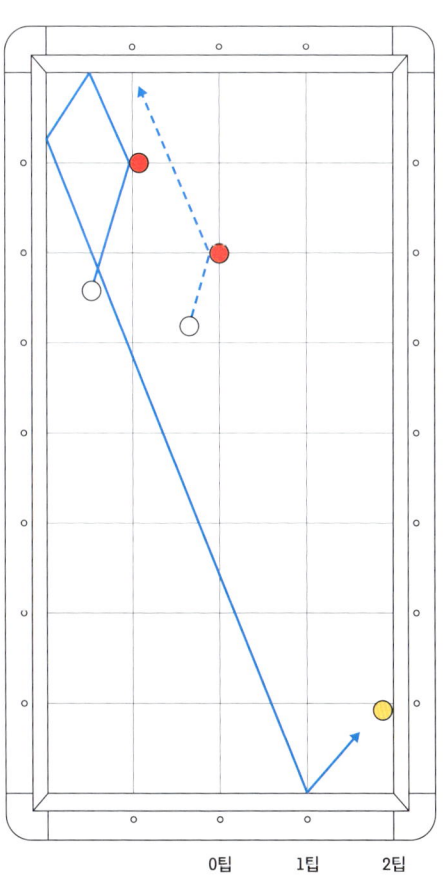

0팁   1팁   2팁

역회전 제각돌리기 원점

그림에서와 같이 수구와 1적구가 장쿠션 2포인트 선상에 놓여 있고, 2적구가 1적구 근방에 있을 때, 종종 역회전으로 제각돌리기를 하는 경우가 있다. 이러한 제각돌리기는 감에 의존하는 경우가 많다. 하지만 이러한 상황에서 원점으로 돌아가는 패턴이 있다는 점을 알면 자신있게 역회전 제각돌리기를 구사할 수 있다. 원리는 다음과 같다.

첫째, 1팁 역회전의 경우, 1적구와 장쿠션으로부터의 거리의 절반에 해당하는 만큼 장쿠션으로 수구를 보내면, 수구는 1적구의 위치로 되돌아온다(그림의 왼쪽).

둘째, 2팁 역회전의 경우, 1적구와 장쿠션으로부터의 거리와 같은 거리만큼 장쿠션으로 수구를 보내면, 수구는 1적구의 위치로 되돌아온다(그림의 오른쪽).

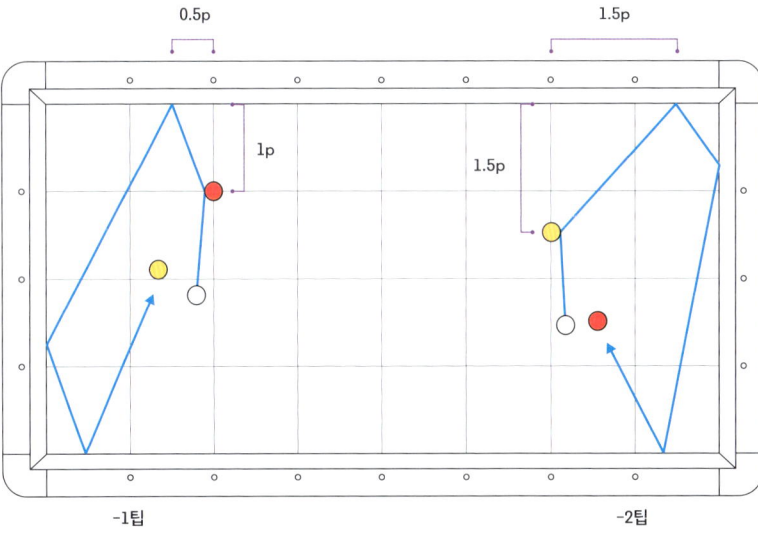

27

1. 장쿠션 긴 안돌리기 대칭

긴 안돌리기를 구사할 때 기준점을 못 잡는 경우가 많다. 특히 무조건 2팁 회전을 주고 치는 동호인들에게 이는 쉽지 않은 일이다. 큰 당구대 전체를 작은 당구대로 생각해보자. 짧은 제각돌리기에서 2팁 회전을 다 주고 제각돌리기를 하면, 대부분 길게 빠져버린다. 큰 당구대에서의 안돌리기도 마찬가지이다.

그렇다면 장쿠션을 따라서 치는 긴 안돌리기의 기준점은 1회전 또는 무회전으로 잡아주어야 할 것이다. 1적구가 장쿠션 2포인트와 6포인트 사이에 위치하는 경우, 단쿠션에 존재하는 기준점과 이 기준점을 중심으로 하여 발생하는 대칭관계가 존재한다. 이는 다음과 같다.

수구를 1적구에 맞혀서 1팁으로 단쿠션의 0.7포인트에 입사시키거나 0팁으로 단쿠션의 1.5포인트에 입사시키면, 수구는 1적구의 출발선과 대칭되는 장쿠션 아랫부분 지점으로 진행한다.

그림에서 장쿠션 상단 2포인트에 1적구가 놓여 있는 경우, 수구는 3쿠션을 다 맞고 나서 장쿠션 하단 2포인트 지점으로 향한다.

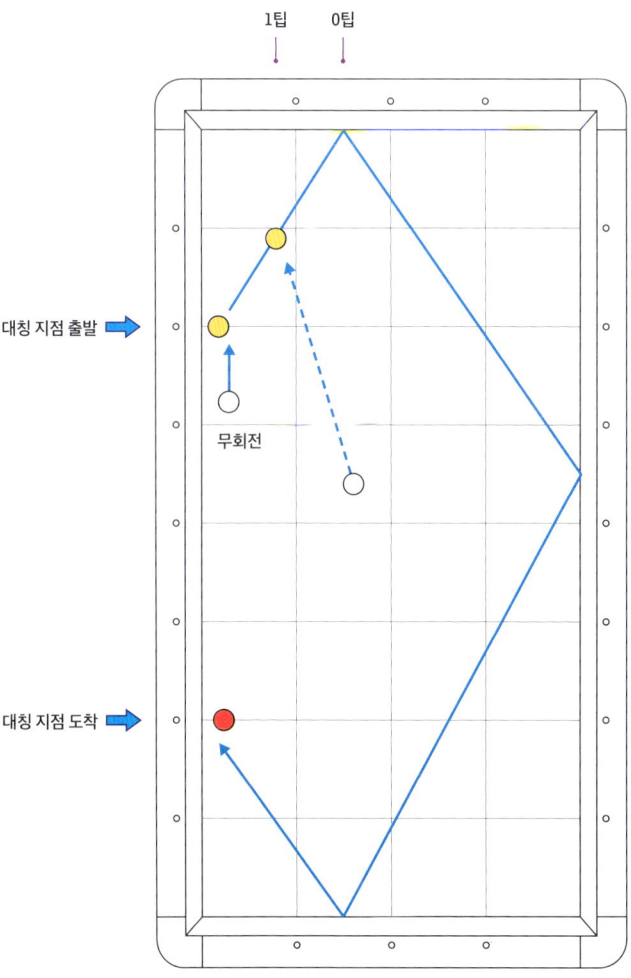

27

2. 장쿠션 긴 안돌리기 대칭 대회전

수구로 1적구를 맞혀서 긴 안돌리기를 구사하되 이를 대회전으로 연결시키는 경우에도 장쿠션 안돌리기 대칭 패턴을 활용할 수 있다.

먼저 네 번째 쿠션에 수구가 도달해야 할 지점을 확인한다. 대회전으로 짧게 들어가야 하는 위치에 2적구가 놓여 있기 때문에, 네 번째 쿠션을 장쿠션 하단 1포인트 지점 정도로 확인한다.

그러고 나서 1적구의 위치를 확인해본다. 마침 장쿠션 1포인트 근방에 1적구가 놓여 있다. 이때에는 장쿠션 안돌리기 대칭 패턴을 사용하면 쉽게 문제를 해결할 수 있다.

이제 최종적으로 선택해야 할 점은 1팁을 주고 단쿠션의 0.7포인트로 수구를 보낼 것이냐, 아니면 무회전을 주고 단쿠션의 1.5포인트 지점으로 수구를 보낼 것이냐를 결정해야 한다.

이러한 배치에서 조심해야 할 사항은 1적구가 2적구 쪽으로 이동하여 키스가 나는 상황이다. 이러한 키스를 방지하기 위해서, 1적구를 얇게 맞히는 선택이 바람직하다. 그렇다면 선택은 1팁을 주고 단쿠션 0.7포인트를 향해 수구를 부드럽게 진행시키는 것이다.

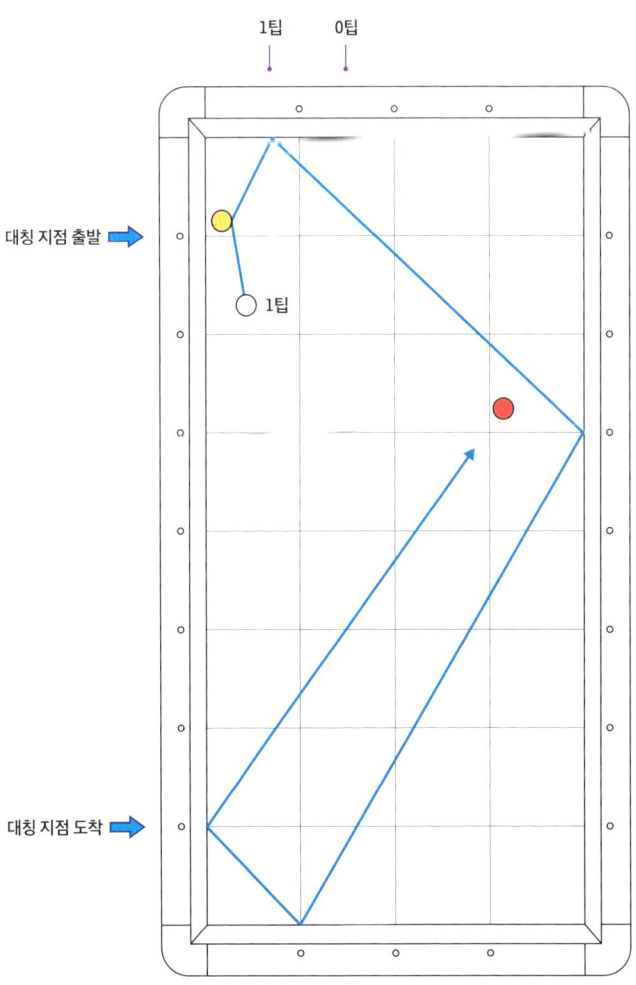

27

3. 작은 당구대
0.75포인트 긴 안돌리기

장쿠션 긴 안돌리기 대칭은 작은 당구대에서 이루어지는 짧은 제각돌리기에 편안하게 적용할 수 있다.

　장쿠션 2포인트 선상에 1적구와 2적구가 위치하고 있을 경우, 이 기준점을 활용하면 편안하게 짧은 제각돌리기를 구사할 수 있다. 그림에서 1적구와 2적구가 모두 장쿠션 2포인트 지점에 위치해 있고, 또한 서로 대칭되는 위치에 놓여 있다. 장쿠션 2포인트는 곧 작은 당구대의 장쿠션이라고 할 수 있다. 따라서 1적구를 무회전으로 맞히어 수구를 장쿠션을 따라서 0.75포인트 아래로 진행시키면, 수구는 대칭 위치에 있는 2적구를 향해 진행한다.

　그림에서와 같이 수구가 1적구보다 아래에 위치해 있을 때는 반대방향으로 작용하는 전진력을 상쇄하기 위해 0.5팁 정도의 회전력을 주는 것이 바람직하다.

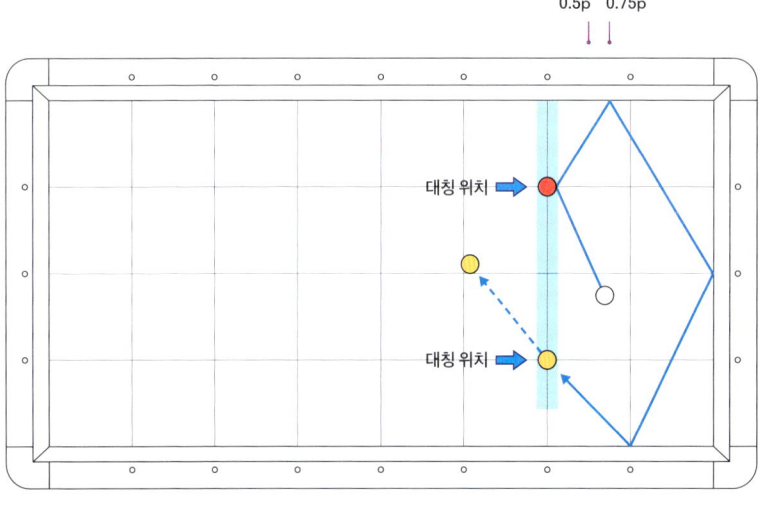

1. 장 2포인트 선
무회전 0.75포인트
제각돌리기 대칭

이 패턴은 앞의 패턴과 중복되는 패턴이다. 앞의 패턴에서 작은 당구대의 긴 안돌리기를 여기에서는 큰 당구대의 제각돌리기로 관점을 바꾸어서 다시 보는 것일 뿐이다. 중복된 패턴임에도 불구하고, 다시 제시하는 이유는 장쿠션의 제각돌리기 대칭에 대한 패턴을 따로 정립할 필요가 있기 때문이다. 즉, 장쿠션 2포인트 선상에 있는 적구를 제각돌리기 할 때 가장 안전한 기준회전은 무회전(0팁)이라는 것이며, 이때 0.75포인트 옆으로 보내면 수구는 결국 대칭되는 위치로 향한다는 것이다.

여기에서는 가급적 1팁 회전을 주고 더 얇게 치는 선택은 무시한다. 적구를 얇게 구사하는 것은 에러의 확률이 많아지기 때문이다.

장쿠션 2포인트 지점에서는 이렇게 무회전으로 대칭을 잡는 것이 가장 편안하며 에러를 최소화할 수 있다. 물론 수구의 위치에 따라 약간의 회전력을 더해줄 수도 있다.

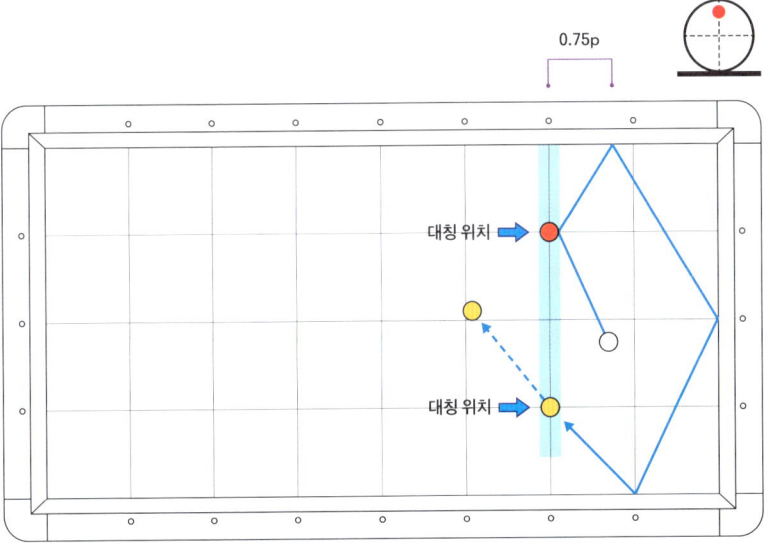

2. 장 1포인트 선
-1팁 0.5포인트 제각돌리기 대칭

제각돌리기 대칭은 사실상 모든 지점에서 발견할 수 있다. 다만 각 지점에서 적용되는 회전이 달라진다는 점을 명심해야 한다. 장쿠션 1포인트 선상에서는 기준 회전이 -1팁이다.

장쿠션 1포인트 선상에 놓여 있는 적구를 -1팁으로 0.5포인트 옆으로 떨어뜨려 안돌리기(제각돌리기)를 하면 장쿠션 1포인트 선상에서 대칭되는 위치를 향해 진행한다(그림의 오른쪽).

장쿠션 1포인트 지점에서 수구가 내려와 있어서 무회전을 구사하는 것이 안전할 때는 0.25포인트 아래를 겨냥한다(그림의 왼쪽).

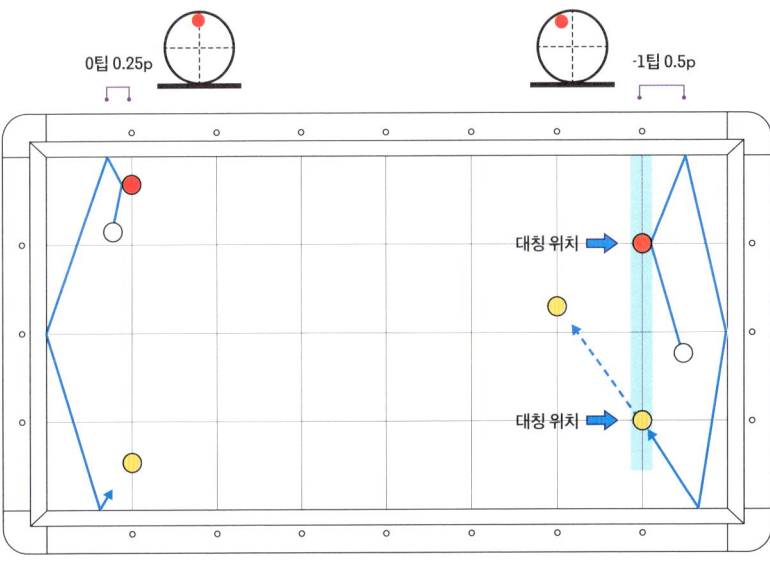

3. 장 3포인트 선
1팁 1포인트 제각돌리기 대칭

장쿠션 3포인트 선상에서는 편안하게 적용하여 제각돌리기 대칭 패턴을 만들 수 있는 회전은 1팁이며, 1포인트 옆으로 치는 방식이다. 장쿠션 2포인트에서는 무회전에 0.75포인트가 기준점이었다는 점과 비교하면 장쿠션을 따라서 올라갈수록 회전과 겨냥 지점이 조금씩 늘어난다는 점을 이해할 수 있을 것이다.

아울러 장쿠션 3포인트 선에 있을 때는 안돌리기라고 부르지 않고 제각돌리기라고 부른다는 점에 유의하자. 사실상 같은 현상인데 다르게 부르고 있는 것일 뿐이다. 다만 폭을 넓게 돌릴 때에는 안돌리기라고 표현하는 것보다 제각돌리기라고 표현하는 것이 자연스럽기 때문이다.

장쿠션 3포인트 선상에 놓여 있는 1적구를 1팁으로 1포인트 옆으로 떨어뜨려 제각돌리기를 하면 장쿠션 3포인트 선상에서 대칭되는 위치를 향해 진행한다.

장쿠션 3포인트 지점에서는 이렇게 1팁 1포인트로 대칭을 잡는 것이 가장 편안하며 에러를 최소화할 수 있다.

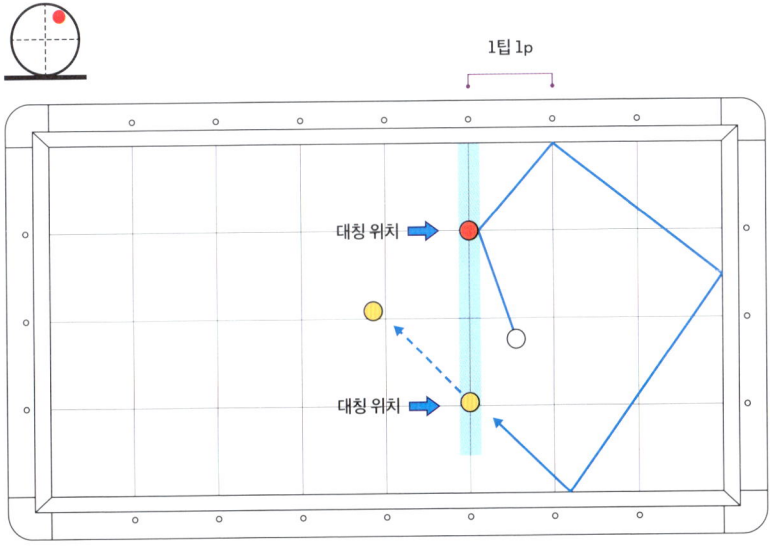

4. 장 4포인트 선
2팁 1.5포인트 제각돌리기 대칭

장쿠션 4포인트 선상에 놓여 있는 적구를 2팁으로 1.5포인트 옆으로 떨어뜨려 제각돌리기를 하면 장쿠션 4포인트 선상에서 대칭되는 위치를 향해 진행한다. 이는 가장 일반적인 형태의 제각돌리기이다. 아울러 이는 정사각형을 중심으로 하여 이루어지는 제각돌리기이며, 이는 앞서 공부한 무회전 대칭 패턴과 비교하면서 어떠한 대칭을 활용할 것인가를 결정해야 한다.

    장쿠션 4포인트 지점에서는 이렇게 2팁으로 대칭을 잡는 것이 가장 편안하며 에러를 최소화할 수 있다.

    장쿠션 5포인트 지점에서는 3팁으로 2포인트 아래를 기준점으로 잡으면 대칭이 될 것이다. 이는 사실상 장쿠션 3포인트 기준점 대칭과 같은 형태로서, 앞에서 공부한 내용이다.

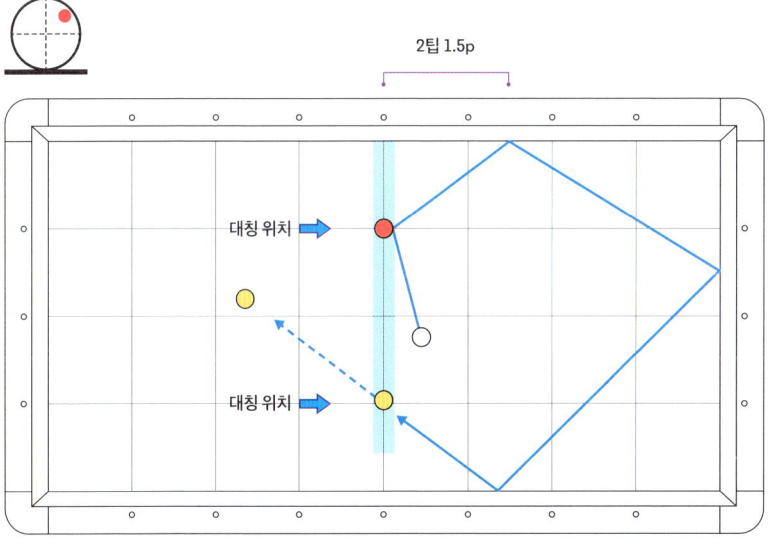

5. 다른 포인트 제각돌리기 대칭

짧은 제각돌리기를 할 때, 같은 선상에서 대칭 위치로 가는 패턴도 중요하지만, 1포인트 또는 2포인트 위의 선상에서 대칭 위치로 가는 패턴도 중요하다. 이때는 일반적인 2팁 회전을 구사하는 것이 편안하다. 이때의 기준선은 다음과 같다.

첫째, 1적구가 장쿠션 1포인트에 위치하고 2적구가 장쿠션 2포인트의 대칭점에 위치할 때, 장쿠션의 0.75포인트가 (0.25포인트 아래) 기준점이다(그림의 왼쪽).

둘째, 1적구가 장쿠션 1포인트에 위치하고 2적구가 장쿠션 3포인트의 대칭점에 위치할 때, 장쿠션의 0.5포인트가 (0.5포인트 아래) 기준점이다.

셋째, 1적구가 장쿠션 2포인트에 위치하고 2적구가 장쿠션 3포인트의 대칭점에 위치할 때, 장쿠션의 1.5포인트가 (0.5포인트 아래) 기준점이다(그림의 오른쪽).

넷째, 1적구가 장쿠션 2포인트에 위치하고 2적구가 장쿠션 4포인트의 대칭점에 위치할 때, 장쿠션의 1포인트가 (1포인트 아래) 기준점이다.

다섯째, 1적구가 장쿠션 3포인트에 위치하고 2적구가

장쿠션 4포인트의 대칭점에 위치할 때, 장쿠션의 2포인트가 (1포인트 아래) 기준점이다.

1적구와 2적구가 다양한 위치에 있더라도 이러한 기준점을 활용하는 경우 짧은 제각돌리기의 정확도를 향상시킬 수 있다.

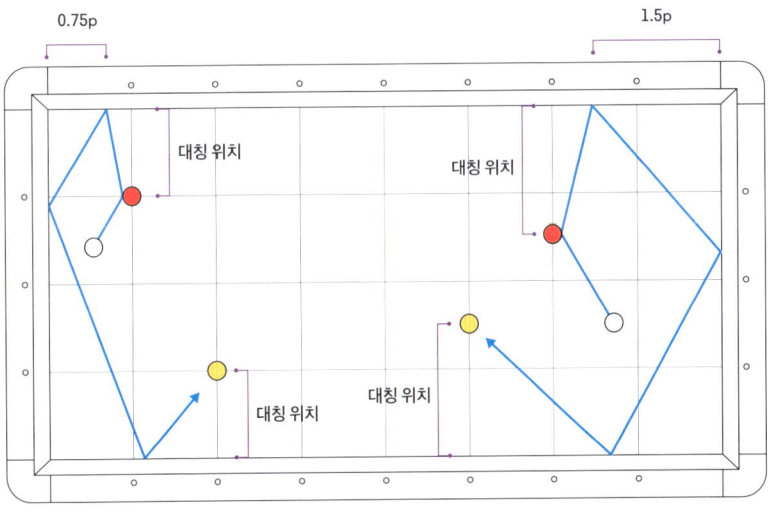

1. 장 4-1포인트 지점
2팁 제각돌리기 2배

제각돌리기에서 또 다른 흥미로운 대칭이 존재한다. 이 대칭은 1적구가 장쿠션의 중앙인 4포인트선에서 단쿠션으로 1포인트만큼 떨어진 거리에 놓여 있을 때 적용되는 대칭이다.

    제각돌리기를 할 때 가장 어려운 배치가 바로 1적구가 맞은편 쿠션에 가까이에 있을 때이다. 1적구가 출발하는 쿠션에 가까이에 있을 때는 파이브 앤 하프로 각도를 설정하기에 편리하지만, 1적구가 맞은편 쿠션에 가까이에 있을 때는 파이브 앤 하프로 각도를 설정하기가 어렵다. 이러한 상황에서 제각돌리기 두 배 대칭은 요긴하게 활용된다.

    장쿠션의 4포인트 선에 있을 때의 기준 회전은 2팁이다. 1적구가 4포인트 선에서 쿠션에서 (단쿠션 방향으로) 1포인트 만큼 떨어져 있을 때, 1적구의 위치를 기준으로 하여 쿠션에 입사한 지점의 두 배에 해당되는 맞은편 장쿠션의 위치(장쿠션 코너로부터)에 수구가 도달한다.

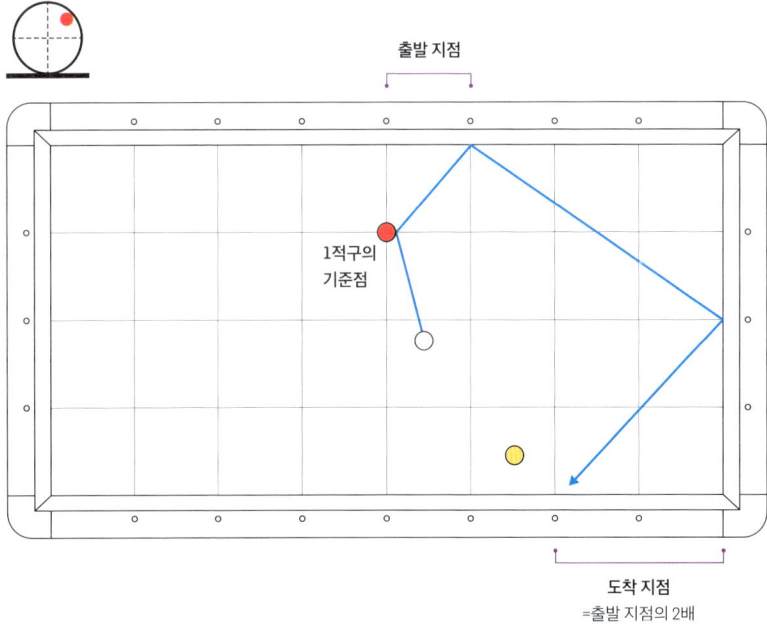

29

2. 장 3-1포인트 지점
1팁 제각돌리기 2배

이 대칭은 1적구가 장쿠션의 3포인트 선에서 단쿠션으로 1포인트만큼 떨어진 거리에 놓여 있을 때 적용되는 대칭이다.

 이 책을 통하여 일관되게 지적하고 있는 것이 있다. 즉, 장쿠션 3포인트 선에서의 기준 회전은 1팁이라는 것이다. 장쿠션 3포인트에서는 1팁으로 수구가 움직이는 것이 가장 자연스럽다. 장쿠션 4포인트에서는 2팁의 회전으로 움직이는 것이 자연스러우며, 장쿠션 2포인트에서는 0팁(무회전)으로 움직이는 것이 자연스럽다. 그리고 장쿠션 1포인트에서는 약간의 역회전으로 움직여야 자연스럽게 움직인다.

 하여간 1적구가 장쿠션 3포인트 선에서 쿠션으로부터 1포인트쯤 떨어져 있을 때, 수구에 1팁 회전을 주어 1적구를 치면, 1적구의 위치를 기준으로 하여 출발 지점의 두 배에 해당되는 장쿠션의 위치(장쿠션 코너로부터)에 수구가 도달한다.

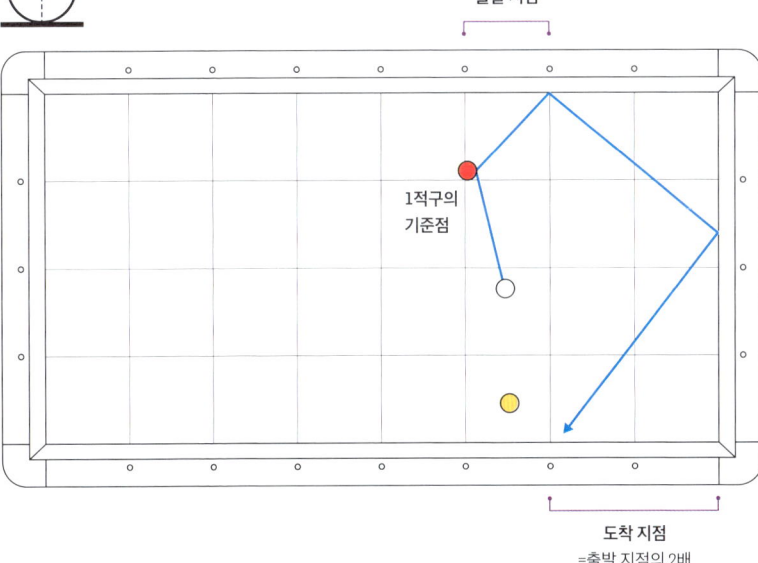

3. 장 2-1포인트 지점
0팁 제각돌리기 2배

다시 장쿠션 2포인트 선으로 돌아왔다. 여기에서 기준 회전은 0팁, 즉 무회전이다. 1적구가 장쿠션의 2포인트 선에서 단쿠션으로 1포인트만큼 떨어진 거리에 놓여 있는 것을 보면, 아 이것은 무회전 제각돌리기 두 배의 대칭이 적용되는구나 하고 느낄 수 있어야 한다.

이때는 수구에 0팁 회전을 주었을 때, 1적구의 위치를 기준으로 하여 출발 지점의 두 배에 해당되는 장쿠션의 위치(장쿠션 코너로부터)에 수구가 도달한다.

무회전으로 1적구를 칠 때, 큐는 항상 부드러우면서도 단호하게 나가야 한다. 그래서 1적구를 맞고 쿠션을 향해 입사할 때 자연스러운 모양으로 굴러가야 한다. 종종 플레이어들은 자신감이 없을 때 과도한 힘을 주거나, 힘을 주다가 말기 때문에 큐의 속도가 일정치 않게 나가고, 수구의 진행이 불안정해진다. 수구에 곡구현상이 발생되기도 하고, 수구가 쿠션을 맞고서 입사/반사의 각으로 나오지 않고 툭 하고 튕겨져 나올 때도 있다. 중요한 것은 자신감을 가지고 부드럽지만 단호하게 수구를 보내는 것이다.

그렇다면 이러한 자신감은 어디에서 나오는가? 동호

인들과 이야기하면서 확인할 수 있었던 답이 있다. 3쿠션의 패턴을 알면, 즉 수구의 진행 경로를 머리 속에서 그릴 수 있으면, 큐질에 대한 확신이 생기고, 결국은 자신감을 가지고 큐를 안정감 있게 뻗을 수 있다는 것이다. 즉, 패턴을 알면 자신감이 생기고, 공은 안정감 있게 구른다.

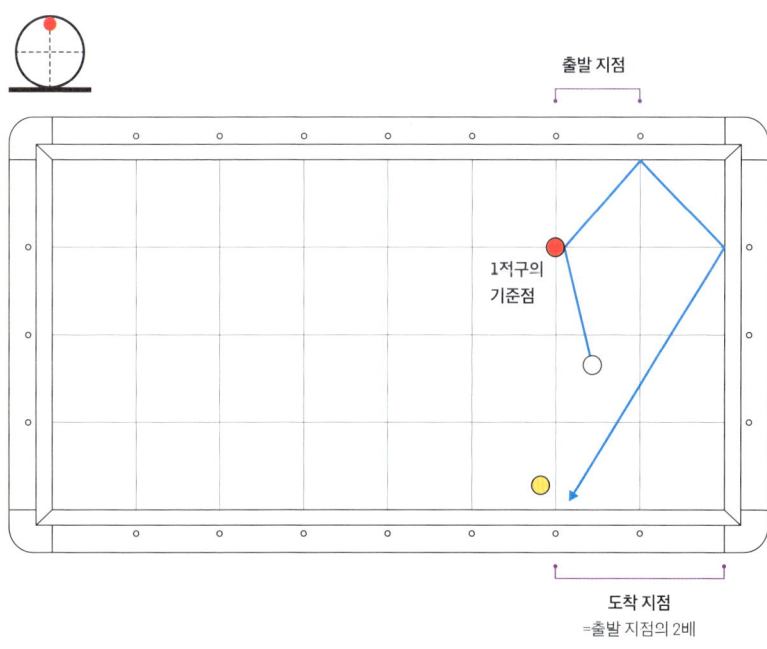

1. 장쿠션 3포인트 끌어치는 제각돌리기

장쿠션의 윗부분에 있는 적구를 끌어서 제각돌리기를 하여 아랫부분에 있는 적구를 맞추는 상황이다. 이때는 각도를 기준으로 하여 공략할 수는 없다. 아무리 각도를 기준으로 하더라도, 수구가 아래에 위치하고 있고 1적구가 쿠션에 붙어 있어서, 그 각도를 확인하기 어렵기 때문이다. 이때는 수구의 회전을 하단 맥시멈으로 가져가되, 관심의 초점은 1적구의 두께에 두어야 한다.

수구가 장쿠션 3포인트 지점에 있고, 1적구가 그 위의 맞은편 장쿠션에 있을 때, 하단 3팁으로 1적구의 2/3(큐선이 적구의 가장자리 겨냥) 두께를 치면, 맞은편 장쿠션의 대칭되는 위치로 진행한다.

이때 수구를 끝까지 진행시켜주기 위해서는, 아주 하단으로 끌기만 해서는 힘을 유지하기가 어렵다. 아주 하단보다는 당점을 약간 올리되 맥시멈 회전으로 끌어주면, 수구에 힘이 실리면서 마지막 쿠션까지 회전이 살아서 진행한다.

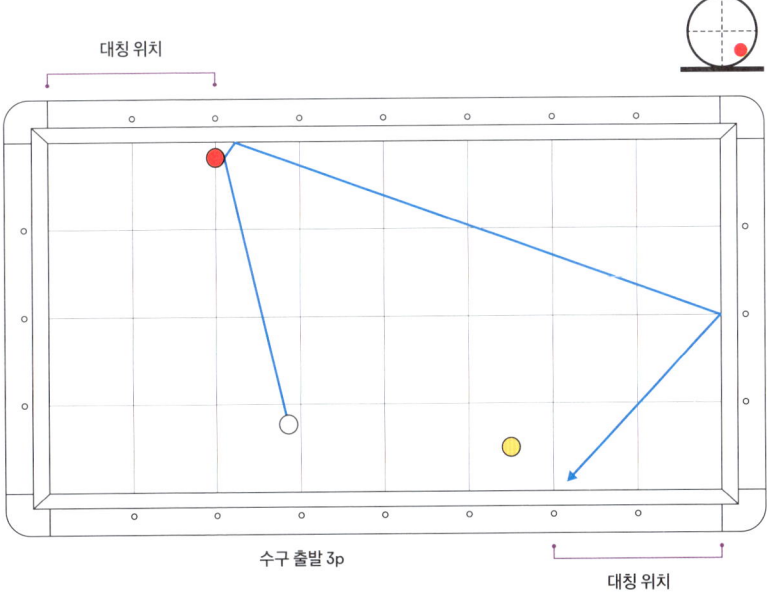

2. 장쿠션 2포인트 끌어치는 제각돌리기

이번에는 수구가 장쿠션 2포인트에 올라와 있어서 조금 더 수월한 위치이다. 하지만 1적구를 끌어서 제각돌리기에 수월하다는 것이지, 목표 지점으로 정확하게 내려보내는 게 수월하다는 것은 아니다. 수구가 3포인트에 있을 때는 1적구를 맞추어서 끌어내리기가 어렵지만, 오히려 목표 지점으로 향하도록 하기는 수월하다. 이를 보통 한계각이라고 부른다. 즉, 최대한의 회전을 주고 최대한의 두께로 쳤을 때 수구가 진행할 수 있는 최대 지점이라는 것이다. 이러한 한계각의 배치일 때는 최대한으로 치는 것에 성공하면, 3쿠션이 성공하는 것이다. 하지만 장쿠션 2포인트에 수구가 있을 때는 무조건 최대 회전 최대 두께를 써서 끌어내리면 오히려 넘치게 된다. 넘치지 않게 그러나 모자라지도 않게 조절하는 것이 어려운 것이다.

    수구가 2포인트에서 출발할 때는 하단 3팁으로 1적구의 1/2(절반) 두께를 쳐서 끌면, 맞은편 장쿠션의 대칭되는 위치로 진행한다. 1적구의 절반 두께를 겨냥할 때도 역시 큐선을 사용하곤 한다. 수구에 무회전을 주었을 때, 큐선이 적구의 가장자리를 향하게 하면 된다.

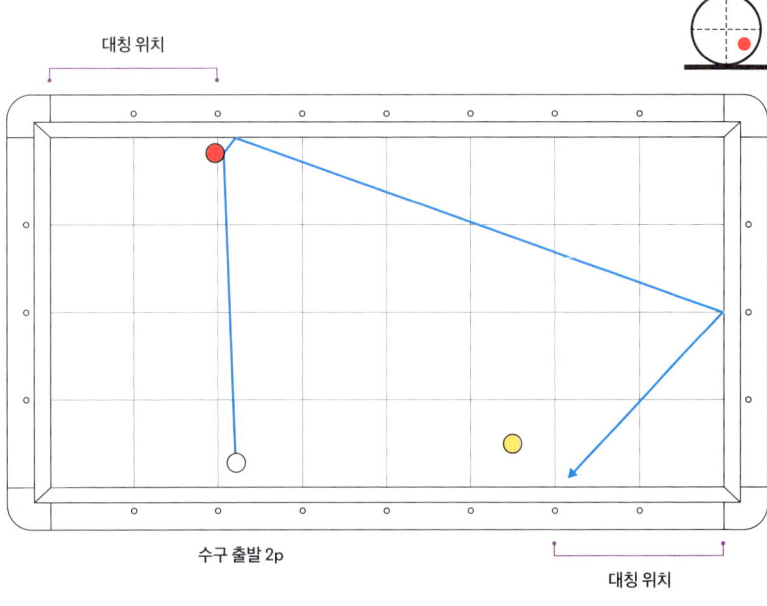

31

1. 수구와 적구 1포인트 간격 제각돌리기 3포인트 지향

두께로만 치는 방법

제각돌리기를 할 때, 쿠션을 중심으로 하여 각을 보는 방법도 있지만, 쿠션에 대해서는 별로 생각하지 않는 방법도 있다. 즉, 1적구의 두께만 보고 치는 방법이다. 매번 시스템으로 계산하여 3쿠션을 치는 사람한테 이런 이야기를 하면 황당한 표정부터 짓는다. 어떻게 쿠션을 생각하지 않고, 즉 입사되는 지점이 어딘지 생각하지 않고 3쿠션을 칠 수 있느냐는 것이다. 거의 모든 시스템은 쿠션에 숫자가 붙어 있고, 그 숫자로 계산을 하기 때문이다. 하지만 시스템을 사용하지 않고, 감에 의지해서 치는 사람에게 "쿠션을 생각하지 말고, 적구의 두께만을 보고 친다"고 말하면 그저 당연한 듯한 표정을 짓는다.

정교하게 쳐야 하는 것으로 알려져 있는 제각돌리기에도 이러한 경우가 있다. 그냥 무조건 적구의 절반을 쳐서 제각돌리기를 하면 원하는 위치로 가기 마련인 배치가 있다는 것이다. 이때는 수구와 1적구의 배치가 중요하다.

수구가 1적구에 비해 1포인트 아래에 위치해 있을 때,

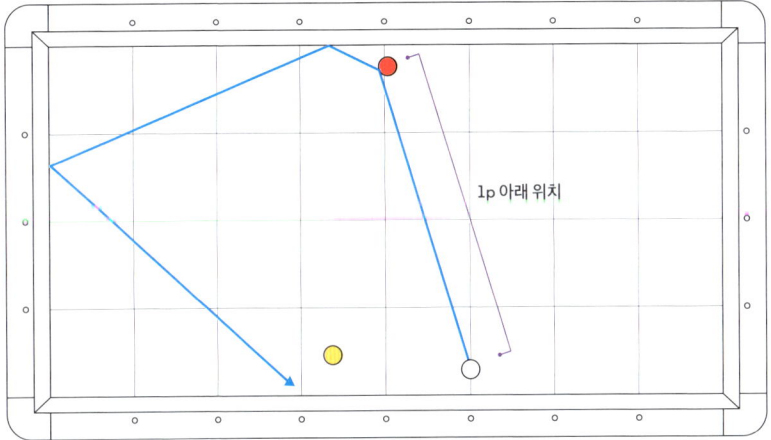

1p 아래 위치

    1적구의 절반 두께로 제각돌리기를 하면 대체로 장쿠션의 3포인트를 향해 진행한다.

    이러한 패턴을 기억하고 시도해보자. 수구가 어디에 있든지, 1적구가 어디에 있든지 별 상관이 없다. 수구와 1적구가 1포인트 정도 떨어져 있을 때, 1적구의 절반을 쳐서 제각돌리기를 하면 대충 장쿠션 3포인트에 떨어진다. 한번 시도해보라. 처음에는 신비한 느낌이 들 것이고, 나중에는 이러한 배치에서의 제각돌리기에 자신이 붙을 것이다.

2. 수구와 적구 2포인트 간격 제각돌리기 4포인트 지향

이제 수구와 적구가 2포인트 간격으로 벌어져 있을 때를 생각해 보자. 1적구의 절반을 쳐서 제각돌리기를 하면 수구는 장쿠션의 4포인트 지점을 향해 진행한다. 수구가 어디에 있든지, 1적구가 어디에 있든지 큰 상관이 없다.

수구가 1적구에 비해 2포인트 아래에 위치해 있을 때, 1적구의 절반 두께로 제각돌리기를 하면 대체로 장쿠션의 4포인트를 향해 진행한다.

그렇다면 수구가 1적구에 비해 1포인트 아래에 위치해 있을 때, 수구를 장쿠션 4포인트로 보내고 싶으면 어떻게 구사해야 할까? 간단하다. 1적구를 좀더 두껍게 맞히면 된다. 즉, 1적구의 2/3 두께로 제각돌리기를 하면 대체로 장쿠션의 4포인트를 향해 진행한다.

이와 반대의 경우도 가능하다. 수구와 1적구가 2포인트 간격으로 벌어져 있을 때, 1적구를 얇게 치면 수구는 장쿠션 3포인트 지점을 향하여 진행한다. 마찬가지로 수구와 1적구가 1포인트 간격을 벌어져 있을 때 얇게 치면, 수구는 장쿠션 2포인트 지점으로 진행할 것이다.

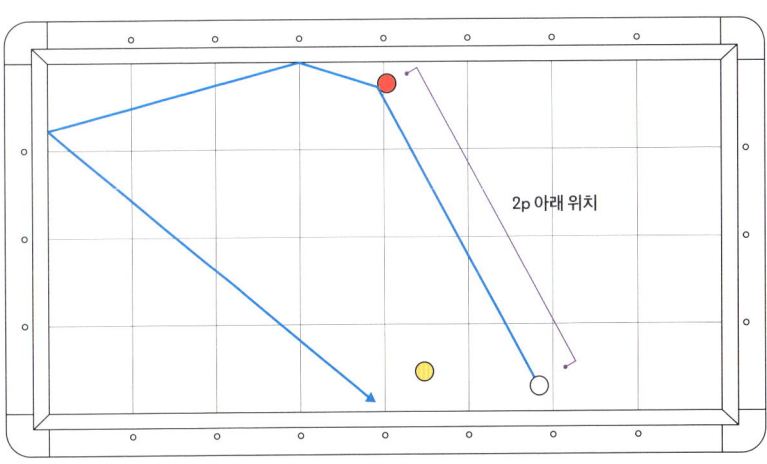

2p 아래 위치

안돌리기에서
코너로 향하는 기준선

1적구가 장쿠션 근방에 위치하고 있지만, 코너와 1적구를 잇는 연장선 상에 수구가 위치하고 있으면 바깥돌리기를 구사하기 어렵다. 수구와 1적구 간에 키스가 발생하기 때문이다. 이러한 경우 바깥돌리기를 하고 싶더라도, 길게 안돌리기를 구사해야 한다. 이때 요구되는 것이 장쿠션에서 출발하여 장쿠션 아래 코너로 향하는 안돌리기 기준선이다. 이는 3쿠션 게임에서 상당히 자주 경험하는 배치이기 때문에 억지로라도 암기해야 하는 기준선이다.

여기에서 수구의 회전은 2팁 중상단이다.

이 기준선을 외우기 쉽게 하려면 장쿠션의 가운데(4포인트)에서 단쿠션의 가운데(2포인트)를 잇는 선이 기준이라고 생각하면 된다. 그리고 장쿠션의 아랫부분 2포인트와 단쿠션의 1포인트를 잇는 선이 기준선이다. 나머지는 그 사이의 중간 지점을 잡아주면 된다.

이러한 기준선을 확실히 마스터하고 나면, 수구에 1팁만 주면 1포인트 길게 떨어지게 된다는 점을 확인할 수 있을 것이다. 또한 3팁을 주어 수구가 코너가 아닌 장쿠션으로 짧게 떨어지게끔 구사할 수도 있다.

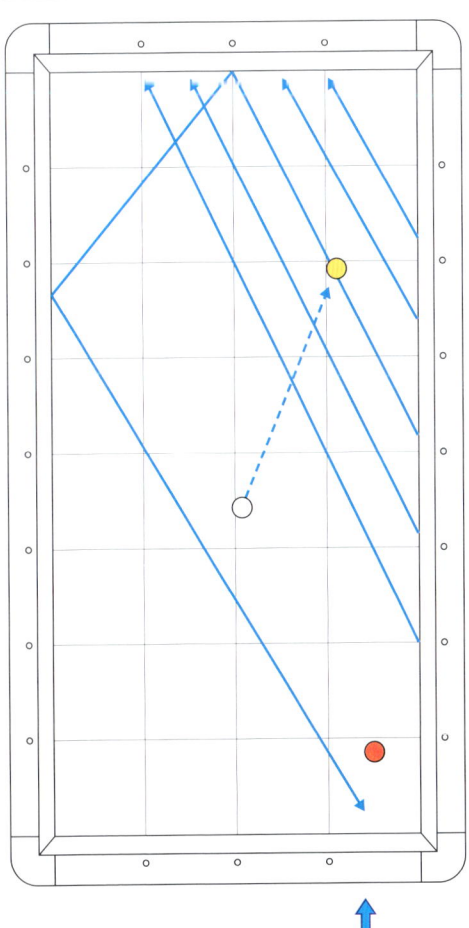

보완 패턴

당구대 센터로 보내기

수구를 당구대 코너로 보내는 것은 비교적 쉽다. 거의 모든 제각돌리기, 바깥돌리기, 안돌리기, 대회전이 코너를 지향한다.

하지만 코너에 못지 않게 자주 발생하는 목표 지점은 당구대의 한 가운데인 센터이다. 수구를 센터로 보내기 위해서 수구를 어떠한 당점으로 어떠한 경로로 보내야 하는가를 연습해야 한다.

제각돌리기

제각돌리기에서 센터로 보내기 위해서는 어느 지점에서 출발하느냐에 따라 다르다. 수구가 단축에서 출발할 때는 세번째 쿠션으로 장축의 1 포인트 근처를 통과해야 수구는 센터로 향한다 (왼쪽 그림의 실선). 하지만 수구가 장축의 세번째 포인트에서 출발할 때는 (짧은 제각돌리기) 세번째 쿠션으로 장축의 2포인트 근처에 와야 센터로 향한다 (왼쪽 그림의 점선). 이때 수구는 X로 표시되어 있는 초구 자리 근방을 통과한다는 점을 염두에 두면 각을 잡는 데 도움이 된다.

안돌리기

안돌리기로 수구를 센터로 보내는 방법은 32 패턴 '안돌리기에서 코너로 향하는 기준선'을 참고로 하면 된다. 이때는 수구에 2팁의 회전을 주었고 수구는 코너로 향했다. 당구대의 센터로 수구를 보내려면 이보다 조금 길게 진행시켜야 한다. 똑같은 안돌리기 기준선을 활용하되 보다 작은 회전을 구사하면 된다. 즉, 1.5팁 정도의 회전을 사용하면 수구는 단축의 1포인트 근방을 통과하여 당구대의 센터로 향한다.

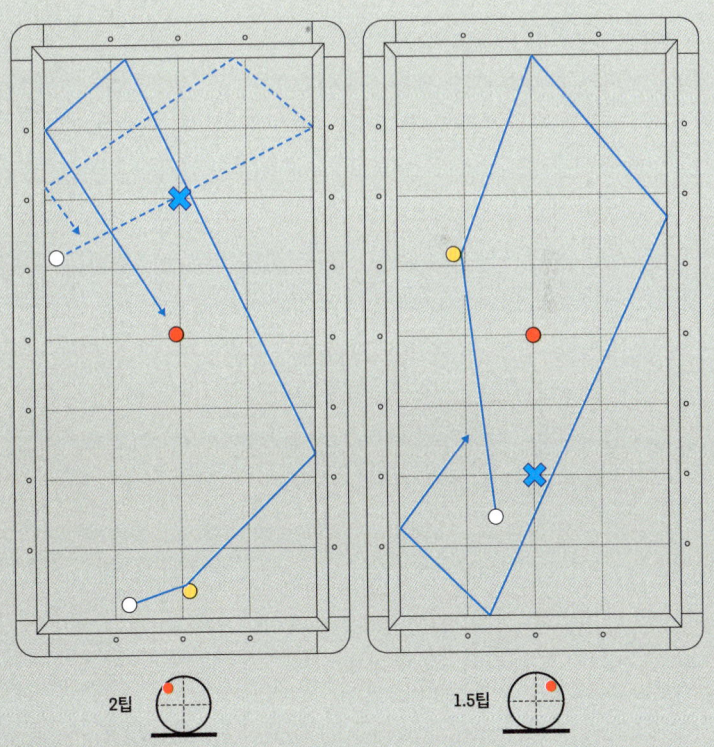

2팁   1.5팁

5쿠션으로 길게 돌리기

수구를 센터로 보내기 위해 가장 자주 사용하는 방법이 '5쿠션으로 길게 돌리기'이다. 이때 많은 동호인들은 대충 길게 돌린다. 그만큼 쉬운 배치라고 생각하기도 하지만, 아쉽게 실수하는 경우가 많은 배치이다.

가장 중요한 것은 기준점을 확실히 정해야 한다는 것이다. 이때의 기준점은 장축의 3.5 포인트이다. 수구가 당구대의 코너에서 출발할 때, 세 번째 쿠션으로 3.5 포인트를 겨냥한다. 장축의 3.5포인트를 통과한 수구는 대체로 5쿠션을 맞고 당구대의 센터 지점을 향한다. 그림에서 처럼 수구가 장축의 코너보다 짧은 쪽에서 출발한다고 해도 대체로 3.5포인트 근처를 겨냥하면 된다 (그림의 실선).

다만 수구가 단축의 가운데에서 출발한다면 3.5포인트 보다 짧게 즉, 2.5포인트나 3포인트를 겨냥해야 5쿠션을 돌아서 센터로 향한다 (그림의 점선).

3.5포인트를 기준점으로 해서 연습해 보면, 5쿠션을 거쳐서 당구대의 센터로 향하는 경로가 수렴경로라는 점을 확인할 수 있을 것이다. 세번째 쿠션이 3.5포인트에서 벗어나서 4포인트 혹은 3포인트 근방을 통과하더라도, 대체로 수구는 센터를 향하여 진행한다는 것이다. 그만큼 당구대의 센터 지점은 코너에 못지 않은 수렴 경로이며, 특히 5쿠션으로 길게 돌리는 경우 득점 확률이 높아 진다.

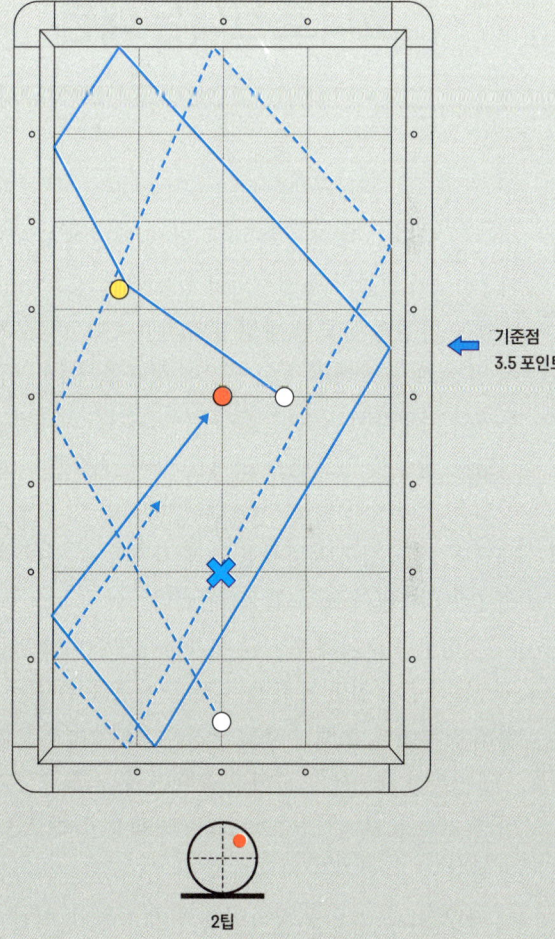

33

절반 두께 끌어쳐서 코너로 보내는 패턴

수구를 코너로 보내야 하는데, 앞의 패턴에서처럼 수구와 1적구가 편안하게 배치되어 있지 않은 경우가 있다. 이때에는 약간의 무모한 방법이 효과적이다. 1적구가 어디에 있건, 수구가 어디에 있건 간에 상관없이 1적구의 절반 두께를 겨냥해서 적당히 끌어주는 것이다. 그러면 수구는 적당한 회전을 먹으면서 코너를 향해 진행한다. 물론 이 방법은 정확성이 높을 수는 없다. 하지만 이 방법을 연습해보면, 어느 정도 성공률을 높게 가져갈 수 있다. 이는 특히 감(感)이 많이 요구되는 패턴이다.

2적구가 코너에 위치할 때, 1적구가 어디에 있든지 수구로 1적구의 절반 두께를 쳐서 끌어주면 수구는 코너를 향해 진행한다. 이때 수구의 당점은 하단 2팁 정도이다.

이러한 패턴에 익숙해지고 나면, 수구를 조금 더 다양한 위치로 보낼 수 있다. 예를 들어 같은 두께로 1적구를 맞히고 같은 회전을 사용하되 수구의 중단을 치면 수구는 장쿠션 2포인트를 향하여 길게 형성된다. 만약 장쿠션의 1.5포인트 정도에 2적구가 붙어 있다면 중하단 2팁의 회전을 주어 수구의 회전을 살려서 진행하도록 하는 것도 좋은 방법이다.

　이러한 패턴의 공을 구사할 때 조심해야 할 점은 1적구와 수구의 키스이다. 보통 1적구는 직선으로 왔다 갔다 하면서 수구의 진로를 방해한다. 이때 1적구를 먼저 보낼 것인지, 수구가 먼저 빠져나올 것인지를 결정하고 샷을 해 주어야 한다.

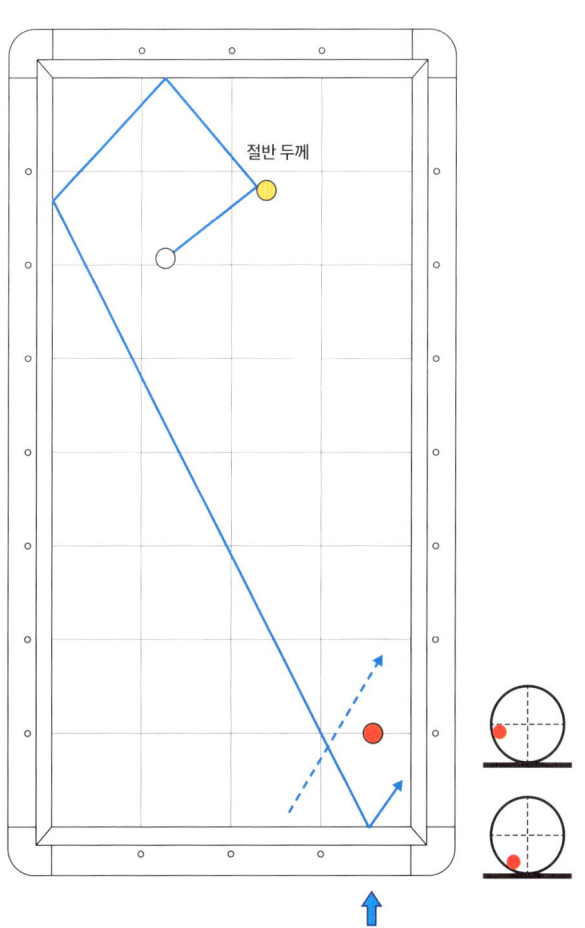

34

긴 제각돌리기의 상중하 기준선

1적구가 장쿠션 상단에 위치해 있고, 2적구가 장쿠션 중간 부분에 위치해 있을 때, 그런데 수구가 맞은편 코너 부근에 있을 때 3쿠션으로 공략하기에 좋은 방법 중의 하나가 1적구를 쳐서 수구를 단쿠션으로 일직선으로 보내서 2적구를 향하도록 하는 방법이다.

    이는 야스퍼스가 자주 사용하는 공략방법이다. 이때 중요한 점은 수구를 끌지 말아야 한다는 점이다. 수구가 끌리면, 수구는 장쿠션의 중간 부분으로 진행하지 못하고 장쿠션의 아랫부분 코너로 향하게 된다.

    따라서 1적구를 맞히고 수구를 밀어서 일직선으로 뻗어나가도록 구사한다. 1적구는 맞은편 장쿠션으로 향하고, 그 사이에 수구가 내려오면서 키스를 피하게 된다. 이때 당점에 따라 수구는 다음과 같은 방향으로 진행한다.

    수구 당점이 상단 2팁일 때는 장쿠션 4포인트를 향해 진행한다.

    수구 당점이 중단 2팁일 때는 장쿠션 3포인트를 향해 진행한다.

    1적구가 당구대의 가운데에 있을 때는 일직선이 아니

라 반대방향으로 약간 눕히는 방향으로 보내주는 것도 좋은 방법이다. 이러한 경우에는 회전의 힘에 의해 진행경로가 결정된다.

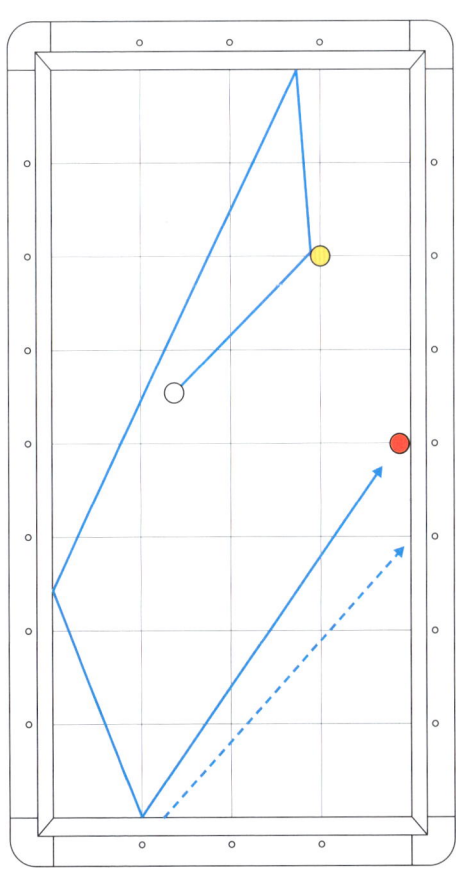

35

짧은 제각돌리기 기준선

짧은 제각돌리기를 하여 장쿠션의 4포인트 또는 5포인트에 보내야 할 경우가 자주 발생한다. 특히 1적구를 살짝 끌어쳐서 제각돌리기를 해야 하는 경우가 많다. 이때에는 1팁이나 2팁으로 구사하기보다는 3팁으로 구사하는 것이 안전하다. 얇게 끌더라도 충분히 끌어주어서 3팁의 회전을 먹고 진행하는 것이 자연스럽기 때문이다. 다음과 같은 기준선을 암기하고 있으면 편리하다.

첫째, 2팁에서 3팁에 해당되는 회전을 주고 장쿠션의 2포인트를 향해 직선에 가깝게 입사시키면 장쿠션의 4포인트를 향해 도달한다.

둘째, 마찬가지 팁으로 장쿠션의 1.5포인트를 향해 약간 기울게 (30도 정도) 입사시키면 장쿠션의 5포인트를 향해 진행한다.

셋째, 장쿠션의 1포인트 상에서 직선에 가깝게 입사키면 장쿠션의 5포인트를 향해서 진행된다.

이와 같은 세 가지 기준선만 정확히 숙지하고 있으면, 1적구를 끌어서 4포인트나 5포인트로 보내는 제각돌리기를 편안하게 구사할 수 있다. 특히 이때에는 3팁에 가까운 최대의 회전력을 구사하기 때문에 웬만해서는 넘쳐서 빠지지 않는다.

　이러한 형태의 배치에서 수구가 조금 짧게 진행하더라도 4쿠션을 맞고 수구가 늘어져서 맞을 확률도 높다. 하지만 이러한 형태에서 수구가 조금이라도 길게 진행하면, 득점할 확률은 제로가 된다. 그렇기 때문에 수구를 약간 짧은 듯하게 보내는 것이 유리하다. 수구를 하단으로 회전을 많이 먹이면, 수구는 네 번째 쿠션에서 많이 늘어지기 때문에 어느 정도 짧게 각이 형성되더라도 득점에 성공할 확률이 높다.

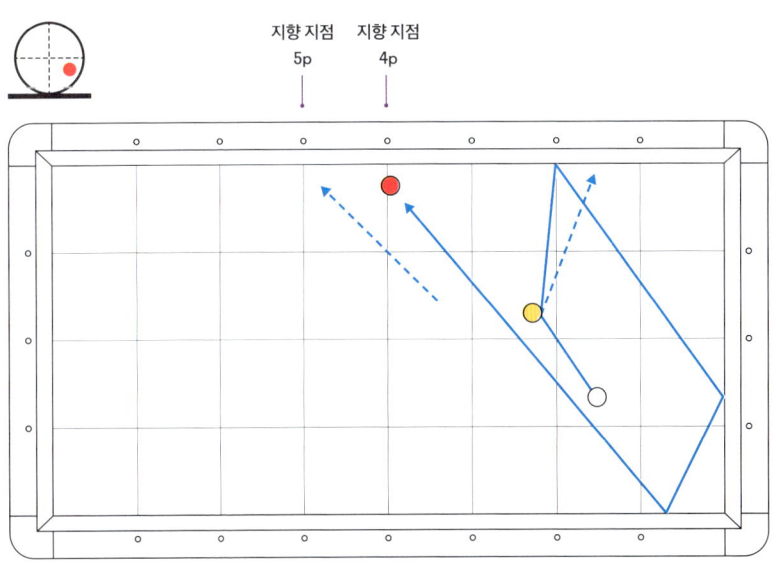

1. 장쿠션에서 짧게 떨어지는 제각돌리기(1포인트)

3쿠션 게임을 하다 보면, 제각돌리기를 길게 할 것인가 아니면 짧게 할 것인가의 선택에 직면할 때가 많다. 일반적으로 말하면 하수의 경우는 길게 돌려서 4쿠션 또는 5쿠션으로 겨냥하는 반면, 고수의 경우는 짧게 돌려서 직접 3쿠션으로 겨냥하는 경우가 많다.

그 이유는 길게 돌리기 위해서는 그만큼 1적구를 세게 쳐야 하는데, 그렇게 되면 1적구를 원하는 위치로 보내기 어렵기 때문이다. 길게 제각돌리기를 겨냥하는 경우, 1적구는 맞은편 장쿠션 쪽으로 흘러가게 되어, 포지션이 어렵게 형성될 위험이 있다.

또한 1적구가 상대방의 수구인 경우, 1적구를 당구대의 상단으로 올려 놓고 내 수구를 2적구에 직접 맞을 정도로 구사하는 것이 수비를 위해서도 유리하다.

물론 경우에 따라서는 길게 제각돌리기를 해서 4쿠션으로 겨냥해야 할 때도 있지만, 이처럼 짧게 제각돌리기를 해서 3쿠션으로 직접 겨냥하는 것이 고수가 되기 위해서 필요한 훈련이다. 이를 위해서 장쿠션의 1포인트 지점으로 떨어지는 제각돌리기 각을 숙지할 필요가 있다.

1. 수구와 1적구, 2적구가 같은 1포인트 선상에 있을 때, 2팁 회전을 충분히 주고 1적구를 절반 두께로 쳐서 45도 방향으로 입사시키면 1포인트를 향해 돌아온다.
2. 회전을 1.5팁 정도로 줄여주면 2포인트를 향해서 오고, 회전을 3팁으로 충분히 주면 코너를 향해서 들어온다.
3. 이때 이러한 각도로 빈쿠션은 치면 더 짧게 떨어진다는 점을 유념할 필요가 있다. 제각돌리기를 하면 1적구와 수구가 맞으면서 회전이 더 먹기 때문에 빈쿠션보다 길게 떨어지는 것이다.

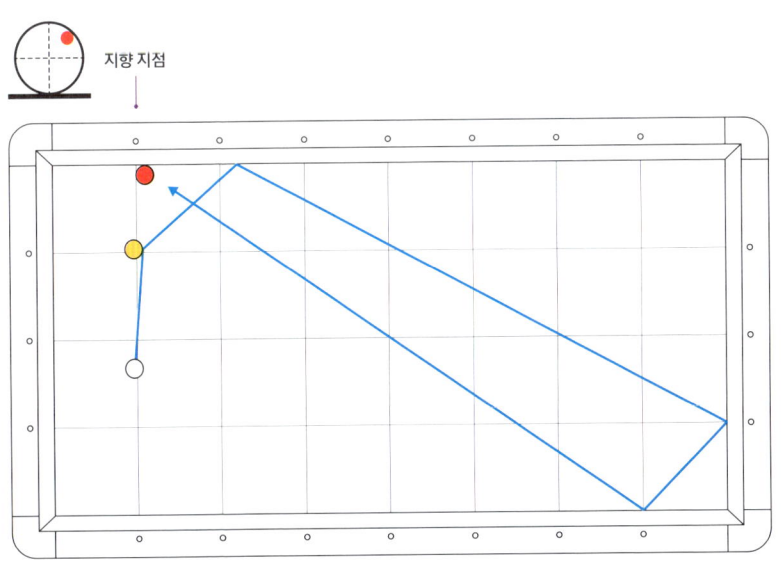

2. 장쿠션에서 짧게 떨어지는 제각돌리기(1.5포인트)

단쿠션 1포인트에서 출발하는 경우도 종종 발생한다. 특히 단쿠션 1포인트에서 출발하여 훨씬 더 짧게 떨어지는 제각돌리기가 요구되는 경우가 종종 발생한다.

단쿠션 1포인트-장쿠션 1.5포인트를 잇는 선으로 제각돌리기를 할 경우, 2팁을 치면 제자리로 돌아오고, 1.5팁으로 치면 1포인트 위로 떨어진다.

특히 이때에 수구의 스피드는 중요한 역할을 한다. 2팁을 다 주고 치더라도 스피드를 빠르게 가져가면 장쿠션의 2.5포인트 지점을 향하여 내려오게 할 수 있다. 그러나 코너를 빠르게 돌아 나오면서 생각보다도 훨씬 짧아져서 3포인트 위로 떨어져서 실패하는 경우도 발생하곤 하기 때문에 지나치게 스피드에 의존하는 방식은 주의해야 한다.

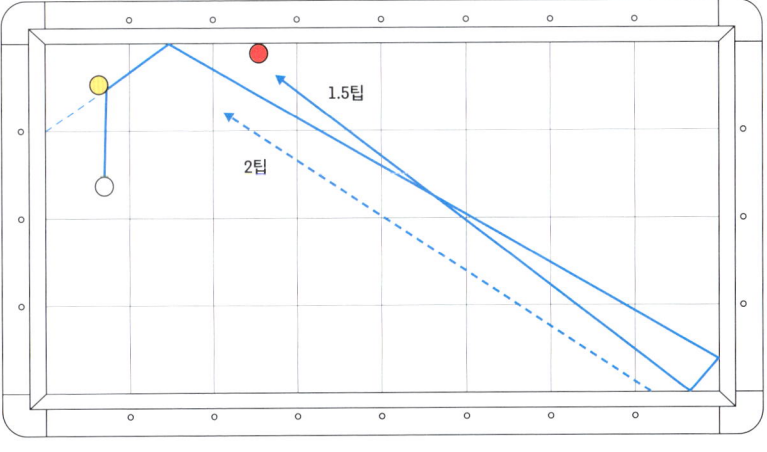

1. 장쿠션 1포인트로 향하는 무회전 각

장쿠션을 따라서 제각돌리기를 할 때, 제 회전을 주고 제각돌리기를 해서 단쿠션 1포인트 안쪽으로 떨어뜨리기란 사실상 불가능하다. 이때에는 할 수 없이 무회전 또는 역회전을 구사하는 제각돌리기를 구사해야 한다.

먼저 무회전으로 빈쿠션을 하였을 때 장쿠션 1포인트로 입사하는 선을 확인해보자. 그림의 선들은 장쿠션 1포인트로 진행하는 무회전 기준선들이다. 이 선은 제각돌리기를 길게 치거나, 빈쿠션을 칠 때 유용하기 때문에 암기하고 있어야 한다.

특히 다음의 두 가지 선은 암기해야 할 기준선이다.

- 무회전으로 단쿠션 1포인트에서 장쿠션 1포인트로 향하는 선
- 무회전으로 단쿠션 가운데(2포인트)에서 장쿠션 3포인트로 가는 선

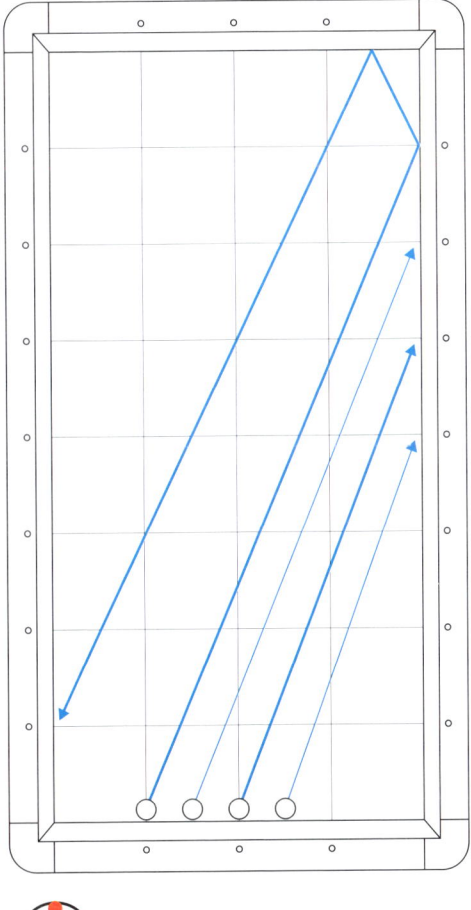

2. 장쿠션 1포인트로 향하는 역회전 제각돌리기

장쿠션 1포인트로 진행하는 제각돌리기이다. 이는 무회전 각도에 맞추어 진행시키는 것이 부드럽다. 다만 여기에서 고려해야 할 것은 두 가지 상반된 힘이다.

첫째는 수구와 1적구가 부딪히면서 발생하는 자연회전이며, 둘째는 수구의 전진력이다.

이 형태에서 자연회전력도 수구를 짧게 진행시키고, 전진력도 수구를 짧게 진행시킨다. 이 두 가지 힘을 최소화시키는 것이 관건이다.

자연회전력을 방지하기 위하여 역회전을 0.5팁 정도로 약간만 주고 전진력이 강하게 발생하지 않도록 큐를 짧게 잡고 부드럽게 친다.

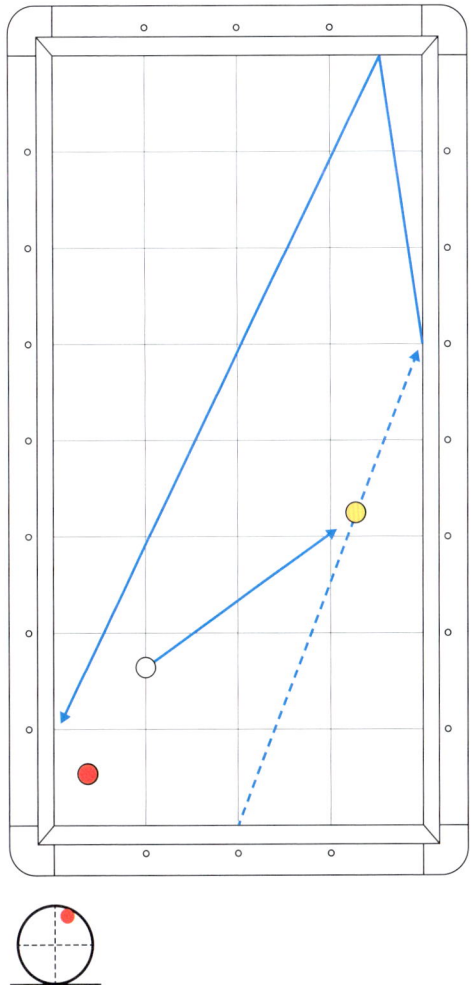

상단으로 제각돌리기 짧게

제각돌리기를 짧게 돌려야 하는 경우에 상단으로 1적구를 두툼하게 치는 방법이 효과적일 때가 있다.

위쪽 그림에서 수구가 1적구에 비해 아래로 내려와 있기 때문에 무회전이나 1팁으로 공략하기가 쉽지 않다. 이런 상황에서는 수구의 상단으로 회전을 많이 주고 1적구를 두툼하게 치되, 수구는 직선 방향으로 첫 쿠션에 입사되도록 한다. 수구는 상단으로 진행하기 때문에, 밀림 현상이 일어나 살짝 휘어지면서 단쿠션을 따라 내려와 코너를 돈다. 이때 회전을 많이 주었기 때문에 코너 워크가 이루어지면서, 빨간 공은 빅볼이 된다.

아래쪽 그림에서 1적구는 적당한 두께로 치면 2적구와 키스가 나는 형태이다. 그렇다고 해서 1적구를 두껍게 치면, 수구는 길게 진행되어 2적구를 맞히지 못한다. 이런 상황에서도 역시 상단을 준다. 1적구는 곡구를 그리면서 첫 쿠션에 입사하게 되고, 이에 따라 수구의 진행은 짧게 형성된다.

위쪽 그림에서는 1적구가 두 번째 쿠션을 향하여 가면서 곡구가 이루어지고, 아래쪽 그림에서는 1적구가 첫 번째 쿠션을 향하여 가면서 곡구가 일어난다. 이러한 점을 잘 비교하면서 타법을 연마해야 할 것이다.

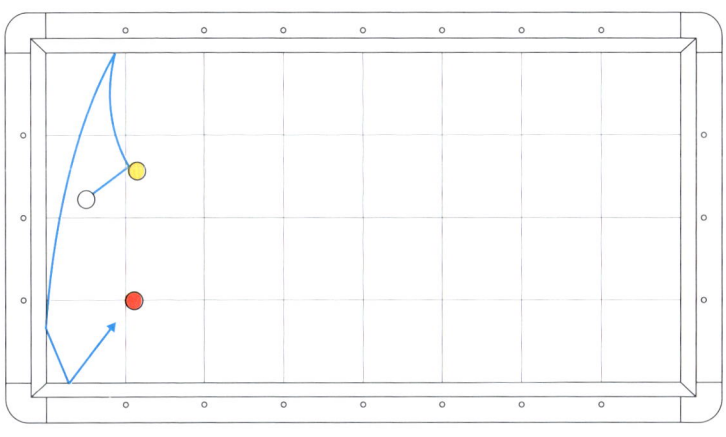

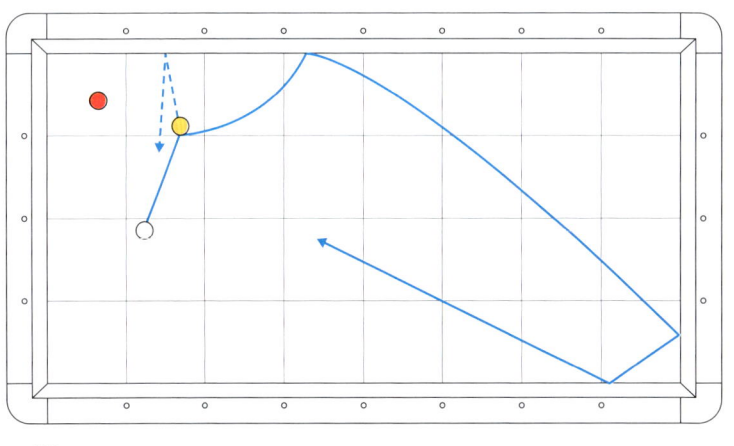

39

하단으로 제각돌리기 짧게

상단이 아닌 하단을 주어 제각돌리기를 짧게 진행시키는 경우도 종종 있다. 위쪽 그림에서와 같이 1적구를 얇게 치더라도 수구가 길게 진행할 것으로 생각되는 경우, 수구의 하단을 1팁 또는 1.5팁 정도를 주고 빠르게 끊어친다. 수구는 두 번째 쿠션, 즉 단쿠션을 향하여 진행하면서 곡구를 일으켜 짧은 각으로 진행한다.

아래쪽 그림은 1적구를 얇게 쳐서 안돌리기를 구사하더라도 짧아서 빠질 수밖에 없는 상황이다. 이때에 1적구를 얇게 맞히되, 1팁 하단으로 수구를 끌어주면, 단쿠션에서 장쿠션으로 이동하면서 수구는 점점 끌리고, 이에 따라 수구는 길게 떨어진다.

똑같은 타법으로 구사하는데도, 위의 그림에서는 수구가 짧아지고, 아래의 그림에서는 수구가 길게 형성된다. 이때 수구의 스피드는 너무 느리지 않아야 하지만 너무 빠르지도 않아야 한다. 너무 느린 경우에는 수구의 끌림이 적어져서 불안하다. 너무 빠른 경우에는 수구가 과도하게 끌리거나 아예 끌리기도 전에 진행할 위험이 있다.

이처럼 제각돌리기에서 수구에 밀림 현상이나 끌림

현상을 주어 정상적인 진행 경로에 비해 짧거나 길게 보낼 수 있다. 사실 이는 변칙적인 공격이다. 특히 1적구가 쿠션에 가까이 붙어 있어서 다른 선택을 할 여지가 없는 경우에 이러한 변칙 스타일의 공략을 한다.

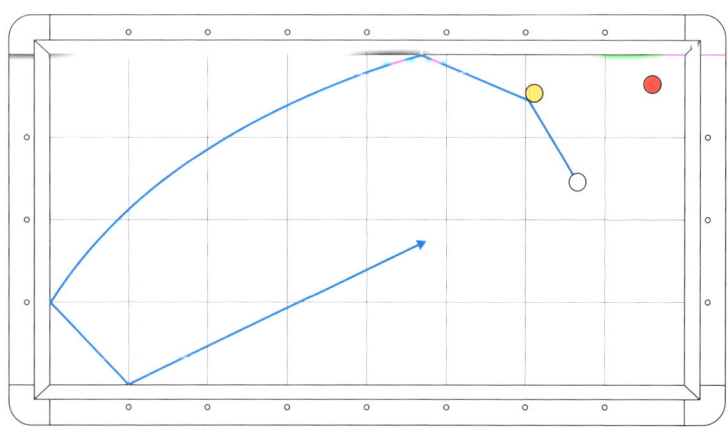

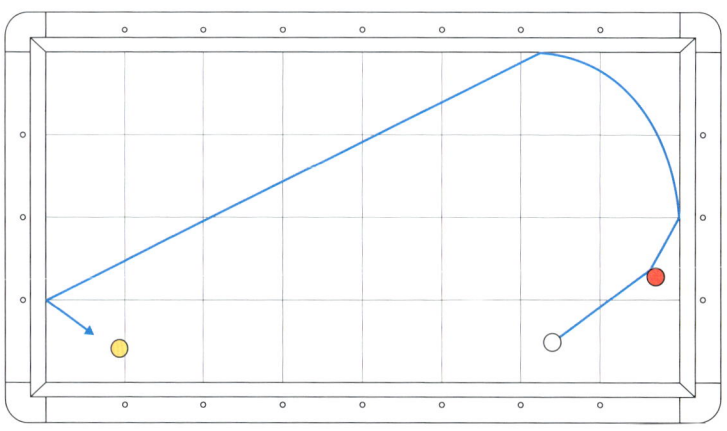

바깥돌리기 패턴

바깥돌리기는 전진력의 영향을 많이 받기 때문에
단쿠션의 겨냥점으로 수구를 보내는
연습이 중요하다.

40

바깥돌리기 코너 지향선

종종 제각돌리기는 각대로 움직이는데, 바깥돌리기는 각대로 움직이지 않는다는 말을 하곤 한다.

앞서 수구에는 회전력과 전진력 두 가지 힘이 존재한다고 설명했다. 단적으로 말해서 제각돌리기에는 회전력이 중요한 비중으로 작용하지만, 바깥돌리기는 회전력보다는 전진력이 더 중요한 비중을 차지한다.

바깥돌리기에서 전진력이 수구의 진로를 결정하는 것은 첫 쿠션을 전후해서이다. 첫쿠션에 입사할 때 전진력이 크게 작용하여 앞으로 밀리면 각이 길게 형성이 된다. 하지만 전진력을 죽이는 타법을 구사했을 경우에는 깊은 지점으로 첫 쿠션에 입사하더라도 전반적으로 짧은 각이 형성된다.

바깥돌리기에서 중요한 지점은 단쿠션 지점이다. 특히 코너로 향하는 바깥돌리기 기준을 잡아 놓을 필요가 있다. 장쿠션의 절반에 해당되는 단쿠션 지점으로 수구를 보내면 대체로 코너보다 1포인트 정도 길게 들어온다. 이때 0.5포인트 정도 더한 단쿠션의 위치로 보내면, 수구는 코너를 향해 돌아온다.

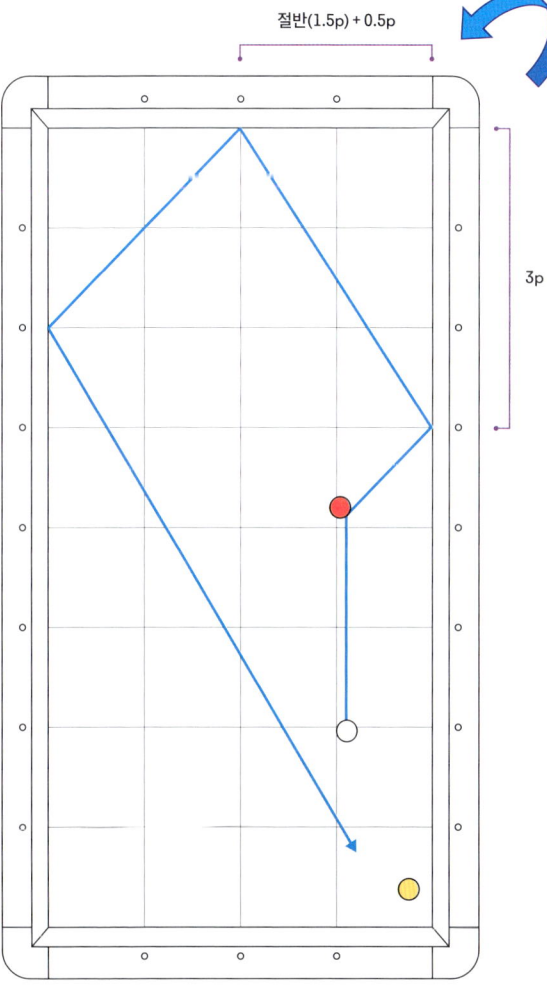

1. 역회전 바깥돌리기 기준선

제 회전으로 바깥돌리기를 하는 경우 키스 위험이 높거나 에러 마진이 커지는 경우가 있다. 이때는 차라리 역회전 바깥돌리기를 통해 에러 확률을 줄일 수 있다. 역회전을 먹은 수구는 장쿠션에서 단쿠션에 입사하고 나서 적당한 각을 형성하면서 툭 떨어진다.

그림 왼쪽과 같이 수구와 1적구가 직선으로 놓였을 때는 상단 역회전을 0.5팁 정도 주고 1적구의 1/3을 밀어친다. 수구는 단쿠션 1포인트 지점으로 돌아온다. 이때 역회전 1팁을 주면 단쿠션 0.5포인트로 향한다.

오른쪽과 같이 수구와 1적구가 공 반 개 정도로 엇갈려 있을 경우에는 상단 무회전으로 1적구의 1/3을 밀어친다. 수구는 1적구에 의해 약간의 역회전을 먹게 되고, 결국 단쿠션 1포인트를 향해 돌아온다. 1적구와 수구가 공 한 개 정도로 엇각을 형성하는 경우, 무회전으로 1/3을 치면 단쿠션 0.5포인트를 향해 돌아온다.

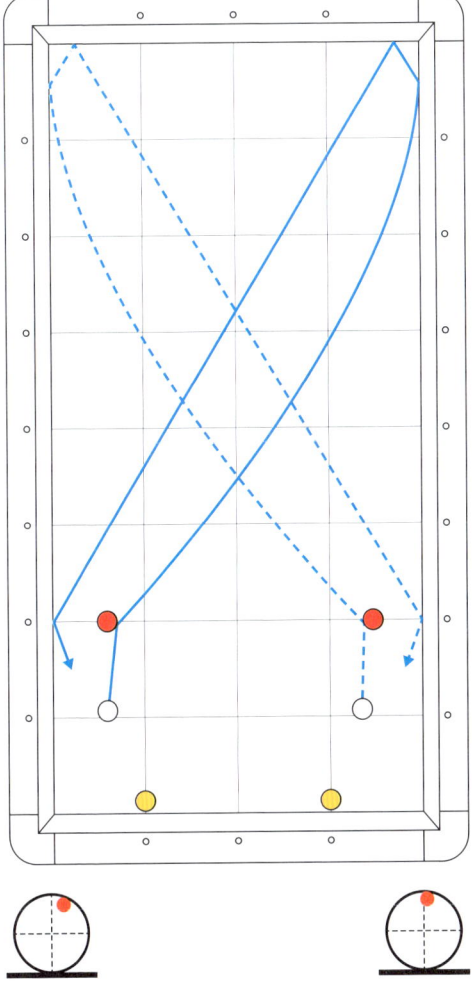

2. 역회전 바깥돌리기 기준선
(상단 코너)

역회전 바깥돌리기의 기준선은 상단 코너 부근에서도 그대로 적용될 수 있다. 그림에서 왼쪽 코너 부근에서 오른쪽 코너 부근으로 음영 표시된 부분에서는 같은 기준선으로 역회전 공략을 하면 같은 결과를 얻을 수 있다. 수구가 진행하는 경로가 비슷하기 때문이다.

  기준을 다시 말하면 아래와 같다.

단쿠션 1포인트를 향하는 기준선
첫째, 수구와 1적구가 일직선이면 0.5팁 역회전
둘째, 수구와 1적구가 공 반 개 차이로 엇각이면 무회전

단쿠션 0.5포인트를 향하는 기준선(여기에서 수구에 스피드를 가하면 단쿠션에 직접 떨어질 수도 있다.)
첫째, 수구와 1적구가 일직선이면 1팁 역회전
둘째, 수구와 1적구가 공 한 개 차이로 엇각이면 무회전

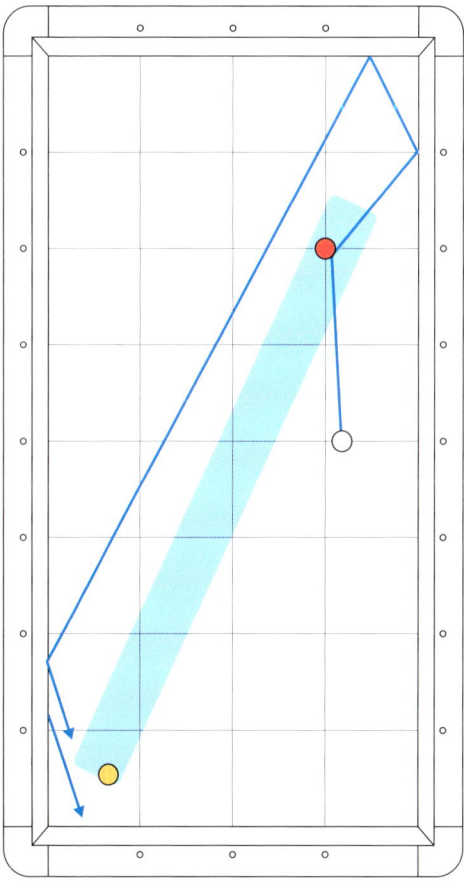

무회전 길게 바깥돌리기 단쿠션 진행

대회전을 돌릴 수 있는 형태이지만 키스의 위험이 있거나, 2적구가 올라와 있어서 대회전이 쉽지 않은 경우가 있다. 이럴 때는 무리하게 대회전을 고집하는 것보다는 1적구를 바깥돌리기 방법으로 공략하는 것이 유리할 때가 많다.

특히 무회전으로 비껴치기를 하여 단쿠션에 떨어뜨려 그대로 올라가게 하면 방수(확률)가 많아진다.

빈쿠션으로 칠 경우 단쿠션 1포인트에서 장쿠션 4포인트를 겨냥하면 장-단-단으로 진행한다.

바깥돌리기를 하는 경우 약간의 역회전이 먹기 때문에 단쿠션 1.5포인트에서 장쿠션 4포인트를 향하는 기준선이 바람직하다(그림의 실선).

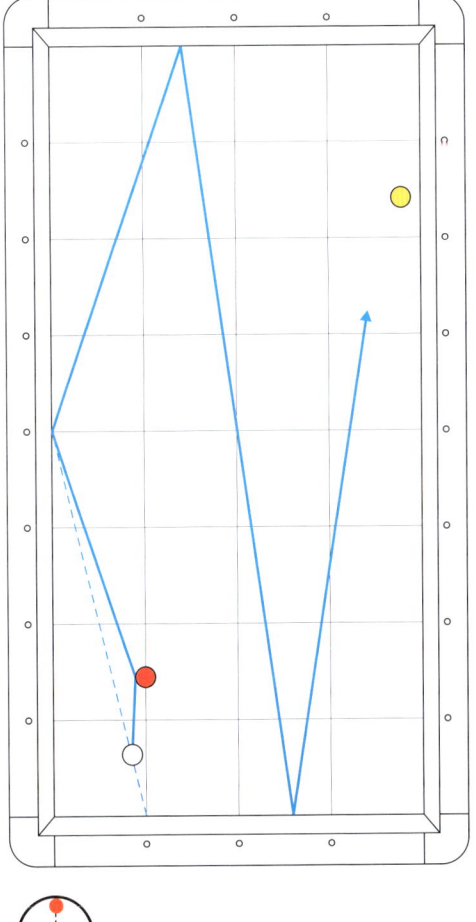

장쿠션 바깥돌리기 기준선

1적구를 대회전시켜야 하지만, 1적구를 대회전시키기 어려운 위치에 수구가 놓여 있거나, 무리하게 대회전을 시키면 키스가 염려되는 상황이 있다. 이럴 때에는 차라리 장쿠션을 따라서 길게 바깥돌리기를 하여 수구를 코너로 보내는 것이 효과적인 공략법이 될 수 있다. 즉, 수구가 2적구를 맞힐 수 있는 확률도 높고, 맞지 않더라도 수비가 되는 형태이기 때문이다.

　안전한 팁은 0.5팁에서 1팁 정도이다. 그림에서 제시한 기준선은 1팁으로 수구를 진행시키는 긴 바깥돌리기 기준선이다.

　이때 주의해야 할 점은 수구의 전진력이다. 큐가 지향하는 방향이 단쿠션이 아니라 장쿠션이 될 가능성이 많기 때문에, 수구의 전진력이 크게 먹는 경우, 짧게 형성될 위험이 있다. 전진력을 통제하기 위하여 간결하게 그러나 단호하게 치는 것이 중요하다.

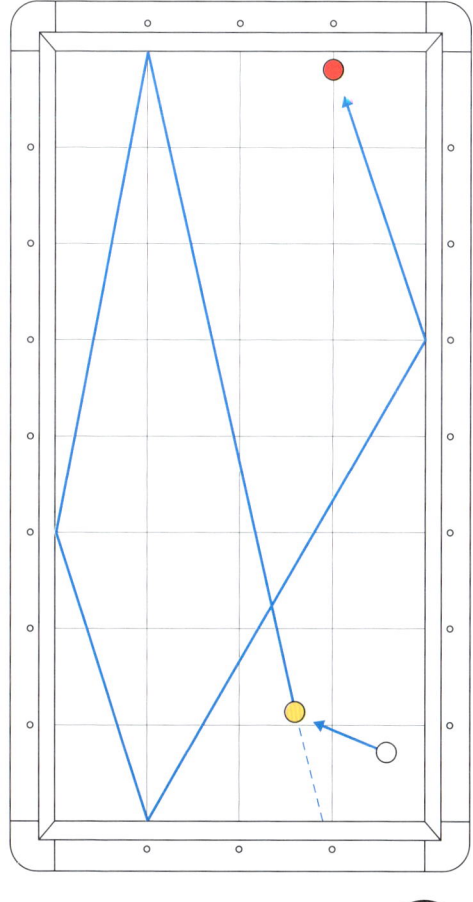

1. 끌어서 짧아지는 바깥돌리기

정상적으로 각이 형성되지 않을 때, 하단으로 바깥돌리기를 하되, 하단의 효과가 첫 쿠션을 맞고부터 작용하도록 하여 짧아지게끔 한다.

특히 2적구가 초구의 위치에 있을 때 이러한 방법을 사용하는 경우가 많다. 이때 회전을 너무 많이 주면 길게 빠지고, 회전을 너무 안 주면 짧게 빠지곤 한다. 장쿠션에서 수구가 얼마나 많이 꺾이는가가 관건이지만, 수구의 회전에 따라 꺾이는 정도가 영향을 받기도 한다. 수구가 장쿠션의 어디에 맞는가에 따라 기준 회전량이 결정된다.

- 장쿠션 2포인트로 수구를 보내면 0.5팁 정도로 구사한다.
- 장쿠션 1.5포인트로 수구를 보내면 0팁으로 구사한다.

끌어서 짧아지는 바깥돌리기는 생각보다 자주 사용된다. 특히 그림의 오른쪽에서와 같이 1팁 하단을 주고 수구를 첫 번째 쿠션 이후에 살짝 끌리도록 하여 바깥돌리기(비껴치기)를 짧게 떨어지게 하는 공략법도 자주 사용되는 방법이다.

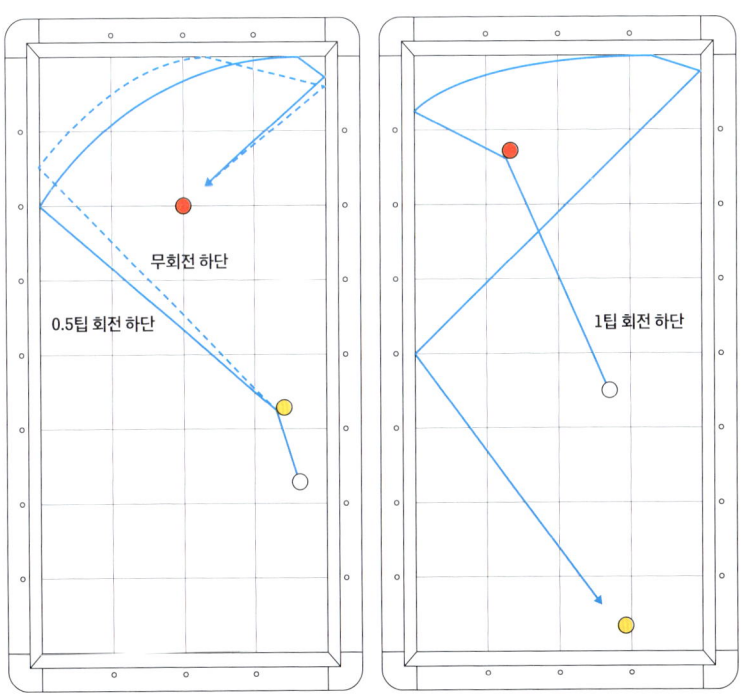

2. 끌어서 짧게 휘어지는 더블

1적구와 2적구의 배치가 일반적인 방식으로 더블을 칠 수 없을 때, 수구를 끌리도록 쳐서 수구의 끌림을 이용하여 더블 형태가 이루어지도록 구사하는 경우가 있다.

이때 끌어서 짧아지는 바깥돌리기를 한다는 기분으로 치되, 앞에서 제시한 장쿠션의 앞부분을 맞히면 확률이 높은 더블을 구사할 수 있다.

이때의 기준선은 끌어서 짧게 바깥돌리기를 할 때를 기준으로 하여 조절해준다. 즉, 0.5팁 하단을 줄 때에는 장쿠션 2.5포인트를 겨냥해서 치고, 무회전 하단을 줄 때에는 장쿠션 2포인트를 겨냥해서 친다.

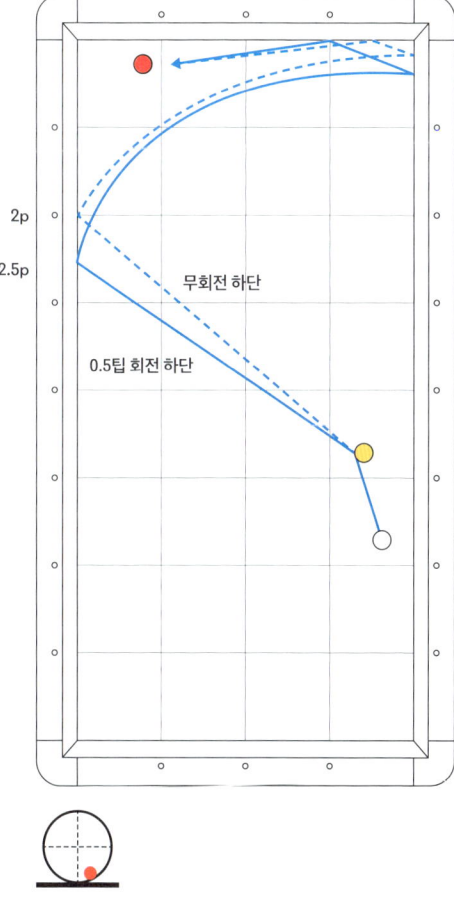

비껴치기 패턴

패턴을 모르면 비껴치기가 어렵게 느껴지지만, 패턴을 알고 나면 비껴치기가 가장 안정적으로 득점할 수 있는 형태라는 점을 알게 될 것이다.

1. 장쿠션 비껴치기 패턴 1

3쿠션 게임에서 가장 자주 만나는 배치 중의 하나가 비껴치기이다.

비껴치기의 중요한 특성은 수구가 1적구와 적당한 두께로 충돌하고 나서 도달하는 쿠션의 지점이 거의 정해져 있다는 것이다. 1적구와 충돌하고 나서 수구가 쿠션에 입사하는 각도는 대체로 20~30도 정도일 것이다. 쿠션에서 비교적 멀리 떨어져 있다고 하더라도 1적구를 맞고서 쿠션에 입사하는 각도가 비슷하면 비껴치기의 범주에서 패턴을 적용해도 무방하다.

결국 수구의 진행은 수구의 위치와 수구에 주는 회전력의 배합에 따라 다음과 같은 일정한 패턴을 보인다. 이러한 기준은 영등포 허브 당구장에서 만난 정해명 선수가 알려준 것이다.

첫째, 수구가 코너(8포인트)에서 출발할 때, 2팁을 주면 수구는 총 4포인트 만큼 이동하고, 무회전을 주면 그 절반인 2포인트 만큼 이동한다.

둘째, 수구가 장쿠션 6포인트에서 출발할 때, 2팁을 주면 수구는 총 3포인트 이동하고, 무회전 주면 그 절반인

1.5포인트 이동한다.

셋째, 수구가 장쿠션 4포인트(가운데)에서 출발할 때, 2팁을 주면 수구는 총 2포인트 이동하고, 무회전을 주면 그 절반인 1포인트 이동한다.

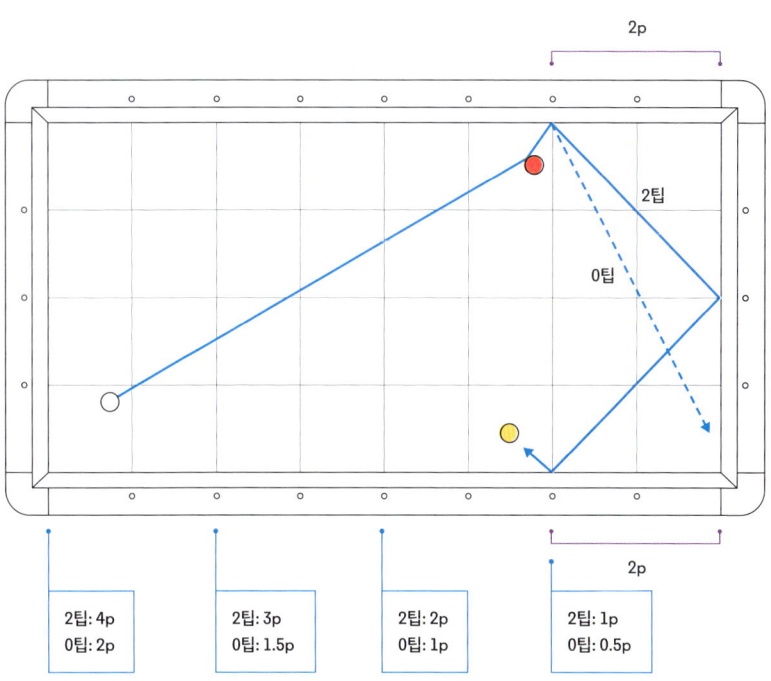

| 2팁: 4p | 2팁: 3p | 2팁: 2p | 2팁: 1p |
| 0팁: 2p | 0팁: 1.5p | 0팁: 1p | 0팁: 0.5p |

2. 장쿠션 비껴치기 패턴 2

앞에서는 2팁과 무회전(0팁)을 기준으로 하여 설명하였다. 2팁을 주었을 때의 진행 거리에 비해 무회전(0팁)을 주었을 때의 진행 거리가 딱 절반으로 줄어든다는 점이 흥미롭다.

수구에 1팁이나 1.5팁을 주는 경우에는 2팁과 0팁의 중간 거리로 진행된다. 물론 3팁을 주는 경우에는 2팁을 주었을 때보다 대체로 0.5포인트 정도 더 진행한다.

이와 함께 고려해야 할 사항들이 있다.

1적구가 쿠션에 많이 근접해 있으면, 수구의 입사각이 작아지기 때문에 진행 경로는 0.5포인트에서 1포인트 정도 짧아진다. 이때에는 2팁을 주어야 할 때에는 3팁을 주고, 0팁을 주어야 할 때에는 1팁 정도를 주어야 한다.

수구가 단쿠션 1포인트 선상에 위치해 있다고 생각해보자. 이때에는 2팁을 주고 비껴치기를 하면 수구는 넉넉하게 4포인트 정도 진행한다. 하지만 1적구가 코너에 가까이 있을 때에는, 코너에서의 입사와 반사에 제한을 받기 때문에, 코너에서 출발할지라도 쉽게 4포인트로 진행하지 못하고 3.5포인트 정도를 향해 간다.

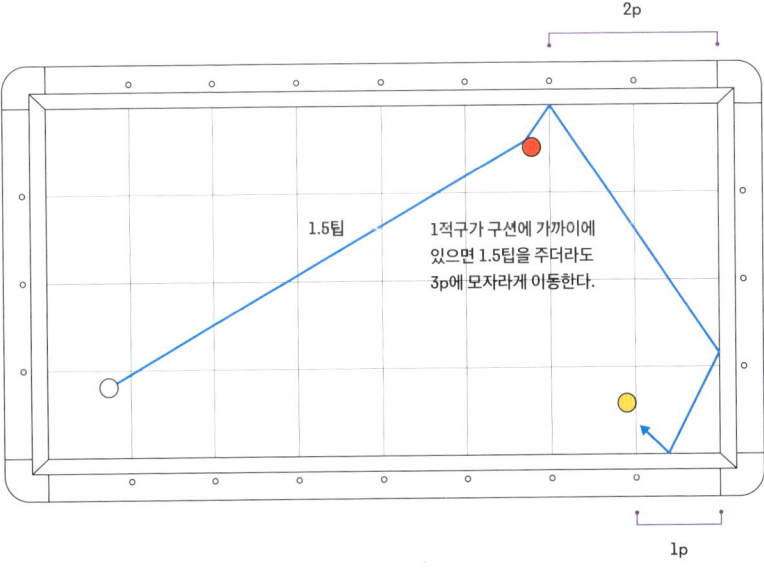

단쿠션 비껴치기 패턴

단쿠션 비껴치기 패턴은 5번의 대각선 대칭 패턴을 활용하여 구사하곤 한다. 하지만 대각선 대칭 패턴을 구사하기 어려운 경우가 있다. 이때는 수구와 1적구가 형성하는 각도에 따라 당점을 달리하는 패턴을 활용하는 것이 편리하다. 이때 1적구의 절반 두께를 기준으로 한다.

먼저, 수구와 1적구가 45도의 각을 형성할 때이다. 이러한 각도는 수구에서 1적구로 선을 그었을 때 장축에서 4포인트 간격을 형성하는 것을 보고 확인할 수 있다 (그림의 점선).

수구로 1적구의 절반을 맞히는 경우,
0팁의 무회전인 경우에는 단축의 1포인트에 떨어지며,
1팁의 경우에는 단축의 2포인트에 떨어지고,
2팁의 경우에는 단축의 3포인트를 향한다.

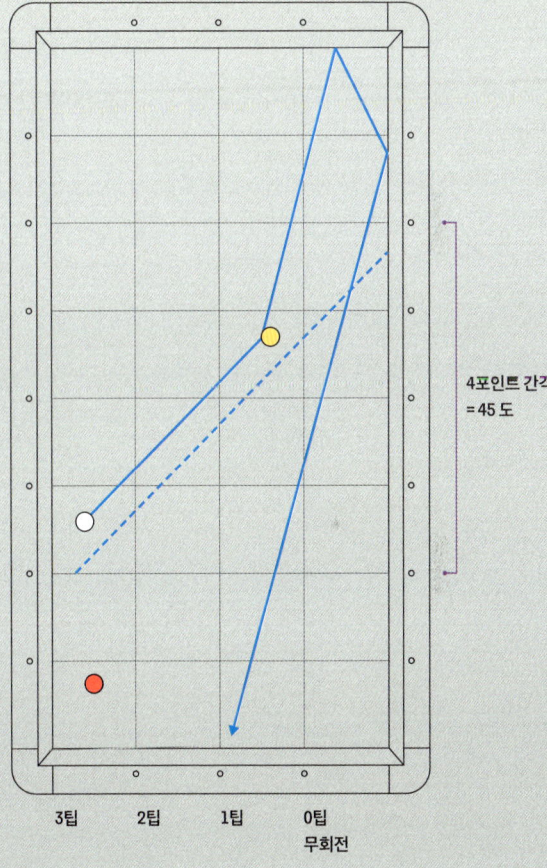

수구와 1적구의 연장선이 30도의 각으로 벌어진 경우 (장축에서 3포인트) 45도 각의 기준선보다 수구는 대략 1포인트 정도 짧게 떨어지고, 70도의 각으로 벌어진 경우 (장축에서 5포인트) 45도 각의 기준선보다 수구는 대략 1포인트 정도 길게 떨어진다.
　　이러한 기준 두께와 기준선을 정해 놓고, 2적구의 위치에 따라, 회전을 가감하거나 1적구의 두께를 가감하는 방식으로 조절한다.
　　단쿠션 비껴치기는 수구에 가해지는 전진력으로 인해 수구에 휘어짐이 발생하고 이로 인해 급격히 짧아지는 경우가 있다. 이러한 휘어짐 현상을 활용한다면 기준선보다 수구를 더 짧게 구사할 수 있다. 거꾸로 휘어짐 현상을 최소화시킬 때, 수구는 기준선의 궤적을 따라서 움직인다.

단쿠션 비껴쳐서 되돌아가기 패턴

단쿠션 비껴치기의 경우 또 다른 놀라운 패턴이 존재한다. 이는 패턴을 찾으려고 온 신경을 곤두세운 사람에게만 보이는 패턴일 것이다.

간단하게 말하면, 단쿠션에 근접한 1적구를 비껴치면, 아랫쪽 장쿠션에서 출발한 수구는 3쿠션을 맞고서 위쪽의 동일한 장쿠션 지점으로 돌아간다는 것이다. 거꾸로 윗쪽의 장쿠션에 있던 수구는 아랫쪽의 동일한 장쿠션 지점으로 이동한다. 이는 완전한 대칭적 움직임의 패턴이다. 즉, 이때의 대칭은 직사각형 당구대를 위와 아래의 절반으로 접었을 때의 대칭이다.

이때에 수구에 어느 정도의 회전을 줄 것인가는 1적구가 단쿠션의 어느 위치에 놓여 있는가에 의해 결정된다.

첫째, 1적구가 단쿠션 2포인트 근처에 있을 때에는 2팁으로 수구를 비껴치면 같은 장쿠션의 대칭 위치로 진행한다.

둘째, 1적구가 단쿠션 1포인트 근처에 있을 때에는 1팁으로 수구를 비껴치면 같은 장쿠션의 대칭 위치로 진행한다.

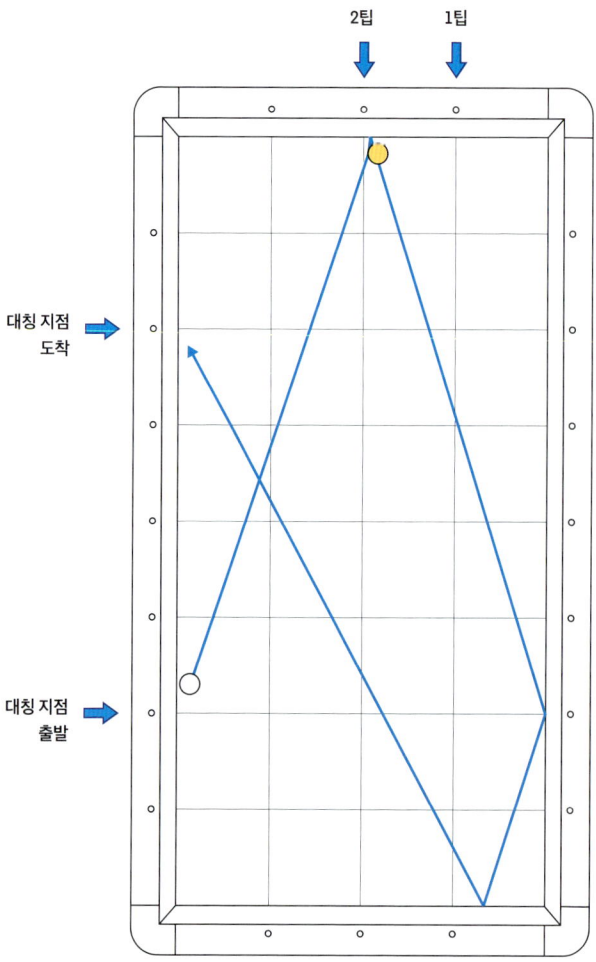

장쿠션 7포인트 비껴치기 대칭

1적구와 2적구가 장쿠션 아래위로 근접해 있을 때, 그리고 수구가 맞은편 장쿠션 7포인트 지점에 있을 때 적용하는 대칭이다. 평범하게 2팁으로 수구를 쳐서 1적구에 비껴치면, 1적구의 위치와 대칭되는 아랫부분 장쿠션을 향해 진행한다.

이는 매우 단순한 패턴인 것처럼 보이지만, 이 패턴을 발견하는 데에는 많은 시간이 필요했다. 의외로 이러한 형태의 배치에서 동호인들은 짧게 빼곤 한다. 많은 분들이 수구의 출발 위치는 생각하지 않고, 2적구가 코너보다 위에 있기 때문에 회전을 다 주지 말아야 한다고 생각하고 비껴치기 때문에 수구는 훨씬 더 짧게 진행한다.

물론 이때에도 회전의 가감에 따라 수구의 진행을 길게 가져갈 수도 있고 짧게 가져갈 수도 있다. 2적구가 대칭 위치보다 1포인트 정도 올라가 있다면, 회전을 1팁 정도 빼고 비껴치기를 하여 수구를 짧게 진행되도록 할 수 있다.

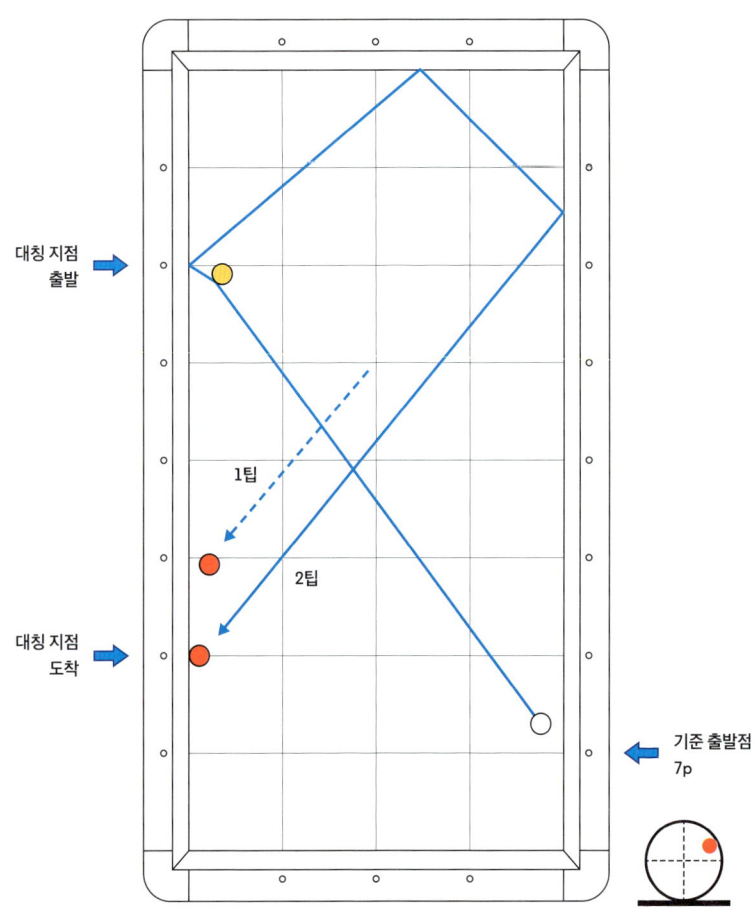

더블과 삼단

비껴치기의 연장이 더블이며,
더블을 촘촘히 가져가는 것이 삼단이다.

1. 장쿠션 더블의 기준선

비껴치기를 하여 더블을 구사하는 경우가 많다. 이때 중요한 것은 내 수구를 단쿠션의 어느 지점으로 떨어뜨릴 것인가에 초점을 두어야 한다는 점이다.

기준점은 단쿠션의 코너, 1포인트, 2포인트, 3포인트이다. 이곳으로 떨어뜨리기 위한 수구의 회전은 대칭적이다. 즉, 단쿠션의 코너에 떨어뜨리려면 0팁, 1포인트에 보내면 1팁, 2포인트에 보내려면 2팁, 3포인트에 보내려면 3팁이라는 것이다. 이러한 대칭적 회전이 적용되는 수구와 1적구의 배치는 다음과 같다.

첫째, 수구는 코너 – 1적구는 맞은편 장쿠션 4포인트.

둘째, 수구는 장쿠션 6포인트 – 1적구는 맞은편 장쿠션 3포인트.

셋째, 수구는 장쿠션 4포인트 – 1적구는 맞은편 장쿠션 2포인트.

그렇다면 수구와 1적구가 이러한 배치를 형성하지 않고 다른 위치에 있다면 어떻게 공략해야 할 것인가? 위의 배치를 기준으로 했을 때, 수구와 1적구의 거리가 1포인트 벌어지면, 회전을 1팁 줄인다. 반대로 수구와 1적구의 거리가 1포인트 짧아지면, 회전을 1팁 늘린다. 이러한 요령으로 공략하면, 상당히 정확하게 단쿠션의 원하는 지점에 수구를 떨어뜨릴 수 있다.

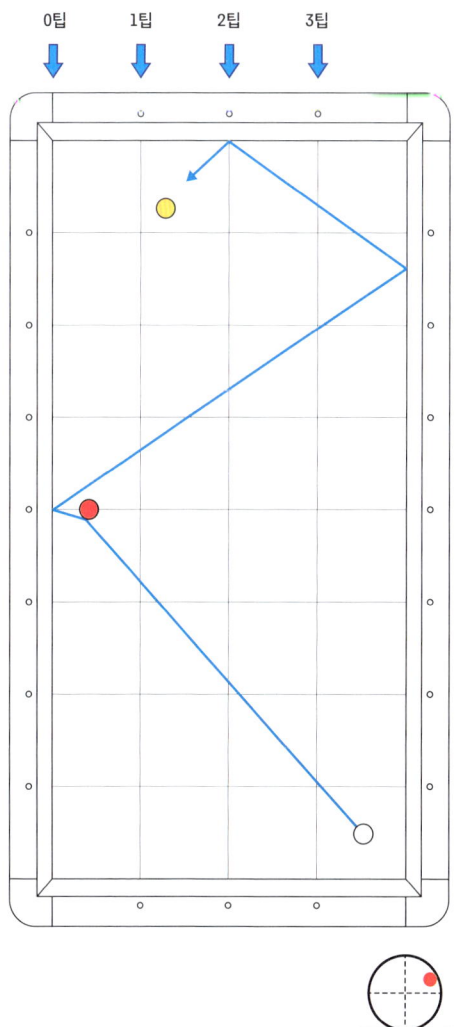

2. 장쿠션 더블의 연장선

2적구가 단쿠션에 가까이 있을 때는 단쿠션을 겨냥하여 더블을 구사하기 쉽지만, 2적구가 단쿠션으로부터 멀리 위치해 있을 때는 단쿠션의 어느 지점으로 수구를 떨어뜨려야 하는지 판단하기가 쉽지 않다. 이러한 판단력을 기르려면, 수구가 단쿠션에 떨어지고 나서 (이때부터는 역회전이다) 솟아오르는 궤적을 눈에 익혀두어야 한다. 대표적인 궤적은 다음과 같다.

1. 수구가 코너 위치, 1적구가 장쿠션 4포인트에 위치할 때 수구는
   단쿠션 3포인트에서 장쿠션 3포인트로,
   단쿠션 2포인트에서 장쿠션 2포인트로 진행한다.

2. 수구가 장쿠션 6포인트, 1적구가 3포인트에 있을 때 수구는
   단쿠션 3포인트에서 장쿠션 2포인트로,
   단쿠션 2포인트에서 장쿠션 1포인트로 진행한다.

물론 이는 늘 변할 수 있다. 즉, 스피드가 빠르면 더 깊이 솟아오르고, 스피드가 느리면 조금 더 넓은 각으로 퍼진다.

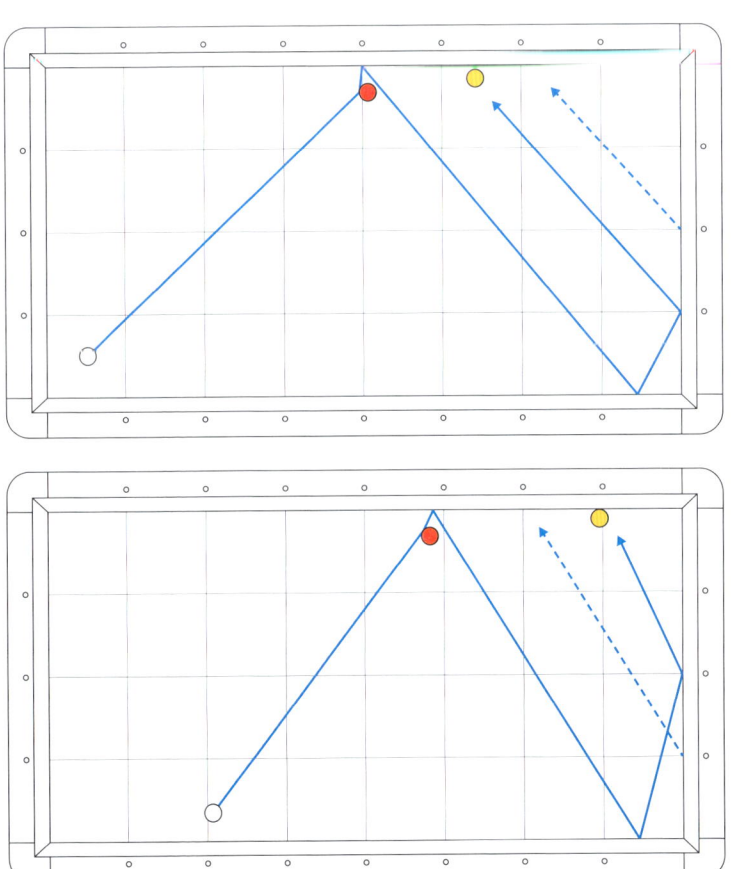

50

삼단 기준선

1적구를 맞은 수구가 단쿠션을 거치지 않고 장쿠션을 계속 횡단하면서 2적구를 향하여 조금씩 간격을 좁혀가는 공략법을 '삼단' 또는 '삼단 횡단 샷'이라고 한다.

여기에도 일정한 패턴이 존재한다. 여기에서 중요한 것은 수구와 1적구의 거리에 따른 수구의 회전 조절이다. 플레이어는 각자의 기준선을 명확하게 정립해 놓은 다음, 1적구의 위치가 변화함에 따라 회전을 늘리고 줄여서 삼단 공략을 다채롭게 구사할 수 있다. 가장 기본적인 기준선은 다음과 같다.

첫째, 수구와 1적구가 3포인트 떨어져 있을 때, 무회전으로 수구를 1적구에 부딪혀 밀면 첫 입사 지점으로 되돌아간다.

둘째, 수구와 1적구가 2포인트 떨어져 있을 때, 1팁으로 수구를 적구에 부딪혀 밀면 첫 입사 지점으로 되돌아간다.

셋째, 수구와 1적구가 1포인트 떨어져 있을 때, 2팁으로 수구를 적구에 부딪혀 밀면 첫 입사 지점으로 되돌아간다.

넷째, 수구와 1적구가 3포인트 떨어져 있을 때, 2팁으로 수구를 적구에 부딪혀 밀면 2포인트 아래를 향해 진행한다.

다섯째, 수구와 1적구가 2포인트 떨어져 있을 때, 2팁으로 수구를 적구에 부딪혀 밀면 첫 입사 지점에 비해 1포인트 아래를 향해 진행한다.

이때 수구와 1적구가 부딪히는 면이 적당해야 한다. 너무 두꺼워도 안 되지만 너무 얇아도 안 된다. 수구와 1적구가 충돌하고 나서, 수구는 1적구보다 약간(0.1포인트 정도) 위로 올라오는 지점으로 입사되며, 1적구는 장쿠션을 따라서 직선으로 내려간다.

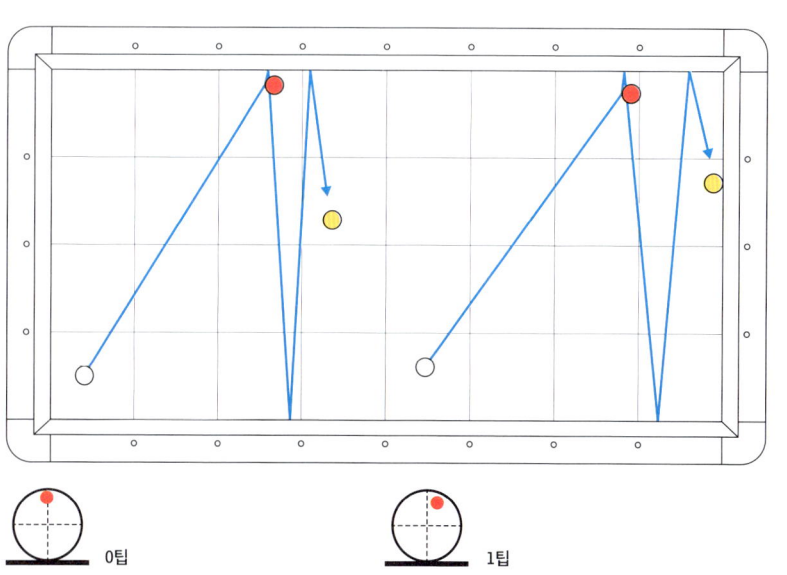

51

삼단 횡단
-역회전과 제 회전의 선택

수구와 1적구가 4포인트 이상 떨어져 있을 때에는 정상적인 방법으로 삼단을 치기 어렵다. 이때에는 역회전을 주든지 아니면 제 회전을 주더라도 상단이 아니라 중하단으로 공략해야 한다.

먼저 위쪽 그림에서와 같은 배치에서는 역회전으로 공략한다. 수구와 1적구가 4포인트 이상 떨어져 있을 때, 약간의 역회전을 주어서, 수구를 첫 쿠션에서 끌어올리고, 두 번째 쿠션에서 내려가도록 한다.

이때 주의할 것은 첫 쿠션에서 입사할 때 보통 삼단과 마찬가지로 수구는 쿠션에 거의 수평으로 (아주 약간 위로 솟구치는 정도) 입사하도록 두께를 잡아야 한다는 것이다. 1적구를 너무 두껍게 맞추어서 수구가 위로 올라오는 형태의 각이 형성되면 원래의 위치로 되돌아가지 못한다.

아래쪽 그림에서처럼 수구와 1적구가 멀리 있을 때, 특히 1적구는 허공에 떠 있고, 2적구는 단쿠션에 가까이 있는 경우에는 제 회전을 주되 중하단으로 공략하는 게 유리하다. 수구가 1적구를 맞히고 쿠션에서 나올 때는 제 회전으로 내려가다가, 하단의 끌림으로 살짝 꺾어져서 장쿠션으로 입사하고, 장쿠션에서 나올 때는 역회전으로 나오기 때문에 거의 직선 형태를 유지하면서 2적구를 맞힐 확률을 높여준다.

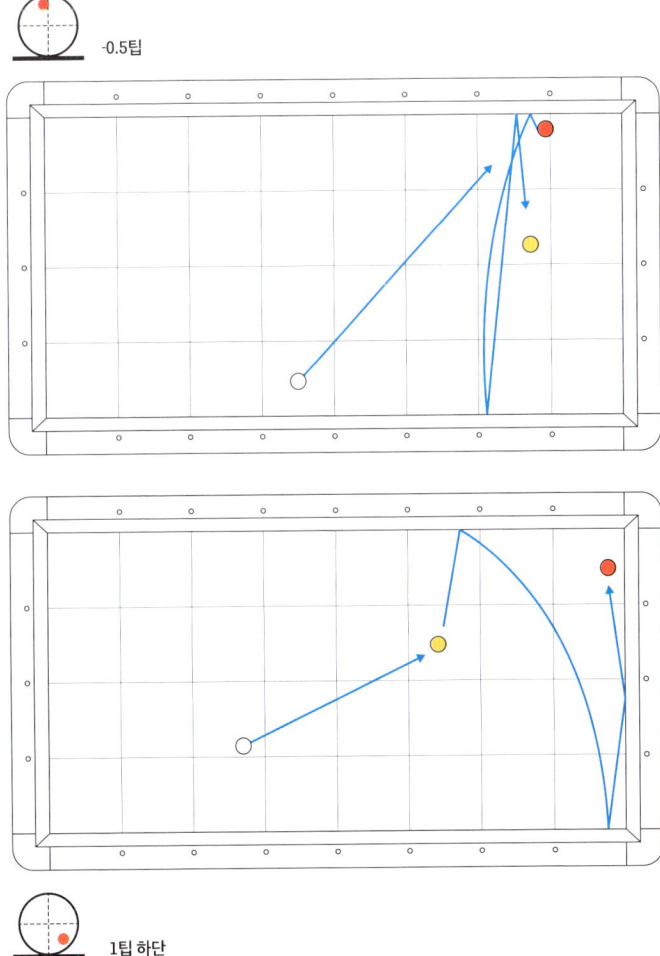

끌어내리는 삼단

1적구가 장쿠션에 붙어 있고, 2적구가 맞은편 장쿠션 코너 부근에 있는 경우, 그리고 수구가 1적구보다 아래에 있어서 대회전을 구사하기 어려운 경우에는 1적구를 맞혀서 끌어내리는 삼단을 구사해야 한다. 이때에는 1적구와 2적구의 가운데 지점을 향하여 수구를 빠르게 입사시키는 것이 관건이다.

　이때 수구가 빠르게 입사되기 때문에, 제각돌리기로 돌아나가지 않고, 삼단이 형성된다.

　1적구의 절반을 무회전 하단으로 치면, 수구는 총 3포인트 이동한다. 즉, 수구가 1적구보다 1포인트 아래 위치했을 때는 수구보다 1포인트 아래로 떨어지고, 1.5포인트 아래 위치했을 때는 제자리로 떨어진다.

　이러한 선을 기준으로 하여 1적구를 조금 더 얇게 맞히든지, 아니면 수구의 상중하 당점을 조절하여 삼단을 구사한다(수구가 1적구와 거의 직선으로 있을 때는 하단보다 상단이 편안하다). 하지만 삼단의 특성상, 회전을 많이 주는 방식은 위험하다.

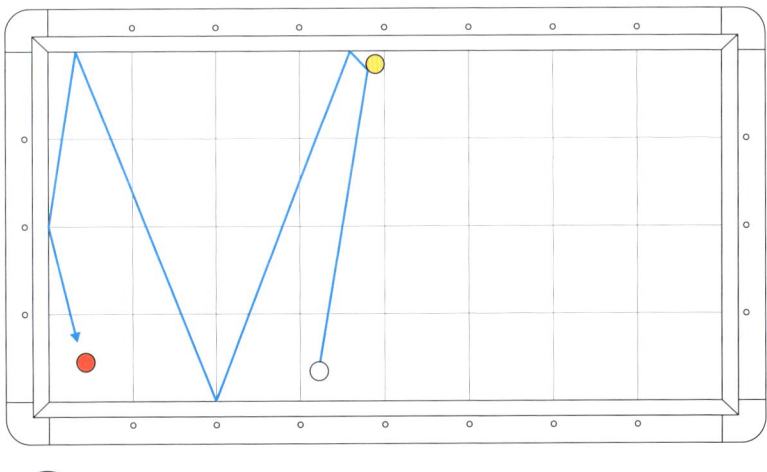

53

코너에서 코너로 가는 삼단

1적구와 수구가 단쿠션에 가까이 있고, 2적구는 다른 편 단쿠션에 붙어 있는 경우가 있다. 이때에는 바깥돌리기나 제각돌리기를 하기 어렵다. 결국 선택할 수 있는 공략은 코너에서 코너로 길게 가는 삼단이다. 이는 폭이 넓게 진행되기 때문에 사실상 삼단이라기보다는 더블에 가까운 느낌으로 진행된다.

이러한 포지션은 생각보다 자주 발생된다. 따라서 어느 정도 이에 대해 대비하고 있어야 한다. 기준선은 의외로 단순하다.

1적구가 코너에 있을 때 무회전으로 맞은편 장쿠션 2포인트를 겨냥하면 장쿠션 4포인트(가운데)로 왔다가 다시 맞은편 장쿠션 코너 방향으로 진행한다.

1적구를 맞혀서 장쿠션 1포인트로 보내는 게 편할 때가 있다. 이때에는 수구에 2팁 회전을 주어 장쿠션 1포인트를 겨냥하면 마찬가지로 맞은편 장쿠션 코너로 진행한다.

이러한 선을 기준으로 하여 회전을 조금 더 주면, 마지막에 장쿠션이 아니라 단쿠션에 떨어뜨리게 할 수도 있다. 이러한 배치의 공을 놓고 연습을 많이 해야 한다.

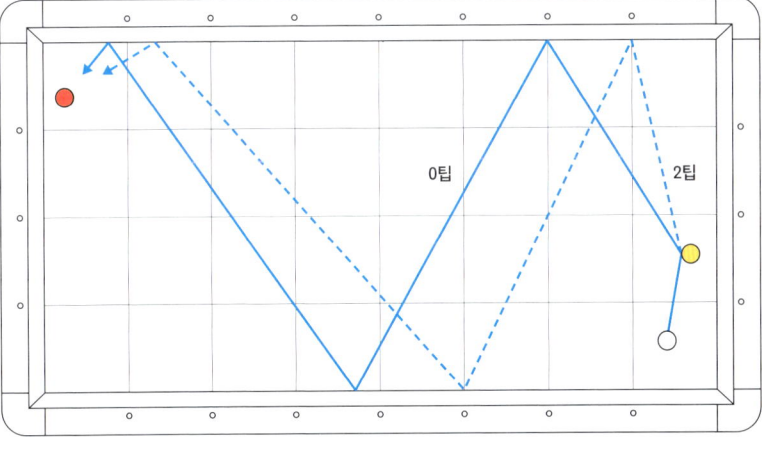

장쿠션 삼단 빈쿠션

1적구와 2적구가 장쿠션에 나란히 붙어 있는 경우가 있다. 이때는 삼단 빈쿠션이 가장 적절한 공략 방법이 된다.

    삼단 빈쿠션의 핵심은 스피드와 당점에 있다. 스피드가 없으면 삼단이 형성되지 못하고, 스피드가 너무 빠르면 수구가 적구를 향해 이동하지 못하고 한자리에서만 왔다 갔다 한다. 적당한 스피드, 느리지 않을 만큼 빠르지만 쿠션에서 약간의 회전을 먹을 수 있을 정도의 스피드로 구사해야 한다.

    두 번째는 당점이다. 당점 중에서 중요한 것은 하단을 주어야 한다는 것이다. 하단의 작용은 첫 번째 쿠션을 맞고 끌려서 올라오도록 해주는 데 있다. 살짝 끌릴 수 있을 정도의 하단을 준다.

    세 번째는 회전이다. 회전을 너무 많이 주면 넘치게 되거나 두 번째 쿠션에서 회전을 먹고 반대방향으로 내려가게 된다. 그렇다고 회전을 너무 적게 주면 적구 쪽으로 올라오지 못하게 된다.

    이러한 점들을 고려하여 다음과 같은 기준을 가지고 삼단 빈쿠션을 친다.

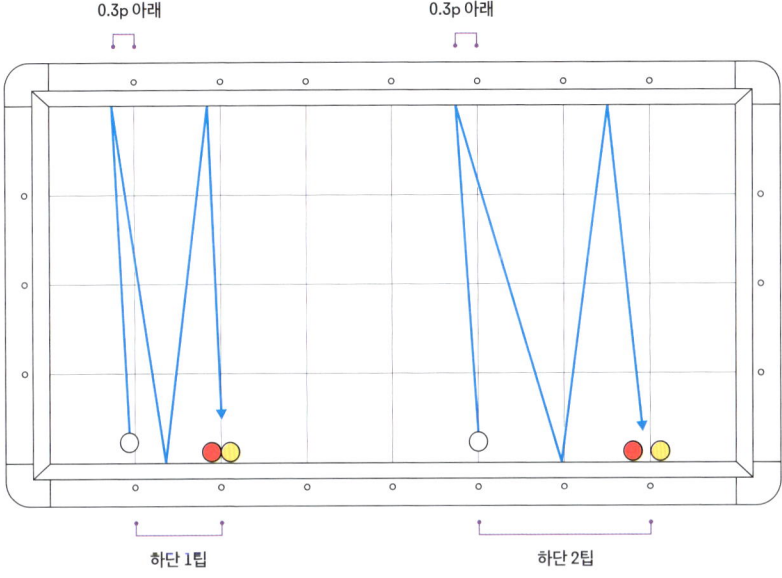

첫째, 겨냥 지점은 수구를 기준으로 하여 0.3포인트 반대편 지점이다.

둘째, 수구와 1적구의 거리(포인트)만큼 하단으로 회전(팁)을 준다.

55

단쿠션 삼단 빈쿠션

이번에는 1적구와 2적구가 단쿠션 쪽으로 붙어 있고, 수구는 맞은편 단쿠션 쪽에 붙어 있는 경우이다. 이때에도 삼단 빈쿠션을 구사한다. 여기에서도 마찬가지로 각을 잘게 쪼개어서 올라왔다가 내려가도록 한다.

장쿠션 삼단 빈쿠션에서는 갔다 왔다 갔다 다시 오는 네 단계였지만, 여기에서는 갔다 왔다 다시 가는 세 단계이다. 비록 장쿠션을 따라서 움직이지만, 이동 횟수가 세 번이기 때문에 앞서의 삼단 빈쿠션과 유사한 방법을 적용할 수 있다.

첫째, 수구보다 0.3포인트 반대방향의 맞은편 단쿠션을 겨냥한다.

둘째, 수구와 코너로부터의 거리와 1적구와 코너로부터의 거리를 합하고, 이를 절반으로 나눈 값을 회전량(팁)으로 결정한다.

셋째, 이렇게 결정된 팁을 주어 수구의 하단으로 약간 스피드 있게 친다.

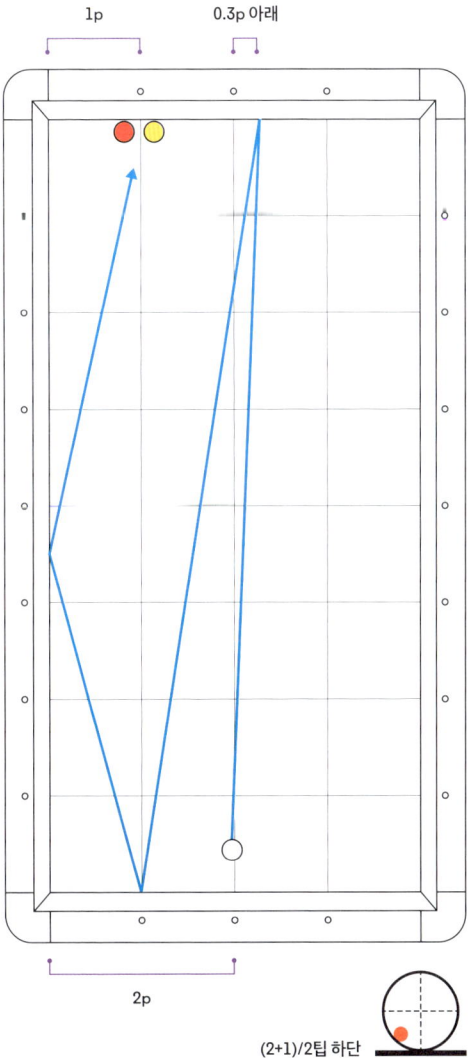

(2+1)/2팁 하단

1. 단쿠션 더블

1적구와 2적구가 모두 단쿠션에 근접해 있을 때, 1적구를 맞혀서 단쿠션-단쿠션-장쿠션-단쿠션으로 향하는 더블을 구사하는 경우가 많다.

이는 생각보다 성공률이 높아서, 실질적으로 많은 동호인들이 구사하고 있는 공략방법이다. 하지만 대부분의 동호인들이 감으로 칠 뿐, 정확한 기준점을 가지고 있지는 않은 듯하다. 여기에서도 앞의 단쿠션 삼단 빈쿠션의 기준을 적용할 수 있다.

첫째, 1적구의 거리와 2적구의 거리를 합한다. 이때 1적구의 거리란 1적구와 코너까지의 거리를 의미한다. 2적구의 거리 역시 2적구와 코너의 거리이다.

둘째, 이렇게 합산한 거리의 절반이 되는 회전을 정한다.

셋째, 그 회전으로 수구를 1적구에 맞히되 수구가 단쿠션에 0.3포인트 정도 진행과 반대방향으로 입사될 수 있도록 두께를 잡는다.

여기에서는 삼단 빈쿠션을 칠 때와는 달리 굳이 하단을 줄 필요가 없으며 중상단을 주면 자연스럽게 움직인다.

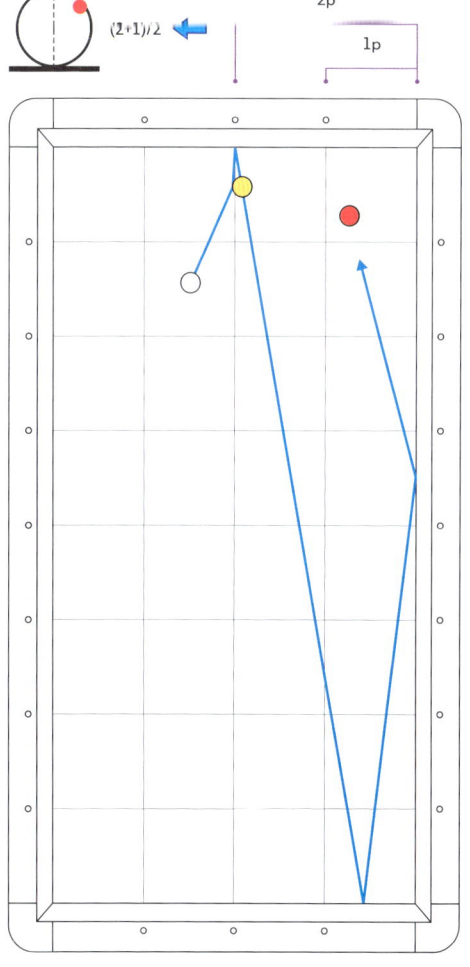

2. 장쿠션 더블
(장쿠션 2포인트 아래)

장쿠션 2포인트 아래에 1적구와 2적구가 있을 때, 단쿠션 더블과 같은 형태의 공략을 시도할 수 있다.

첫째, 1적구의 거리와 2적구의 거리를 합한다. 이때 1적구의 거리란 1적구와 코너로부터의 거리를 의미한다. 2적구의 거리 역시 2적구와 코너의 거리이다.

둘째, 이렇게 합산한 거리의 절반이 되는 회전을 정한다.

셋째, 그 회전으로 수구를 1적구에 맞히되 수구가 장쿠션에 0.3포인트 진행방향으로 입사될 수 있도록 두께를 잡는다. 단쿠션 삼단 더블에서는 0.3포인트 정도 역방향으로 입사시켰지만, 여기에서는 짧은 거리를 가야 하기 때문에 오히려 0.3포인트 정도 진행방향으로 내려주어야 한다.

아래쪽 그림에는 장쿠션 더블을 연장한 공략 방법을 보여주고 있다. 제각돌리기를 할 각도가 없는 경우, 더블의 연장선으로 수구를 내려오게 하여 득점하는 방법이다. 2적구가 1적구에 비해 1포인트 정도 간격으로 내려와 있을 때 성공률이 높다.

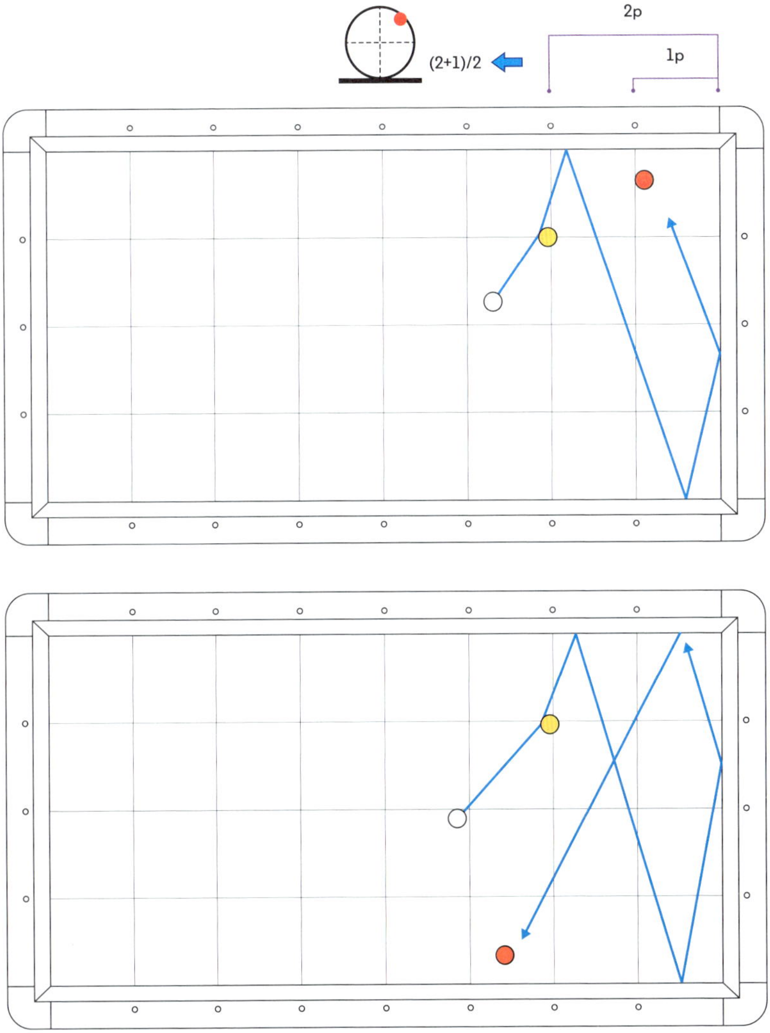

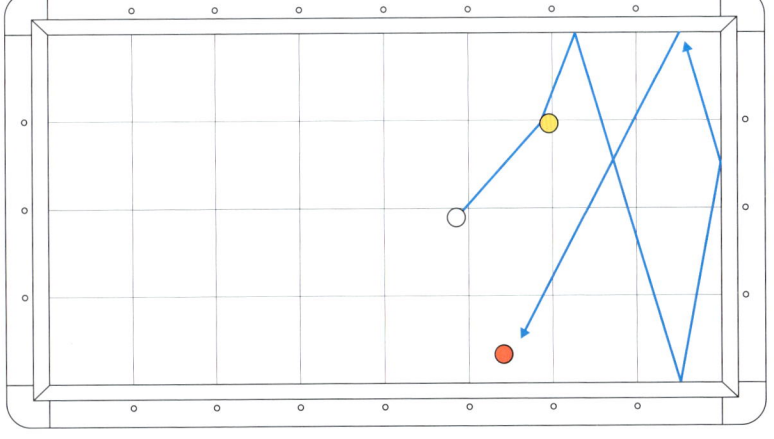

리버스

리버스 공략에서는 회전력보다
전진력의 영향을 많이 받는다.

57

장쿠션 리버스 대칭

역회전으로 공략해야 하는 경우가 종종 발생한다. 이때 중요한 점은 역회전이 두 번째 쿠션부터는 제 회전이라는 점을 인식하는 것이다. 당연한 말이지만, 역회전으로 구사할 경우 수구의 회전이 첫 쿠션에서는 잘 먹지 않고, 두 번째 쿠션부터 회전이 제대로 작용하게끔 쳐주는 게 바람직하다. 이는 어떻게 조절하는가?

두 가지 방법이 있다. 첫째는 하단의 당점을 주는 것이다. 즉, 첫 쿠션에서는 하단으로 미끄러져서 부딪히게 해서, 각대로 나오게 한다. 그리고 두 번째 쿠션부터는 하단에 주었던 회전이 먹으면서 제 회전으로 먹기 시작한다.

두 번째 방법은 스피드이다. 스피드를 빠르게 쿠션에 입사시키면, 회전의 작용이 최소화된다. 회전을 먹을 시간이 없는 것이다. 이러한 점을 이용하여 역회전으로 수구를 빠르게 첫 쿠션에 입사시키고, 두 번째 쿠션에서는 적당한 스피드가 되게끔 해주는 것이 바람직하다.

이러한 타법을 적절히 섞어가면서 리버스 공략을 하되, 다음과 같은 기준선을 염두에 두고, 이 기준선이 형성되는 방향으로 수구의 움직임을 만들어주는 것이 중요하다.

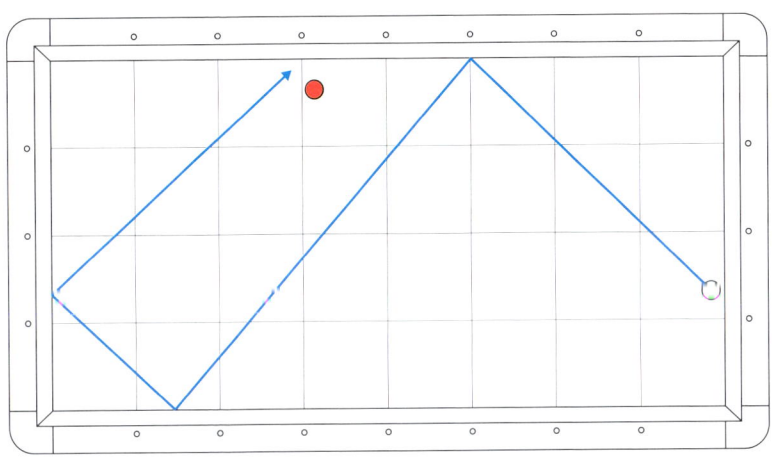

수구를 2팁으로 리버스 칠 때 다음과 같은 대칭적 패턴이 존재한다.

첫째, 단쿠션 3포인트에서 장쿠션 3포인트로 가면, 장쿠션 3포인트로 향하고,

둘째, 단쿠션 2포인트에서 장쿠션 2포인트로 가면, 장쿠션 2포인트로 향하고,

셋째, 단쿠션 1포인트에서 장쿠션 1포인트로 가면, 장쿠션 1포인트로 향한다.

이러한 기준선을 고려하되, 입사 지점이 조금 변화되면, 수구의 경로는 크게 변화된다는 점을 염두에 두어야 한다.

58

장쿠션 비껴치는 리버스 기본각

장쿠션에 1적구가 근접해 있고, 수구는 단쿠션에 가까이 있을 때에도 종종 리버스 공략을 시도한다. 수구는 1적구를 맞고 바로 장쿠션으로 입사한다. 장쿠션에서 튕겨나온 수구는 대부분 약간의 곡구를 그리면서 반대편 장쿠션을 향하여 진행하고 이후부터는 제 회전을 먹으면서 진행한다. 이렇게 약간의 곡구를 형성하면서 진행되기 때문에, 수구의 진행은 상당히 변덕스러워 보인다. 하지만 여기에도 일정한 기준선이 존재한다. 대체로 다음과 같다.

첫째, 수구가 단축 코너에서 출발할 때, 총 3포인트 이동한다.

둘째, 수구가 단축 1포인트에서 출발할 때, 총 4포인트 이동한다.

셋째, 수구가 단축 2포인트에서 출발할 때, 총 5포인트 이동한다.

이는 개략적인 것일 뿐 정확한 것은 아니다. 수구가 첫 쿠션에 입사되는 각도나 첫 쿠션을 맞고 나오면서 형성되는 곡구의 모양이 매번 약간씩 변화되기 때문이다. 하지만 이 모든 변화의 평균이 그러하다는 것이다. 이를 고려하여 리버스 비껴치기를 구사하면, 성공률이 상당히 높아진다.

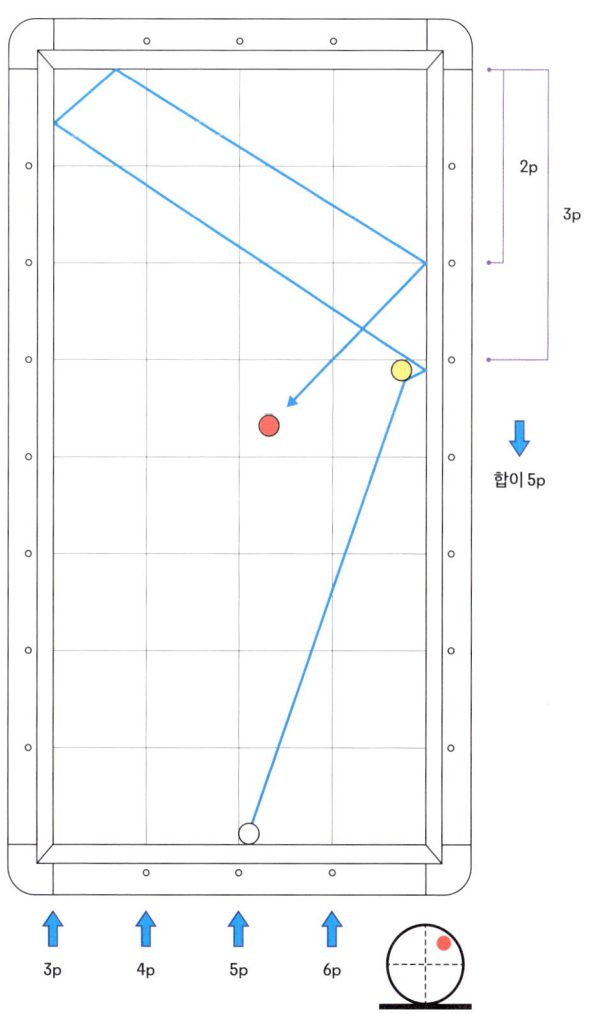

59

장쿠션 리버스 3포인트 기준점

수구가 코너에 위치해 있을 때, 역회전 2팁으로 장쿠션 3포인트를 겨냥하면 해당 장쿠션의 코너를 향해서 진행된다(그림에서 두꺼운 실선). 수구가 코너에 있을 때, 장쿠션 3포인트를 향해 제 회전 2팁으로 보내면 다른 쪽 코너를 향해 진행되는 것과 대비된다(그림에서 점선). 이러한 대칭이 존재한다는 점이 신기하다.

다른 한편으로 역회전 2팁으로 맞은편 장쿠션 4포인트를 향하여 입사시키면, 수구는 같은편 코너를 향해 입사한다. 즉, 3포인트를 겨냥하면 반대편 코너로 입사하고, 1포인트 길게 치면 같은편 코너로 입사한다.

리버스

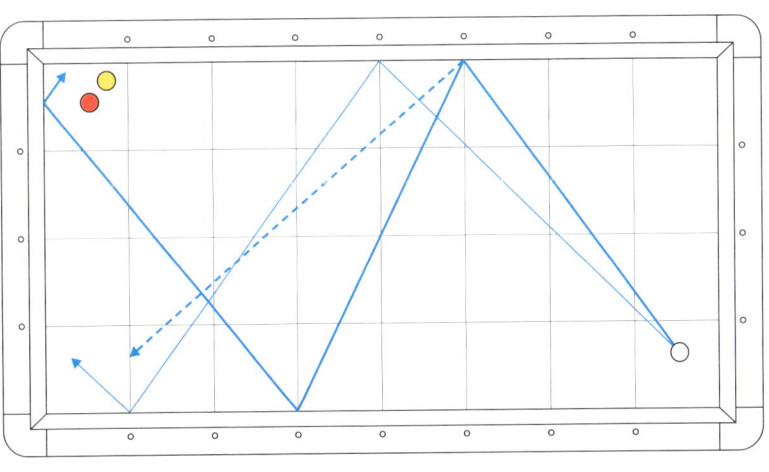

100개 패턴

❸

정사각형에서의 리버스 기준선

일반적으로 리버스 공략은 직사각형 당구대를 횡단하면서 이루어진다. 즉, 한쪽 정사각형에서 역회전으로 출발한 수구가 다른 정사각형 영역으로 넘어가면서 제 회전으로 움직인다.

하지만 하나의 정사각형 안에서 리버스 공략이 이루어져야 할 때가 있다. 이때는 수구의 진행이 조금만 잘못되도 수구는 엉뚱한 방향으로 진행한다. 수구가 코너를 향하는 선을 명확히 인식하고 있어야 한다. 이때 팁은 역회전 2팁을 주되, 중단으로 구사하는 것이 부드럽다. 장쿠션의 가운데 지점에서 출발하는 리버스 기준선은 다음과 같다. 여기에서 단쿠션이라는 것은 장쿠션 4포인트에서 횡으로 자른 선을 말하는 것이다.

첫째, 단쿠션 0.5포인트에서 장쿠션 0.5포인트로 입사하면 단쿠션 2포인트로 진행한다.

둘째, 단쿠션 1포인트에서 장쿠션 1포인트로 입사하면, 단쿠션 1포인트로 진행한다.

셋째, 단쿠션 2포인트에서 장쿠션 1.5포인트로 입사하면, 코너로 진행한다.

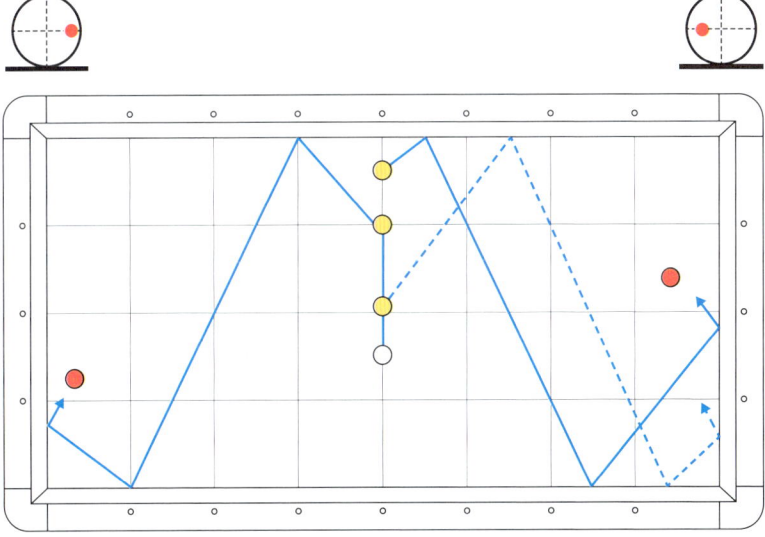

빈쿠션

스트로크의 영향을 가장 적게 받는
빈쿠션이야말로 정직한 공략이다.

단쿠션 걸어치기 대칭

우리나라에서 유행했고 지금도 널리 퍼져 있는 '직빵'이라는 3쿠션 게임에서는 빈쿠션으로 3쿠션을 치면 2점을 인정해준다. 득점을 할 때마다, 점수에 해당되는 만큼의 돈을 받는 직빵에서 빈쿠션은 두 배의 수입을 의미한다. 그래서 직빵을 많이 쳐본 동호인들은 빈쿠션을 잘 친다.

 직빵을 안 쳐보았던 필자는 당연히 빈쿠션이 약했다. 특히 단쿠션 걸어치기의 빈쿠션은 정확성이 떨어지기 때문에 시도할 생각도 하지 못하곤 했다. 하지만 어느 날 빈쿠션에도 패턴이 존재한다는 점을 발견하였다. 단쿠션 걸어치기를 수백 번 해본 결과 거의 매번 같은 자리를 향해서 수구가 진행되는 것이었다. 이는 필자에게 놀라운 발견이었다. 이후로 단쿠션 걸어치는 형태의 공이 배치되면, 주저하지 않고 걸어친다. 사실 단쿠션 걸어치는 배치의 공을 다른 방식으로 공략하기는 쉽지 않다. 단쿠션 걸어치기 패턴의 기본적인 원리는 다음과 같다.

 1적구가 단쿠션에 붙어 있을 때, 2팁 상단 회전으로 걸어치면 수구는 다음과 같은 패턴으로 진행한다.

 첫째, 장쿠션의 수구 위치(포인트)와 단쿠션의 1적구

포인트를 합한 위치만큼의 장쿠션을 향해 수구가 진행한다.

둘째, 중단을 주면 1포인트 길어지며, 하단을 주면 2포인트 길어진다. 짧게 진행시키려면 상단을 준 채 얇게 걸리도록 겨냥해야 한다.

셋째, 이러한 배치의 걸어치기에서는 1팁, 2팁, 3팁이 큰 의미가 없다. 1적구를 맞고 진행하면서 거의 다 3팁을 먹기 때문이다.

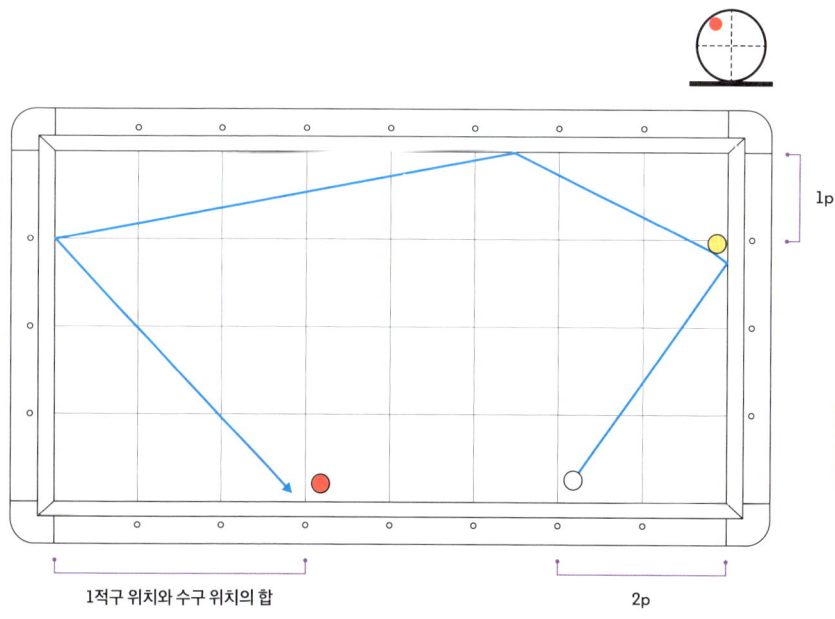

1적구 위치와 수구 위치의 합

장쿠션 걸어치기 대칭
(수구 1포인트 1팁)

장쿠션에 붙어 있는 1적구를 걸어칠 때에도 일정한 패턴이 존재한다는 점을 발견하였다. 이때는 수구의 출발 위치가 중요하다. 그 원리는 아래와 같다.

1적구가 장쿠션에 붙어 있고, 수구가 단쿠션의 1포인트에 위치해 있을 때, 1팁으로 수구를 친다. 그러면 장쿠션 1적구와 대칭되는 장쿠션 하단의 같은 지점으로 수구는 되돌아온다.

이때 적당한 두께로 1적구를 걸어쳐야 한다. 너무 얇아도 안 되며 너무 두꺼워도 안 된다. 십여 분 정도 연습을 해보면 두께에 대한 감을 잡을 수 있을 것이다.

이러한 대칭점보다 수구를 짧게 떨어뜨리려면 2팁 회전을 주면 된다. 이보다 길게 진행시키려면, 0.5팁을 준다. 아주 길게 진행시키려면 0팁을 준다. 이때 주의해야 할 점은 0팁을 줄 때, 1적구를 얇게 맞히는 경우, 터무니없이 길게 각이 형성된다는 점이다.

앞의 패턴과 비교해보자. 단쿠션 걸어치기에서는 수구의 회전량을 조절하기보다는 상중하의 당점을 조절하여 길게 늘어뜨리는 방법을 썼는데, 장쿠션 걸어치기에서는 상중하보다는 회전량을 조절하는 방법을 소개하고 있다.

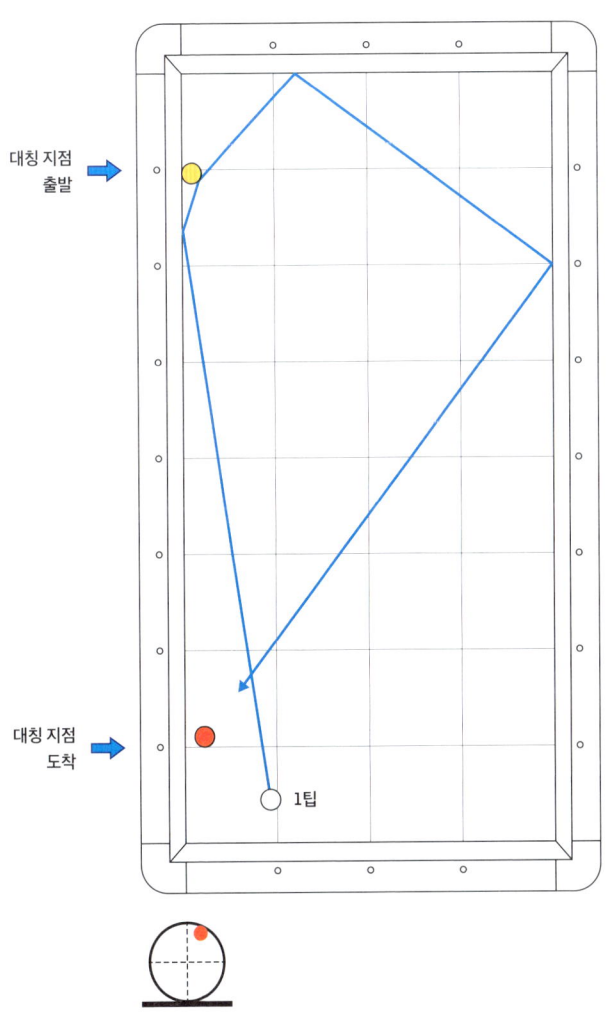

1. 투쿠션 걸어치기
- 369 패턴

무회전으로 투쿠션 걸어치기를 할 때는 입사각과 반사각이 같은 가운데 지점을 겨냥한다. 하지만 공의 배치에 따라서 회전을 많이 주고 투쿠션으로 걸어치는 것이 유리할 때가 있다. 수구가 1적구를 향해 큰 각으로 입사하도록 걸어쳐야 수구가 많이 꺾이고 또한 먼 거리를 진행할 수 있다.

회전을 많이 주면서 투쿠션 걸어치는 방법으로 발견한 것이 369 패턴이다. 이는 수구와 1적구의 중간 지점보다 0.3포인트, 0.6포인트, 0.9포인트 위를 겨냥하는 방법이다. 물론 이는 수구와 1적구의 위치에 따라 달라진다. 일반적인 패턴은 다음과 같다.

첫째, 수구와 1적구가 단쿠션 2포인트 선에 있을 때, 수구와 적구의 중간 지점보다 0.3포인트 위를 겨냥

둘째, 수구와 1적구가 단쿠션 3포인트 선에 있을 때, 수구와 적구의 중간 지점보다 0.6포인트 위를 겨냥

셋째, 수구와 1적구가 단쿠션 4포인트 선에 있을 때, 수구와 적구의 중간 지점보다 0.9포인트 위를 겨냥

이때 수구는 맥시멈 하단 회전을 준다.

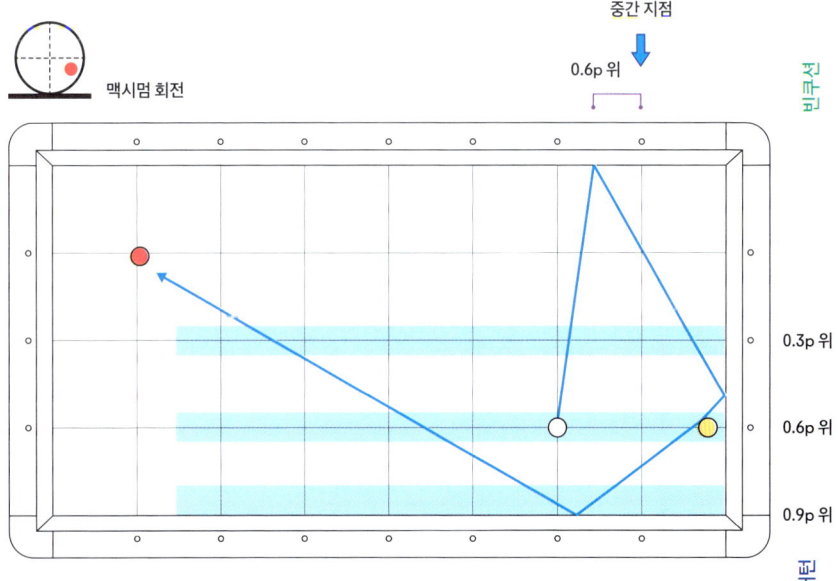

2. 역회전 걸어치기
– 역 369 패턴

역회전을 주어 걸어치기를 하는 경우이다. 이러한 시도는 게임 중에 잘 하지 않는다. 하지만 게임이 심각하지 않다든지, 게임에 여유가 있을 때에는 역회전 걸어치기의 선택도 나쁘지 않다. 몇번 연습해보면 성공률이 생각보다 높기도 하지만, 역회전 걸어치기가 성공했을 때 상대방은 기가 꺾인다.

이때 수구는 맥시멈으로 역회전을 주어 진행시키되, 역회전이 풀리지 않아야 하기 때문에 너무 세지 않게 하지만 충분한 스피드를 주어 수구를 진행시킨다. 일반적인 패턴은 제 회전 투쿠션 걸어치기와 거의 비슷하다. 다만, 겨냥하는 지점이 반대일 뿐이다.

첫째, 수구와 1적구가 단쿠션 2포인트 선에 있을 때, 수구와 적구의 중간 지점보다 0.3포인트 아래를 겨냥

둘째, 수구와 1적구가 단쿠션 3포인트 선에 있을 때, 수구와 적구의 중간 지점보다 0.6포인트 아래를 겨냥

셋재, 수구와 1적구가 단쿠션 4포인트 선에 있을 때, 수구와 적구의 중간 지점보다 0.9포인트 아래를 겨냥

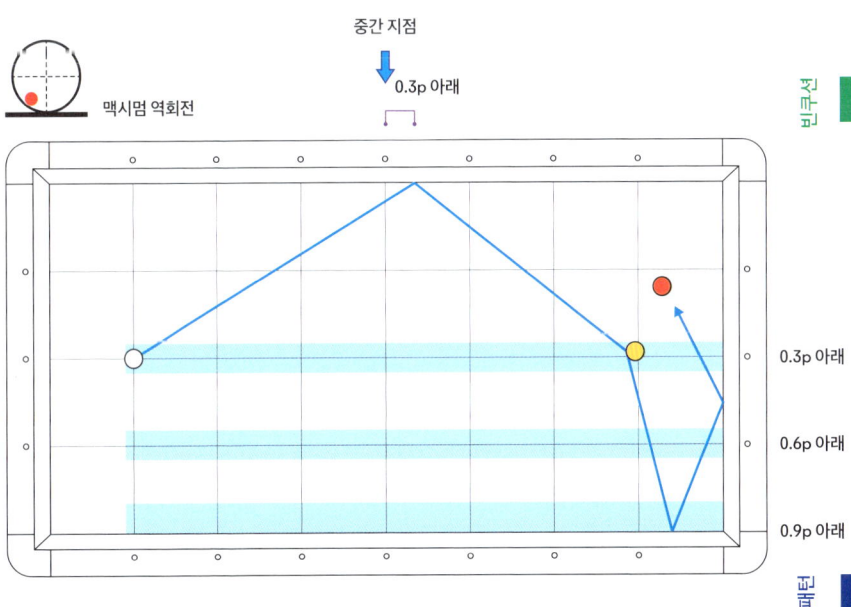

중앙 적구 걸어치는 기준선

당구대의 한가운데에 적구가 놓여 있는데, 수구는 쿠션에 붙어 있는 경우, 특별한 공략 방법이 떠오르지 않을 때가 있다.

특히 작은 당구대의 중앙에 적구가 놓여 있고, 수구가 쿠션에 붙어 있는 경우, 공략방법이 쉽지 않을 때가 있다.

이때는 하는 수없이 수구를 코너를 향해 입사시켜 투쿠션 걸어치기를 해야 한다. 이때의 기준 회전은 다음과 같다.

첫째, 수구가 1포인트 아래에 있을 때는 2팁 회전을 준다.

둘째, 수구가 1포인트에 있을 때는 1팁 회전을 준다.

셋째, 수구가 1포인트 위에 있을 때는 0팁을 준다.

이러한 형태의 공략은 그림의 아랫부분과 같은 형태로 자주 나타난다. 마찬가지로 투쿠션 걸어치기 공략을 해야 하는데, 이때에 수구에 어느 정도의 팁을 주어야 하는지를 결정하기가 쉽지 않다. 이때에는 그림의 음영 부분에서와 같은 아주 작은 당구대를 생각하면 된다. 즉,

1포인트의 단쿠션과 2포인트의 장쿠션으로 이루어진 작은 당구대를 생각하면, 1적구가 당구대의 정중앙에 놓여 있고, 수구는 단쿠션의 가운데에서 출발하는 셈이 된다. 따라서 1팁 회전을 주고 수구를 빠르게 코너를 향하여 입사시킨다.

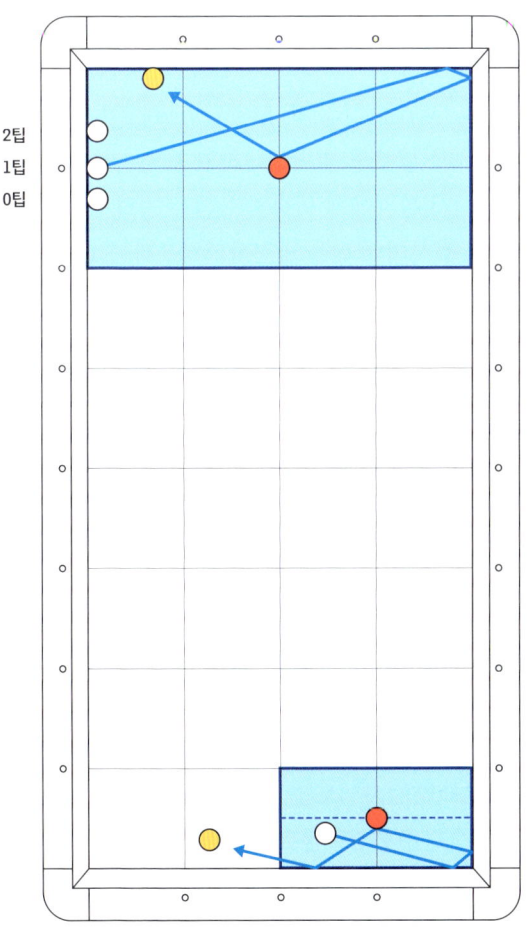

65

접시 기준점

접시는 역회전으로 원쿠션 꺾어치기라고 할 수 있다. 이역시 빈쿠션이어서 필자에게 익숙하지 않는 공략법이었다. 하지만 역시 접시의 패턴을 발견하고서부터는 1적구가 쿠션으로부터 멀리 떨어져 있더라도 겁내지 않고 접시를 시도하곤 한다. 물론 성공률은 높은 편이다.

접시를 치는 가장 일반적인 배치는 수구가 맞은편 코너에 위치해 있고, 1적구가 대각선 코너 쪽에 위치해 있는 경우이다. 이때 수구에 일반적으로 2팁 역회전을 준다. 기본적인 패턴은 다음과 같다.

첫째, 수구가 코너에서 출발하는 경우, 1적구와 코너의 거리와 동일한 거리의 장쿠션을 향해서 수구를 비교적 빠르게 보낸다(코너 출발할 때는 1 대 1 비율).

둘째, 수구가 단쿠션 1포인트에서 출발하는 경우, 1적구와 코너의 거리에 두 배 곱해진 거리의 장쿠션 포인트를 향해 입사한다(단쿠션 1포인트 출발할 때는 1 대 2 비율).

셋째, 수구가 단쿠션 2포인트에서 출발할 때는 경우에는 1 대 2.5 비율의 지점을 향해 입사한다.

넷째, 수구가 단쿠션 2.5포인트에서 출발할 때는 1 대

3 비율이 되는 지점의 장쿠션을 향해 입사한다.

다섯째, 수구가 단쿠션 3포인트에서 출발할 때는 무회전으로 1적구를 맞히는 지점과 거의 비슷한 지점을 겨냥한다.

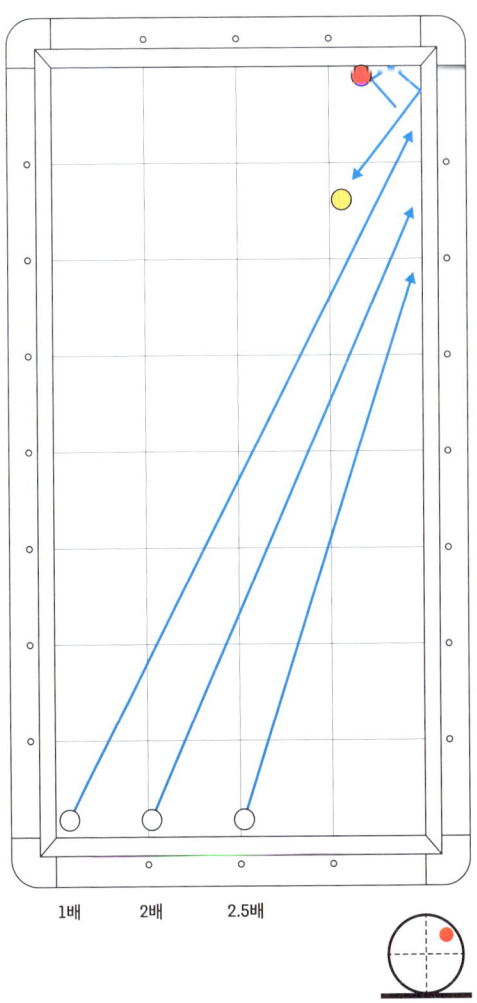

66

1. 엄브렐러 경로 1
(수구 50 출발)

1적구가 쿠션에서 많이 떨어져 있는 경우에는 투쿠션 구멍치기나 투쿠션 걸어치기라고 하지 않고, 엄브렐러 시스템이라고 부른다. 그리고 많은 책에서 다양한 종류의 엄브렐러 시스템을 소개하고 있다. 하지만 많은 사람들이 엄브렐러 시스템을 적용하기 어렵고, 잘 맞지도 않는다고 불평하곤 한다.

필자는 엄브렐러 형태의 배치를 전통적인 파이브 앤 하프 시스템을 적용하여 공략하는 것이 훨씬 정확성이 높다는 점을 발견하였다. 다만, 이때에는 수구의 출발 위치가 중요하다. 수구가 어디에서 출발하느냐에 따라 두 번째 쿠션에서 세 번째 쿠션으로 진행되는 각도가 다르기 때문이다.

수구가 진행하는 경로를 명확하게 이해할 필요가 있다. 크게 보아 두 가지의 경우로 나누는 것이 좋다.

첫째는 수구가 코너 50에서 출발하는 경우이다. 이때 수구의 경로는 두 번째 단쿠션 포인트와 세 번째 장쿠션 포인트가 일치하는 방향으로 진행한다.

그림에서 1적구는 장쿠션 20 선에 놓여 있다. 파이브 앤 하프 시스템에 의하면 수구를 맞은편 장쿠션 30으로 보내면 엄브렐러를 성공시킬 수 있다.

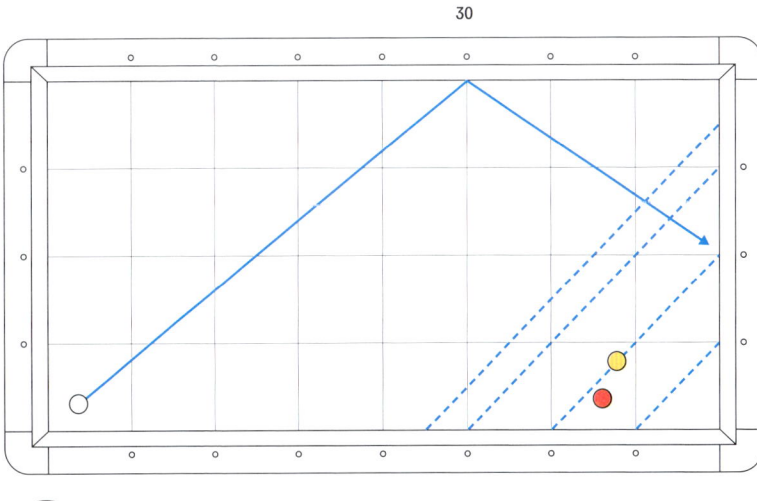

2. 엄브렐러 경로 2
(수구 30 출발)

수구가 장쿠션의 가운데인 30선에서 출발하는 경우, 수구의 경로는 달라진다. 이때 수구의 경로는 두 번째 단쿠션 포인트에서 세 번째 장쿠션으로 갈 때 한 포인트 작은 위치로 진행한다.

그림에서 1적구는 앞의 페이지와 동일한 위치에 있지만, 수구가 30에서 출발하기 때문에 다른 경로 선상에 놓이게 된다. 즉, 20이 아니라 17포인트로 향하는 경로선에 얹혀 놓아야 한다. 따라서 13의 포인트를 향해 수구를 보내야 한다.

똑같은 엄브렐러 형태의 공을 놓고 수구가 50에서 출발할 때와 30에서 출발할 때를 비교하여보라. 상이한 트랙선(경로)으로 인하여, 똑같은 파이브 앤 하프를 적용해도 2~4포인트 정도 차이 나는 것을 알 수 있을 것이다. 비록 작은 차이이지만, 공 한두 개 차이로 성공과 실패가 결정되는 엄브렐러 형태에서는 대단히 중요한 차이인 것이다.

수구가 50이나 30이 아닌 다른 위치에서 출발할 때에는 이를 기준으로 하여 적당히 가감하여준다. 수구가 50과 30일 때 조그마한 차이가 있는 것과 같이, 수구가

40이나 45에서 출발하면, 그 차이는 더 적어지기 때문에, 각각 따로 트랙선을 정하기보다는 50과 30의 트랙선만 기억해 두었다가, 적절히 가감해주는 방식을 취하는 것이 바람직하다.

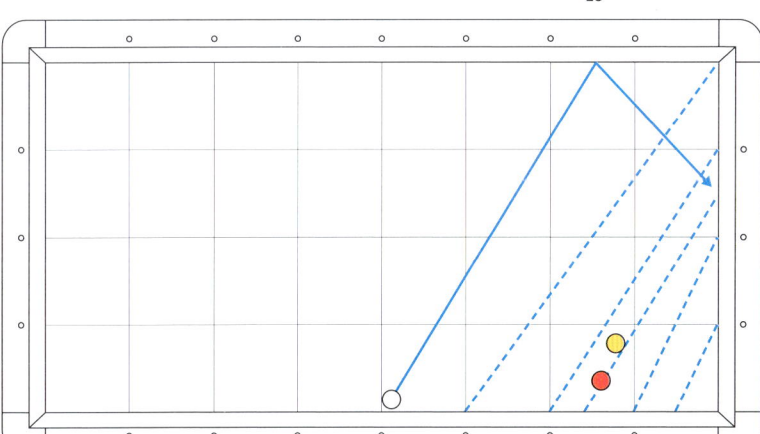

13

67

대칭 투쿠션 구멍치기

투쿠션으로 구멍에 넣는 데에는 엄청나게 단순한 기준점이 있다. 그것을 아는 사람과 모르는 사람은 하늘과 땅만큼 차이가 난다.

여기에서도 기준점은 장쿠션 3포인트이다. 여기에 비밀이 숨겨져 있다. 먼 장쿠션 3포인트에서 칠 때는 떨어뜨리고자 하는 단쿠션의 위치와 동일한 지점의 장쿠션을 치면 된다는 것이다. 얼마나 단순한 대칭인가!!! 여기에 3포인트의 신비함이 있다. 이것이 투쿠션 구멍치기의 비밀이다. 장쿠션 3포인트에서 수구가 출발할 때는 그냥 눈감고 투쿠션 구멍치기를 해도 들어간다. 완전한 대칭이기 때문이다. 물론 이때의 기준은 평범한 2팁이다. 수구의 출발 위치에 따라서 다음과 같이 팁을 조절해준다.

첫째, 수구가 장쿠션 3포인트에서 출발할 때, 2팁으로 구멍 입사 지점과 같은 위치의 맞은편 장쿠션을 겨냥한다.

둘째, 수구가 장쿠션 4포인트에서 출발할 때, 3팁으로 동일한 위치를 겨냥한다.

셋째, 수구가 장쿠션 2포인트에서 출발할 때, 1팁으로 동일한 위치를 겨냥한다.

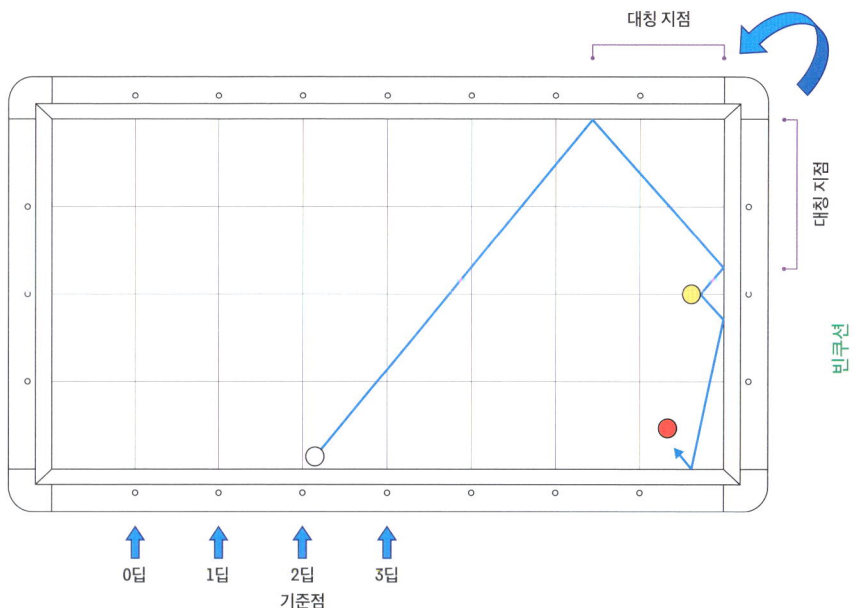

넷째, 수구가 장쿠션 1포인트에서 출발할 때, 무회전으로 동일한 위치를 겨냥한다.

다섯째, 수구가 장쿠션 코너에서 출발할 때, 무회전 하단으로 동일한 위치를 겨냥한다.

이러한 대칭이 적용되는 한계도 당연히 존재한다. 1적구가 단쿠션의 코너에서부터 2.5포인트 정도에 위치했을 때는 위의 기준이 비교적 정확하지만, 3포인트를 넘어서면 적당히 조절해주어야 한다.

절반 투쿠션 구멍치기

투쿠션 구멍치기를 할 때, 수구가 바깥 정사각형 위치에 있지 않고, 적구와 같은 정사각형 내에 있을 때는 각을 잡는 다른 기준점이 요구된다. 이때에는 대칭점을 찾기보다는 단쿠션 위치의 절반에 해당되는 지점을 찾는 것이 현명하다. 먼 곳에서 출발할 때는 같은 위치의 대칭점이었으니, 가까운 곳에서 출발할 때는 절반 위치를 찾는 것이 당연한 일이다. 앞에서와 마찬가지로 수구에 어느 정도의 회전을 줄 것인가는 수구의 출발 위치에 의해 결정된다. 다음과 같이 간략하게 정리할 수 있다.

첫째, 수구가 장쿠션 3포인트에서 출발할 때는 0팁
둘째, 수구가 장쿠션 2포인트에서 출발할 때는 2팁
셋째, 수구가 장쿠션 1포인트에서 출발할 때는 3팁

단순한 기준이다. 이렇게 단순한 기준을 가지고 투쿠션 구멍치기를 부지런히 연습해서, 자기 것으로 만들어야 한다.

대칭 지점
절반 위치

대칭 지점

0팁 2팁 3팁

100개 패턴

❸

69

코너로 향하는 긴 구멍치기

위쪽 그림에서와 같이 단쿠션에 근접한 적구의 구멍을 치면 보통 맞은편 장쿠션 3포인트를 향하여 진행한다. 따라서 2적구가 3포인트에서 4포인트 사이에 약간 떠 있으면, 단쿠션 적구를 구멍으로 치면 득점 확률이 상당히 높아진다.

마찬가지로 장쿠션에 근접한 적구의 구멍을 치면 대부분 장쿠션의 5포인트를 향하여 진행한다. 이보다 길게 떨어지게 하려면 특별한 변화를 주어야 한다.

이때에 수구의 위치에 따라 적당한 회전이 중요하다. 수구가 코너에 있을 때는 무회전 상단이 적당하다. 수구가 장쿠션 1포인트에 있을 때는 1팁 상단이 적당하며, 수구가 장쿠션 2포인트에 있을 때는 2팁 상단이 적당하고, 수구가 장쿠션 3포인트 위에 있을 때는 3팁 중단이 적당하다.

이때 수구는 비교적 빠른 스피드를 가지고 구멍으로 들어가는 것이 효과적이다.

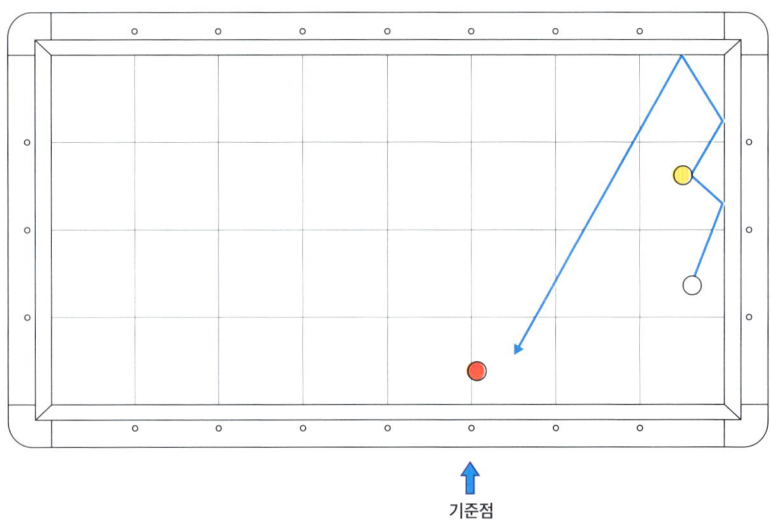

기준점

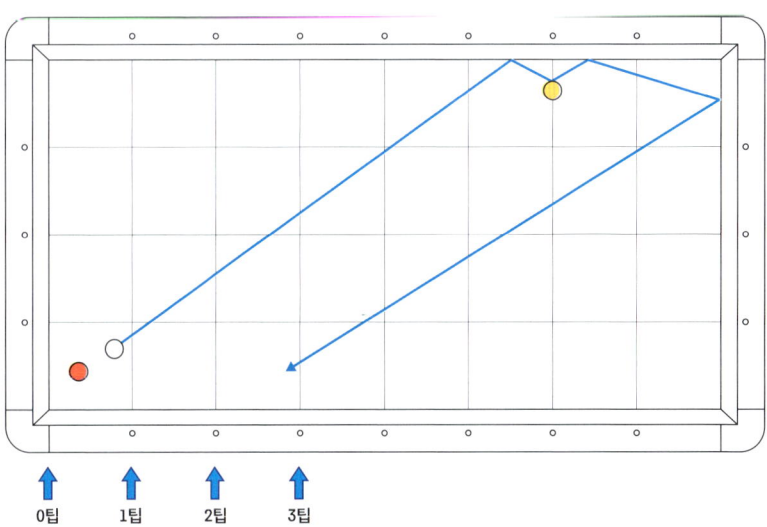

0팁　1팁　2팁　3팁

스피드에 관하여

스피드가 스트로크보다 더 중요하다.

앞에서는 1적구와 수구의 관계에 따라 형성되는 수구의 진행 경로에 대해서 주로 살펴보았다. 그런데 수구의 경로에 변화를 가져오는 또 하나의 중요한 요인이 바로 수구의 스피드이다. 수구를 빠르게 보내면 짧아진다거나, 수구를 느리게 보내면 수구가 쳐지면서 길어진다는 이야기를 쉽게 들을 수 있다. 그런데 거꾸로 바깥돌리기를 할 때 수구를 너무 느리게 보내면 수구가 세 번째 쿠션에서 툭 떨어져서 짧아진다고 말할 때도 있다. 따라서 바깥돌리기를 해서 길게 뽑을 때는 수구에 스피드를 가해야 한다고 이야기하기도 한다.

이렇게 다양한 이야기를 듣다 보면 아마추어들은 헷갈리게 된다. 스피드를 주면 길어진다는 건가 아니면 짧아진다는 건가? 확실하게 이론이 정립되지 않는 경우, 스피드에 대한 자신감이 없어지고, 수구를 적당한 스피드로 보내게 되어 실패하곤 한다. 따라서 스피드의 효과에 대해서 명확하게 이해하고, 스피드의 조절을 명확하게 구사하는 것이 중요하다. 물론 이때에도 스피드의 효과는 공이 서 있는 패턴에 따라 달라진다. 그렇기 때문에 스피드의 효과와 공의 패턴을 연결지어서 이해하고 구사해야 한다.

먼저 스피드의 기본적인 효과부터 명확히 할 필요가 있다. 수구의 스피드는 두 가지 측면에서 효과를 가져온다. 첫 번째는 수구와 1적구가 부딪힐 때의 효과이다. 수구와 1적구가 빠르게 부딪히면 일반적으로 분리각이 넓어진다. 즉, 수구는 짧은 각을 형성하면서 진행한다는 말이다.

두 번째 효과는 수구가 쿠션에 부딪힌 때의 효과이다. 수구가 빠르게 쿠션에 부딪힐 때에는 회전을 충분히 먹지 않고 반사되어 나온다. 따라서 수구가 쿠션에 부딪혔을 때, 스피드의 효과는 수구와 쿠션의 입사각에 의해 결정된다. 둔각으로 쿠션에 입사하는 수구가 빠를 때에는 수구는 길게 진행되고, 예각으로 입사할 때 수구가 빠르게 진행하면 짧아진다는 것이다. 이러한 두 가지 원리를 명심하고 스피드의 효과를 공의 패턴에 따라 이해하고 구사하려고 노력해야 한다.

70

스피드: 빠르게 길게 – 둔각

수구의 스피드는 수구의 회전이 쿠션에서 얼마나 충분히 먹는가를 결정한다. 스피드가 빠를수록 회전을 먹기보다는 튕겨져 나온다. 이를 보통 회전을 먹을 시간이 없다고 표현하곤 한다. 수구의 스피드가 느리면 튕겨져 나오기보다는 회전의 힘이 쿠션에서 충분히 작용하면서 진행한다. 이러한 원리를 사용하여 수구를 길게도 치고 짧게도 칠 수 있다.

먼저 45도보다 넓은 각인 둔각의 경우 빠르게 수구를 진행시키면 수구는 길게 진행한다. 그림의 왼편은 코너를 도는 제각돌리기에서 빠르게 돌려서 길게 뽑는 경우이며, 오른편은 하단으로 대회전을 칠 때, 빠르게 쳐서 길게 뽑는 경우이다.

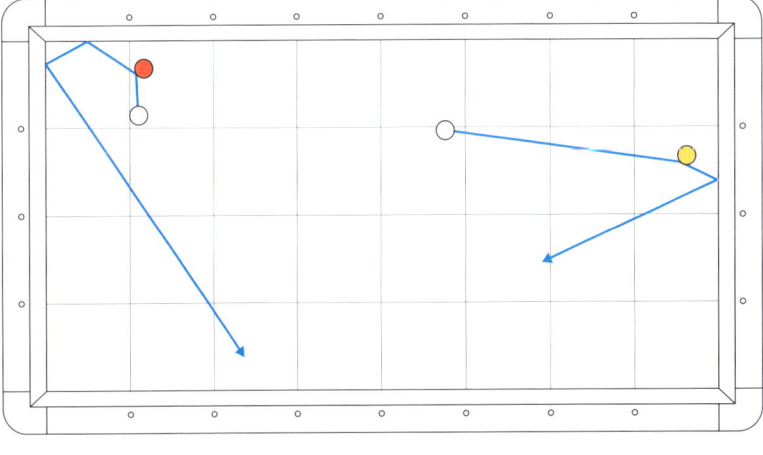

스피드: 빠르게 짧게 - 예각

45도보다 좁은 각인 예각의 경우 빠르게 수구를 진행시키면 수구는 짧게 진행한다. 왼쪽의 그림은 제각돌리기에서 빠르게 돌려서 짧게 떨어뜨리는 경우이다.

그림의 오른편은 비껴치기를 할 때 수구를 빠르게 전진시켜 짧게 떨어뜨리는 방법이다. 비껴치기는 스피드의 조절에 의해 길게 또는 짧게 수구를 진행시키기에 용이한 형태이다.

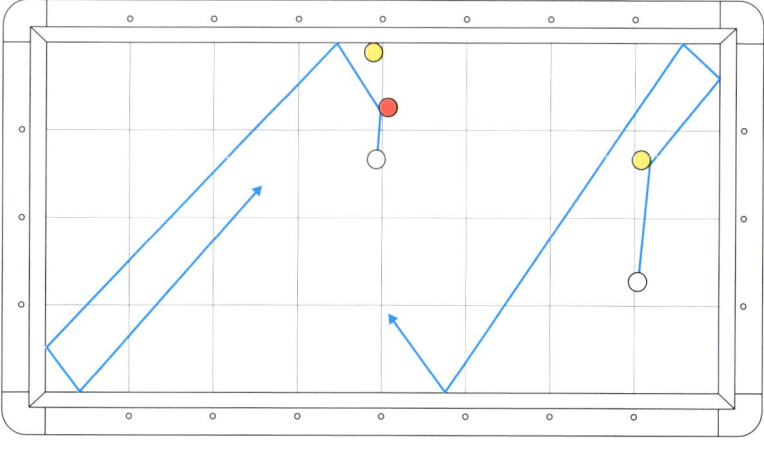

스피드: 느리게 짧게 - 꼬미

2적구가 쿠션에 근접해 있는 경우 수구의 회전을 극대화시키면 2적구를 맞힐 확률이 높아진다. 이때 1적구를 두툼하게 맞혀서 회전력을 배가시키고, 수구의 진행은 느리게 하여 쿠션에서 회전의 작용을 최대화시킨다. 이를 꼬미라고 한다. 이때 수구의 스피드가 빠르게 되면 두 번째 쿠션에서 회전을 충분히 먹지 못하게 되어 수구가 길게 진행된다. 그리고 1적구를 얇게 맞히면 세 번째 쿠션에서 회전이 충분히 먹지 못한다.

투바운딩을 칠 때도 마찬가지이다. 많은 동호인들이 수구의 전진력을 높이기 위해 세게 치는데, 이렇게 되면 수구의 스피드가 빨라져서 쿠션에서 전진회전력을 먹을 시간이 없게 된다. 쿠션과 쿠션 사이에서 전진회전력이 먹어 수구에 곡구 현상이 나타날 수 있도록 빠르지 않게 쳐주어야 투바운딩이 성공한다.

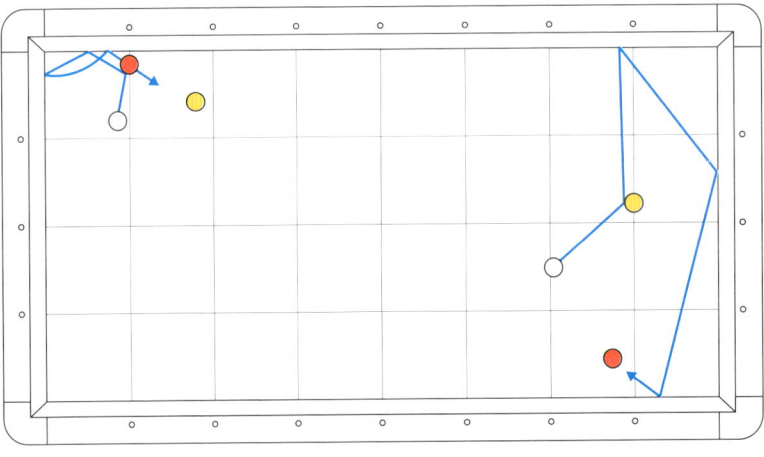

73

스피드: 느리게 길게
– 긴 안돌리기

1적구가 단쿠션에 근접해 있고 수구가 멀리 위치해 있을 때, 수구를 빠르게 쳐서 길게 안돌리기를 하면 짧게 각이 형성되거나 아니면 지나치게 길게 각이 형성되어 실패하곤 한다. 이는 수구가 1적구를 맞고 둔각이 형성되는데다가 스피드가 살아 있어서 짧아지는 것이다. 1적구를 맞고 예각이 형성되면, 수구는 엄청 길어진다.

이때의 관건은 수구의 스피드를 빠르지 않게 가지고 가야 한다는 것이다. 그래야만 첫 쿠션에서 회전을 준 대로 먹어서 원하는 위치로 수구가 진행한다.

오른쪽 그림과 같이 코너에 가까우면 스피드의 효과가 더욱 심하게 발생한다. 이때에 빠르게 안돌리기를 하면 생각보다 많이 짧아지고, 느리게 안돌리기를 하면 생각보다 많이 길어진다. 원하는 방향으로 보내기 위한 스피드를 정립하기 위해서는 부단히 연습하여야 한다.

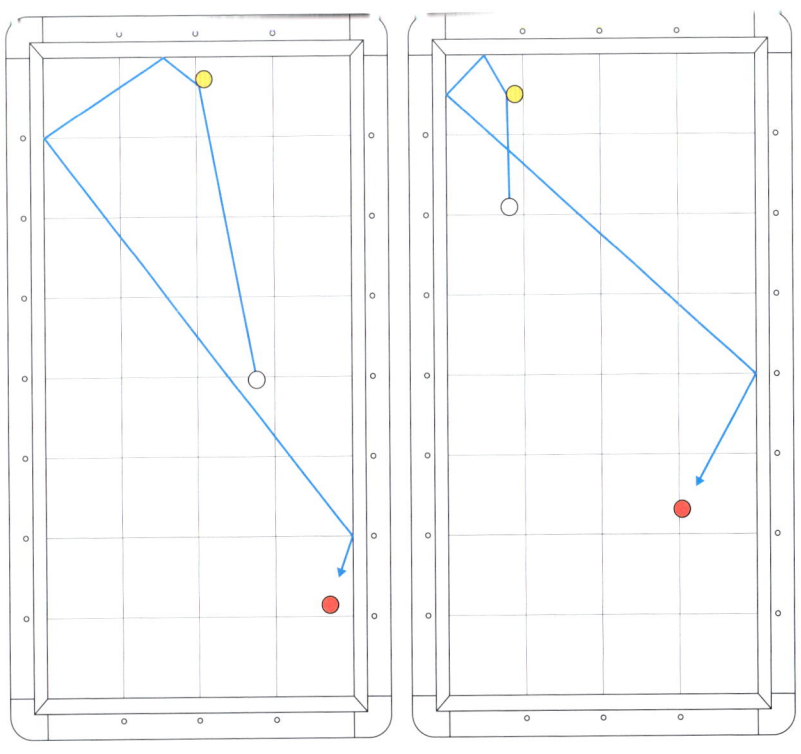

74

스피드: 느리게 회전 죽이기

수구를 느리게 진행시키다 보면, 세 번째 쿠션에서 회전이 풀려서 공이 죽어서 나오는 경우가 많다. 이러한 현상을 이용하여 쿠션에서 멀리 떨어져 있는 2적구를 맞히는 확률을 높이는 경우가 많다.

대표적인 것이 왼쪽 그림의 짧은 바깥돌리기의 경우이다. 회전을 적당히 주더라도 수구를 느리게 진행하도록 하면, 세 번째 쿠션에서 수구의 회전이 풀려서 큰 각을 형성하지 않는다. 이로써 2적구가 맞을 확률이 높아진다.

오른쪽 그림의 안쪽 돌리기를 길게 치는 경우에도 수구가 세 번째 쿠션에서 회전이 풀리는 경우 상당히 길게 각을 형성하면서 2적구를 맞힐 확률이 높아진다. 수구의 스피드가 끝까지 살아 있는 경우, 코너를 돌아서 나오면서 득점에 실패하곤 한다.

이와 반대로 2적구가 쿠션에 근접해 있을 때 수구의 회전을 끝까지 살려주는 것이 득점할 확률이 높을 때도 있다. 앞에서 본 바와 같이 최대한의 회전으로 움직이게끔 하는 꼬미가 그러한 경우이다.

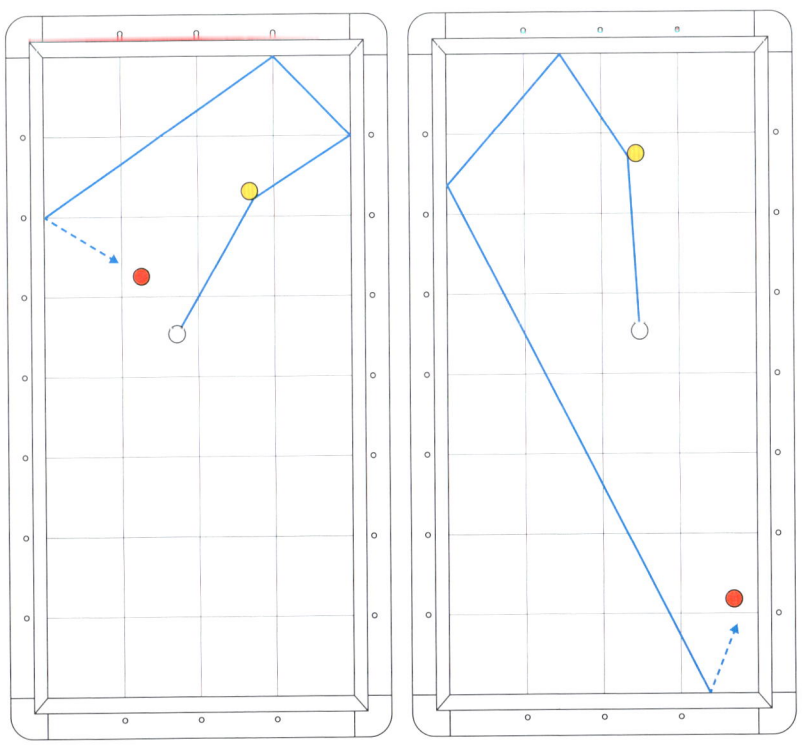

75

스피드: 빠르게 전진력 죽이기

수구를 빠르게 진행시키되, 1적구를 두툼하게 맞고 나서는 수구의 전진력이 최소화되게끔 치는 방식이다. 이를 일명 데드볼(dead ball)이라고도 한다. 수구를 무회전으로 빠르게 치되, 큐를 밀어주지 말고 간결하게 끊어쳐서(큐를 잡아주어), 수구가 1적구를 두툼하게 맞음과 동시에 모든 전진력을 1적구에게 실어 보내는 것이다.

수구를 죽여치기 위해서 큐를 평소보다 짧게 잡고 치는 것이 효과적이다. 큐를 길게 잡으면 평소처럼 밀어주게 되어 수구에 전진력이 많이 실린다. 이에 비해 큐를 짧게 잡고 치면, 평소보다 큐가 조금 나가고 또한 큐의 무게로 인해 발생하는 전진력이 수구에 덜 실리기 때문이다.

그림에서와 같이 2적구가 쿠션에서 비교적 멀리 떨어져 있을 때는 회전이 많이 먹는 꼬미의 득점 확률은 떨어진다. 죽여치기 타법을 구사할 수 있다면, 무회전으로 수구를 보내되 1적구를 두툼하게 쳐서 보내고, 수구는 분리각으로만 진행되도록 하면 자연스럽게 득점에 성공할 수 있다.

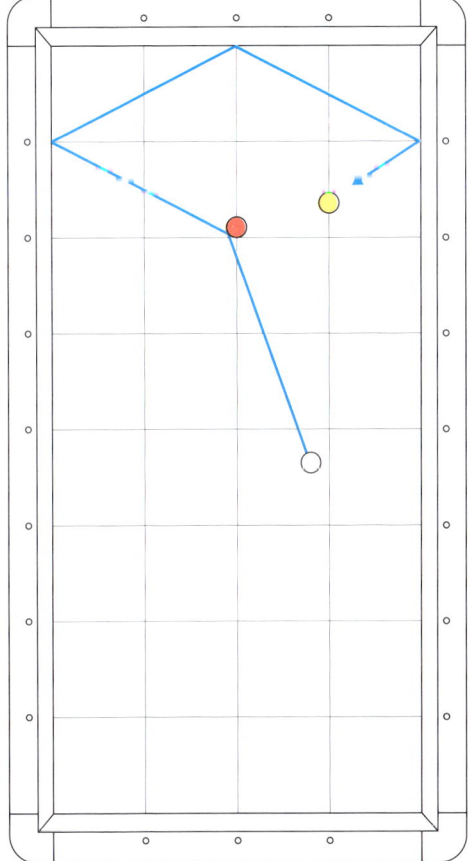

76

스피드: 느림과 빠름의 선택

2적구가 놓여 있는 배치에 따라서 수구의 스피드를 끝까지 살릴 것이냐, 아니면 수구의 스피드를 느리게 해서 마지막 쿠션에서 회전이 풀리게 할 것이냐를 선택해야 하는 경우가 많다.

왼쪽 그림에서 2적구가 코너에서 예각으로 놓여 있는 경우, 수구의 스피드가 어느 정도 있어서 마지막까지 회전이 살아서 역회전을 먹고 네 번째 쿠션에서 솟아올라 와야 한다. 그런데 2적구가 코너에서 둔각으로 놓여 있는 경우에는 수구를 느리게 진행시켜, 마지막 쿠션에서 회전이 풀려서 퍼지게끔 해주어야 맞을 확률이 높다.

그러나 오른쪽 그림과 같이 짧게 비껴치기를 하는 경우, 수구의 스피드를 빠르게 해주면 직접 맞을 수도 있으며, 길게 빠질 경우에도 네 번째 쿠션에서 솟구쳐올라와 맞을 확률이 높아진다.

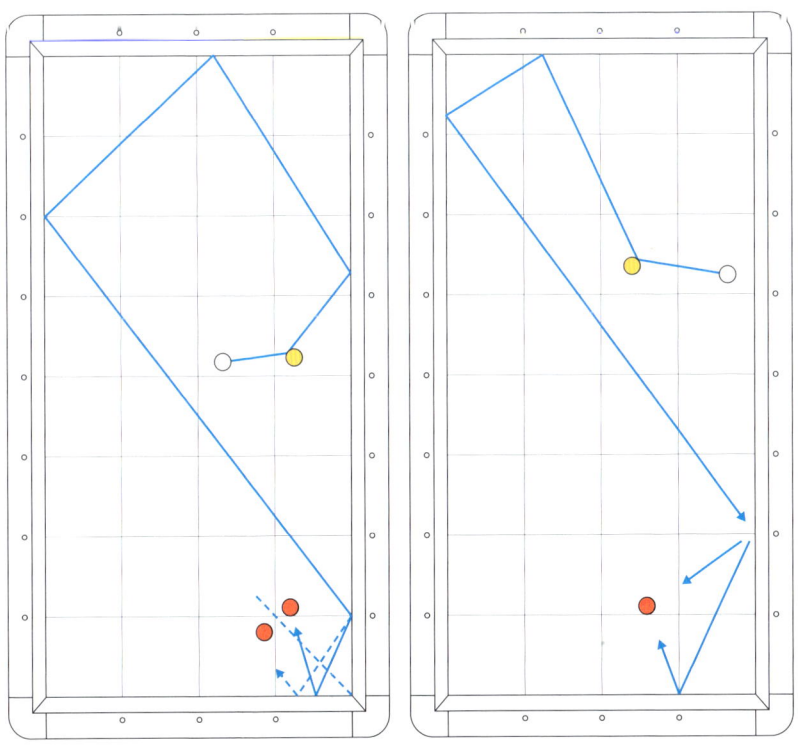

스피드: 구멍

구멍 역시 스피드에 민감한 형태이다. 구멍의 각을 형성하는 요인은 두 가지이다. 첫째는 1적구와 수구의 충돌이며, 둘째는 수구가 세 번째 쿠션에서 얼마나 회전을 많이 먹는가이다. 스피드가 빠를수록 1적구와의 충돌에 의해 많이 꺾이며, 세 번째 쿠션에서 회전을 덜 먹는다. 이러한 점을 고려하여 구멍을 칠 때, 스피드를 조절한다.

[그림 1]에서 수구는 1적구와 충돌할 때 가능한 한 꺾이지 말아야 하기 때문에 최대한 스피드를 느리게 하되, 회전을 하단으로 많이 준다.

[그림 2]에서는 1적구와의 충돌에서는 꺾이고 세 번째 쿠션에서 회전을 먹지 말아야 하기 때문에, 스피드를 충분히 주어서 빠르게 입사시킨다.

[그림 3]에서는 세 번째 쿠션에서 회전을 많이 먹어야 하지만 1적구와의 충돌에서는 각이 꺾여야 하기 때문에 스피드를 어느 정도 주되 하단으로 쳐서 세 번째 쿠션에서 천천히 나오게 한다.

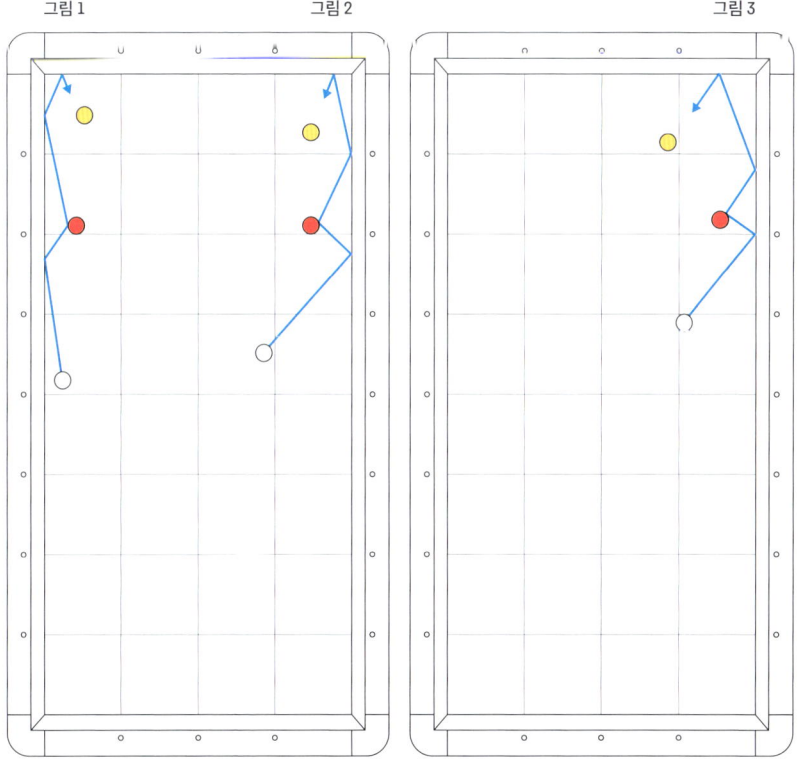

스피드: 접시

접시를 칠 때도 스피드가 관건이다. 접시의 경우 스피드가 빠를수록 많이 꺾인다고 보면 된다. 스피드가 빠를수록 수구와 1적구가 충돌하면서 많이 꺾이고, 스피드가 빠를 수록 코너에서 회전을 먹지 않고 미끄러져나가기 때문이다(그림 1). 스피드를 빠르게 가져가면, 생각보다 1적구를 얇게 맞더라도 수구는 짧게 진행될 수 있다. 그렇기 때문에 1적구를 너무 두껍지 않게 겨냥하여 키스를 피할 수 있다는 점을 고려해야 한다.

접시의 공략에서 길게 각을 형성해야 하는 경우에는 (그림 2), 2적구를 맞을 정도의 힘과 스피드를 이용하여 친다. 스피드가 느리면, 1적구를 맞을 때 각이 덜 꺾이고, 두 번째 쿠션에서 서서 나오고, 세 번째 쿠션에서는 회전이 먹으면서 길게 늘어진다.

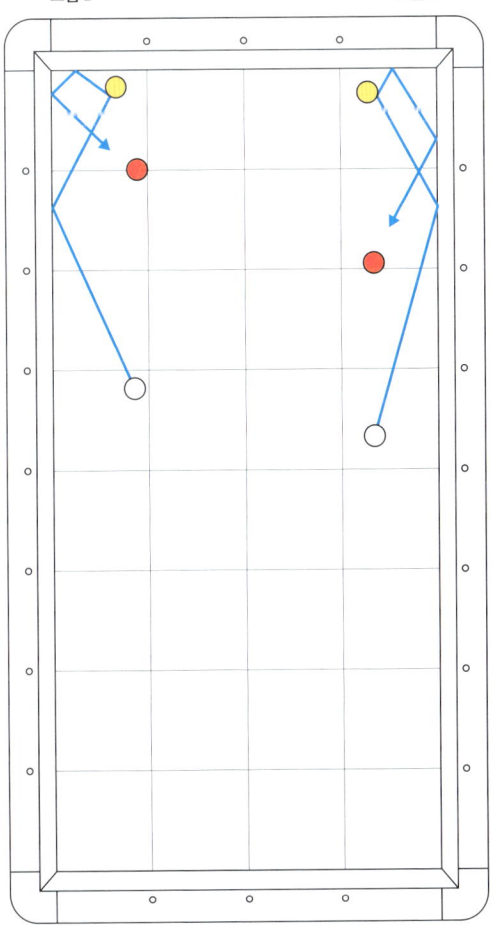

키스에 관하여

1적구의 두께를 정하는 데 있어서
첫 번째 고려사항은 키스를 피하는 것이다.
그렇게 결정된 두께를 전제로 하고서
2적구 방향으로 수구를 보내기 위해
당점과 스트로크가 결정된다.

키스에 의해 3쿠션이 실패할 때, 많은 동호인들이 어이없다는 듯한 제스처를 취하는 경우를 자주 본다. 자기는 잘 쳤는데, 재수가 없어서 득점하지 못했다는 표정이다. 하지만 대부분의 키스는 예상할 수 있다. 3쿠션을 치려는 노력 못지 않게, 키스를 피하려는 노력이 중요하다. 키스가 나면 공격도 안 되지만, 수비도 어긋나버리기 때문이다. 키스를 낸다는 것은 3쿠션 게임의 근본이 흔들린다는 것이다. 따라서 어느 정도 수준에 올라선 동호인이라면 3쿠션을 설계할 때 가장 먼저 키스를 예상하고, 키스의 위험이 있는 경로를 피하거나 예방하는 것이 첫 번째 과제이다.

    키스를 고려할 때 흥미로운 점은, 1적구의 움직임을 늘 관찰해야 한다는 것이다. 1적구는 수구와 반대의 회전을 먹고 움직인다. 하지만 끝까지 반대의 회전으로 움직이지는 않는다. 두 번째 쿠션부터는 대부분 제 회전으로 움인다고 보아야 한다. 즉, 3쿠션을 향하는 수구가 당구대를 진행하고 있는데, 이를 방해하는 다른 공이 당구대를 종횡으로 누비고 있다고 생각해야 한다는 것이다.

    키스의 위험을 방지하는 최선의 방법은 1적구를 수구

의 진행 경로나 2적구가 위치하고 있는 부분으로 보내지 않고, 안전한 영역으로 보내는 것이다. 하지만 공격을 하다 보면 불가피하게 1적구가 수구의 진행 경로와 중복하여 움직이고 2적구 근방으로 진행하는 경우가 발생한다. 이때에는 시간 차이로 키스를 피하거나, 힘 조절로 키스가 나기 전에 수구가 2적구에 도달하도록 구사하여야 한다.

키스 패턴: 바깥돌리기
- 코너 일직선

수구와 1적구가 코너를 향하여 일직선으로 배치되어 있는 패턴의 경우, 바깥돌리기를 하면 키스를 피하기 어렵다. 이때에는 바깥돌리기가 아니라 안돌리기를 구사하는 것이 유리하다. 안돌리기를 구사하기도 어렵다면, 다른 공을 1적구로 공략하는 방법도 고려해야 한다.

    반드시 일직선이 아니라고 하더라도, 어느 정도 일직선의 형태로 배치되어 있으면, 상당히 고심하여야만 키스를 피할 수 있다. 1적구가 거의 움직이지 않을 정도로 얇게 쳐서 제자리에 놓고 키스를 피하는 방법도 있고, 1적구를 두툼하게 쳐서 먼저 내려보내고 수구를 진행시켜 키스를 피하는 방법도 있다. 이 두 가지 방법을 정해 놓고 반복하여 훈련을 해보아야 한다.

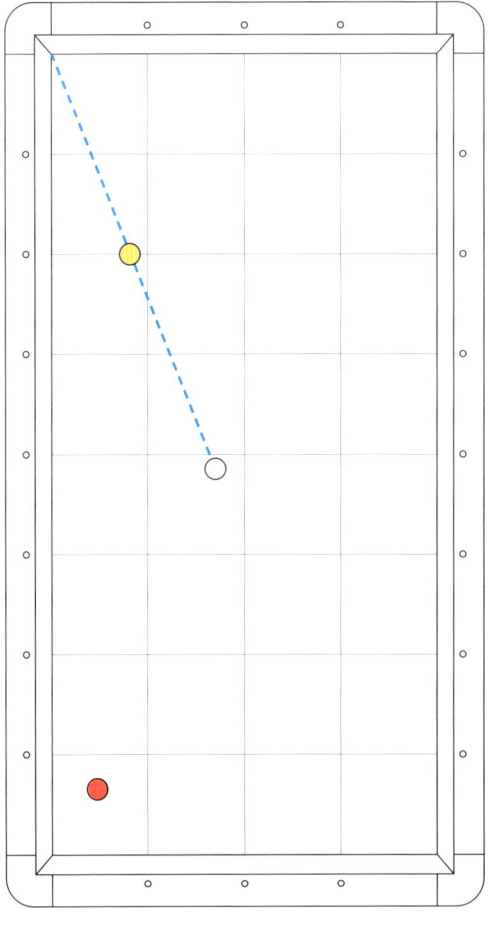

키스 패턴: 바깥돌리기
– 수구 진행선

키스를 판단하기 위해서는 늘 1적구의 움직임을 예의주시해야 한다. 수구를 큐로 치는 것과 마찬가지로, 1적구는 내 수구로 치는 것이다. 1적구의 진행이 내 수구의 진행방향과 겹치는 경우가 있다. 1적구의 진행이 2적구로 향하는 경우도 키스를 피하기 어려운 패턴이다.

    왼쪽 그림에서 1적구를 얇게 쳐서 바깥돌리기를 해야 각이 형성되는데, 얇게 맞은 1적구가 장쿠션의 2.5포인트 근방으로 향해 가는 경우에는 돌아나오는 수구와 키스의 위험이 높다. 보통 바깥돌리기를 할 때 수구는 단쿠션 2포인트와 장쿠션 2포인트를 잇는 선을 타고 움직이는 경우가 많다. 1적구를 이와 같은 수구 선으로 보내면 키스를 낼 위험이 높다.

    오른쪽 그림에서는 1적구를 평범한 두께로 비껴치기를 하면 득점하기 용이한 배치이다. 하지만 1적구는 수직으로 올라가서 단쿠션을 맞고는 곧장 아래로 내려온다. 장쿠션을 타고 내려온 1적구는 같은 지점을 향해 내려오는 수구와 키스가 나거나 그렇지 않을지라도 2적구와 키스가 난다. 이를 피하기 위해 1적구를 두툼하게 쳐서 1적구를 장쿠션에 먼저 맞히는 방법이 있다.

수구가 점선처럼 오른쪽에 위치해 있으면, 1적구를 얇게 쳐서, 1적구가 비스듬하게 단쿠션에 입사되어 아래쪽 단쿠션 2포인트를 향하여 내려오도록 하여 키스를 피할 수도 있다.

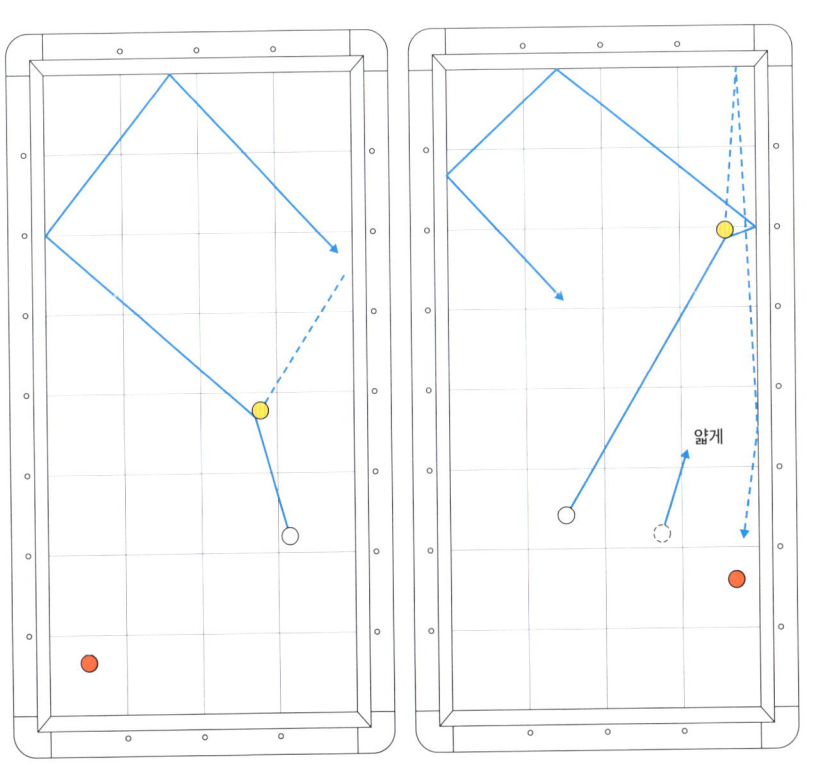

키스 패턴: 바깥돌리기 - 장쿠션 돌기

키스를 쉽게 피할 수 있을 거라고 생각하고 공략하지만, 결국 키스로 이어지는 경우가 많다. 이러한 판단 착오는 두께에 대한 판단 착오에 기인하는 것이다. 나는 분명히 두껍게 친다고 생각하는데, 실제로는 생각보다 얇게 맞는 것이다. 수구는 끌거나 밀거나 하면서 플레이어가 자기도 의식하지 못하면서 원하는 방향으로 보내기 마련이다. 그러나 적구는 끌거나 밀지 못하기 때문에, 수구와 부딪힌 두께 만큼 정직하게 움직이는 것이다. 결국 내가 1적구를 어느 두께로 맞혔는지를 확인하려면, 수구의 움직임이 아니라 적구의 움직임을 보아야 한다.

그림의 예에서도 마찬가지이다. 1적구를 두툼하게 쳐서 1적구를 2적구와 쿠션 사이로 보내려는 의도로 치지만, 1적구가 생각보다 얇게 맞는 경우가 많다. 많은 경우 1적구가 단쿠션 1포인트 안쪽의 코너로 향하게 되고, 코너에서 솟아서 돌아나오면서 수구와 키스하거나 2적구와 키스를 하게 된다. 이때에는 1적구를 두툼하게 치되, 1적구가 단쿠션을 맞고 역회전으로 서서 올라올 수 있을 정도로 강하게 쳐야 한다. 1적구가 적당한 힘으로 단쿠션으로 진행하면 역회전이 강하게 먹지 못하게 되고, 결국 1적구는 단쿠션-장쿠션으로 돌면서 키스를 발생시킨다.

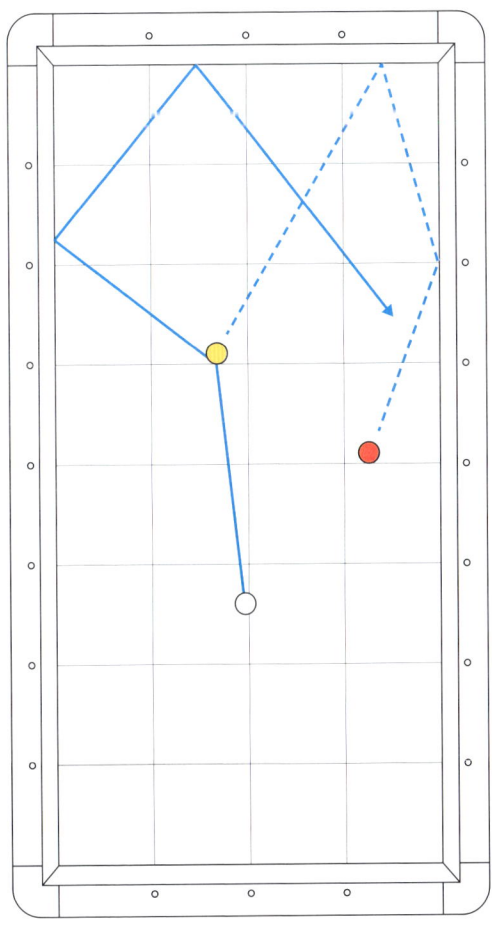

키스 패턴: 바깥돌리기
- 코너 진행

1적구를 두툼하게 쳐서 바깥돌리기를 하는 데 정신을 집중하다 보면, 1적구가 코너를 돌아서 맞은편 코너를 향해 진행하고, 결국 2적구와 충돌할 위험이 있다는 사실을 간과하곤 한다.

　이때에는 1적구를 아주 두껍게 쳐서 1적구를 대회전 형태로 보내거나, 아주 얇게 끌어쳐서 1적구를 장쿠션으로 보내서 키스를 피하거나 하는 방법을 구사해야 한다. 어떠한 방법으로 키스를 피할 것인지를 분명히 결정하고 타석에 들어가야 한다. 이것도 아니고 저것도 아니고 적당히 키스를 피할 수 있겠지 하는 마음으로 타석에 들어가면, 반드시 키스로 이어진다.

　설마가 사람 잡는다는 말이 있다. 수구의 입장에서 보면, 그림에서와 같은 배치는 2적구가 빅볼(big ball, 맞을 확률이 많은 배치)이다. 따라서 대충 쳐도 득점할 수 있다는 생각을 같게 되고, 안이한 자세로 임하게 된다. 하지만 1적구의 입장에서도 마찬가지로 2적구는 빅볼인 셈이다. 1적구가 코너로 향하면 2적구와의 키스를 피하기 어려운 것이다.

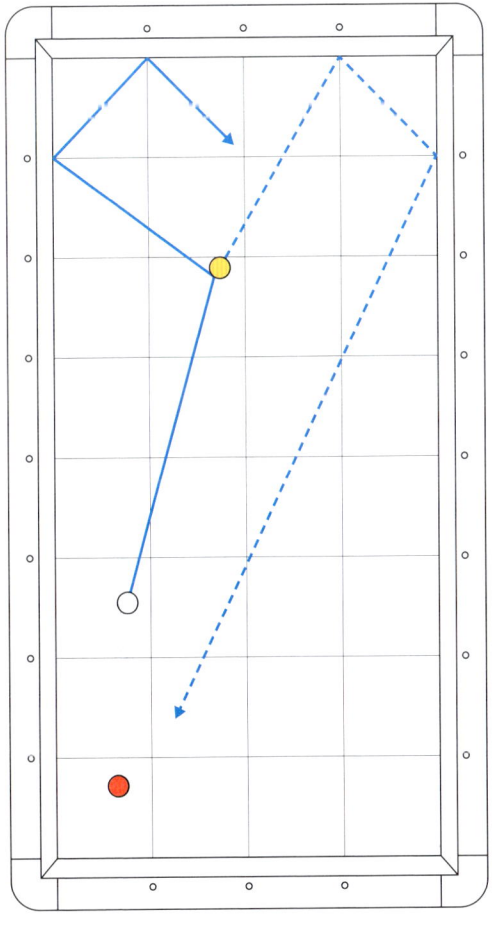

키스 패턴: 안돌리기
- 수구보다 빠른 적구

적당한 두께로 안돌리기를 하는 경우 키스가 나는 경우가 많다. 이때에 안돌리기를 신중하게 잘 구사하기 위해, 수구를 약하게 치는 경우가 많다. 그런데 1적구는 단쿠션-장쿠션의 지름길로 내려오기 때문에 생각보다 1적구가 빨리 내려와서 키스가 난다. 특히 1적구가 쿠션에 가까이 있을 때에는 쿠션의 반발력이 커서 생각보다 1적구가 빠른 속도로 내려온다.

사실 이러한 키스의 위험을 인식하면서도, 내 공이 더 빨리 내려오겠지 하는 막연한 희망적 사고(wishful thinking)에 빠지곤 한다. 그러나 희망적 사고는 희망으로 그치는 경우가 많다. 설마 설마 하다가 게임을 망치게 된다.

이때에도 아주 얇게 1적구를 맞히되 하단으로 쳐서 각을 형성하는 방법이 있으며, 1적구를 아예 두껍게 맞혀서 1적구를 2적구와 코너의 사이로 빠져나가게 치는 방법도 있다.

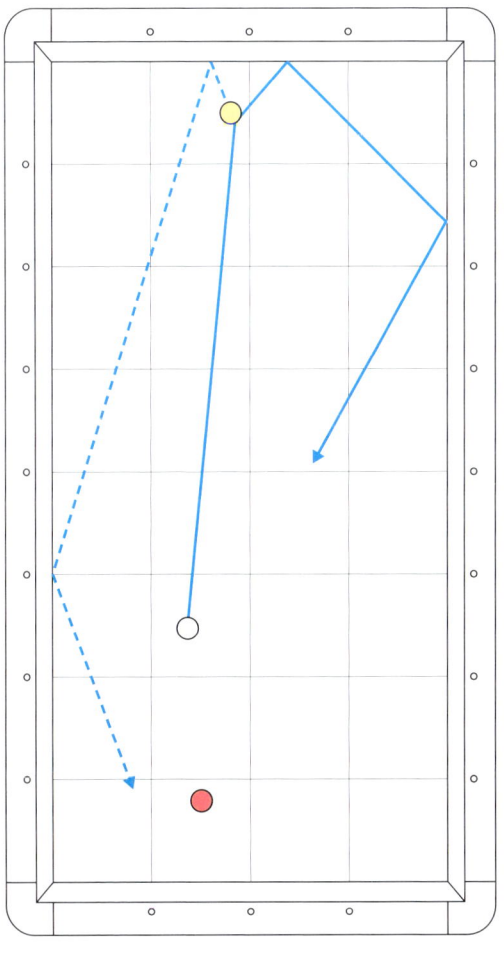

키스 패턴: 안돌리기
- 대회전

키스의 위험이 별로 없는데도, 키스의 위험을 크게 느끼는 경우가 있다. 그림에서 대회전을 구사하더라도, 키스를 쉽게 피할 수 있지만, 동호인들은 종종 키스의 위험 때문에 대회전을 시도하지 못한다.

왼쪽 그림에서와 같이 빨간 공이 단쿠션에 가까이 있을 때는 적당한 두께로 쳐도 무방하다. 빨간 공은 오른쪽으로 회전이 먹기 때문에 장쿠션에 맞고 역회전이 걸리면서 코너를 돌지 못하고 장쿠션에서 장쿠션으로 왔다 갔다 할 가능성이 높기 때문이다.

하지만 오른쪽 그림에서와 같이 빨간 공이 노란 공과 같은 선상에 있을 경우에는 조심해야 한다. 빨간 공을 얇게 맞추어서 빨간 공이 장쿠션을 맞고 노란 공보다 위로 올라갈 수 있게 쳐주어야 한다. 다행인 것은 빨간 공에 오른쪽 회전이 걸리기 때문에 직선으로 장쿠션을 향해 진행하더라도, 노란 공 쪽으로 오지 않고 약간 올라가게 되어 키스를 피할 수 있다는 점이다.

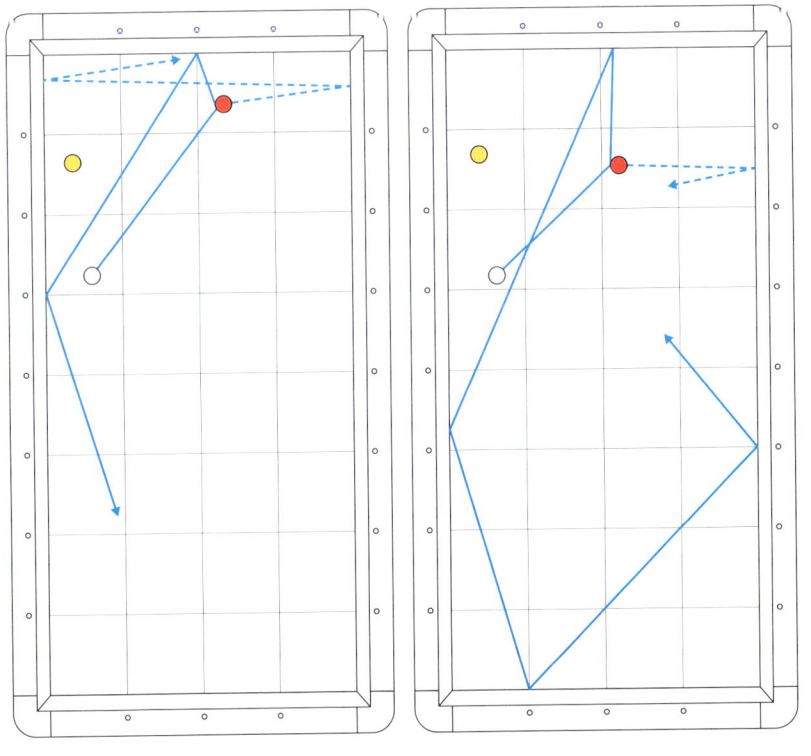

키스 패턴: 안돌리기
- 제각돌기

길게 안돌리기를 하는 경우 1적구가 돌아서 2적구 또는 수구와 키스를 낼 가능성이 있다. 이때 키스가 나는 이유는 무회전으로 수구를 편안한 두께(절반)로 맞히기 때문인 경우가 많다. 키스를 피하기 위해서는, 회전을 조금 더 주고(0.5팁), 1적구를 얇게 맞히는 방법을 구사할 수 있다.

1적구를 아예 두껍게 치면서 무회전 상단으로 수구를 세우는 방법도 있고, 수구에 약간의 역회전을 주는 방법도 있지만, 그다지 권장할 만한 방법은 못된다. 하지만 수구가 멀리 단쿠션 근방에 붙어 있는 경우에는 이러한 선택을 할 수밖에 없는 경우도 있다.

공의 선택을 바꾸어서 1적구를 오른쪽으로 두껍게 맞히어 짧은 바깥돌리기를 구사할 수도 있다. 이때에도 수구와 1적구의 키스를 고려해야 한다. 수구를 약간 끌어주어 진행을 느리게 만들고, 두툼하게 맞은 1적구를 먼저 빠져 나오도록 해주는 것이다. 그리고 이때에는 약간의 회전을 더해주어야 한다. 수구가 살짝 끌리면서 각이 짧아지기 때문이다.

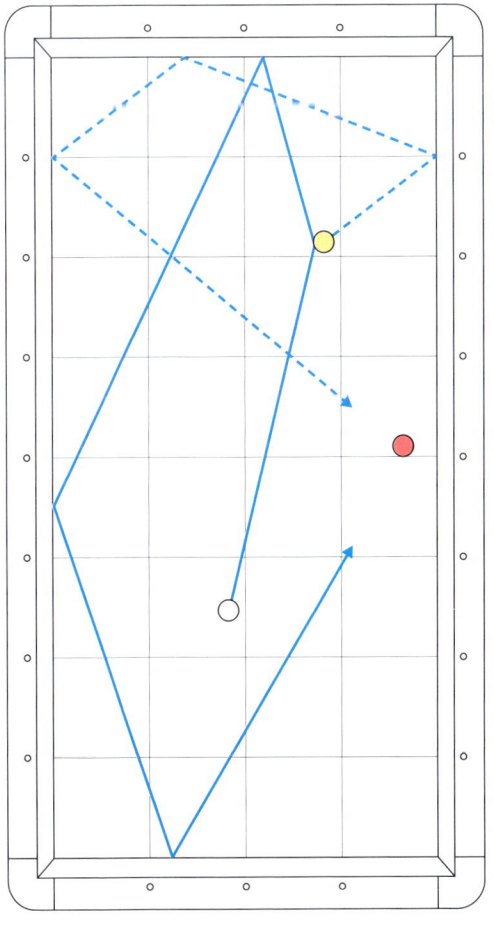

수비와 공격에 관하여

의도적인 수비와 공격은 불필요한 실수로 이어지기 쉽다.
무념무상의 몸에 베어 있는 수비와 공격이 효과적이다.

게임을 하다 보면 수비의 딜레마에 봉착한다. 수비에만 급급하는 것은 비신사적일 뿐만 아니라 스스로를 위축시켜 득점력을 감소시키는 효과를 가져온다. 그렇다고 해서, 수비를 하지 않을 수 없다. 수비에 전혀 신경쓰지 않는 플레이어는 게임 운용을 미숙하게 하는 것이다. 수비를 신경쓰지 않는 선수는 똥 누고 밑을 닦지 않는 것과 마찬가지라는 말을 들은 적이 있다.

공격적으로 3쿠션을 치려고 노력하되, 1적구가 어디로 움직여가는지를 알아야 한다. 수비가 되는 배치인지 아닌지를 알고 공격하는 것은 필수적인 사항이다. 수비가 보장되는 공격이라면 마음을 푸근하게 먹고 안심하고 공격하기 때문에 성공할 확률은 더 높을 것이다. 거꾸로 수비가 보장되지 않는 공격이라면 더 정신을 집중해서 쳐야 한다. 수비가 보장되지 않는 공격을 수행할 때는 수구에 가해지는 힘을 평소보다 약하게 할지 강하게 할지를 결정해야 한다. 수구의 힘을 약하게 해서 2적구 근처에 수구를 보내는 것이 수비에 도움이 될 수도 있고 그렇지 않을 수도 있다. 이것을 잘 판단해야 한다. 오히려 수구의 힘을 약간 더 세게 구사하는 것이 유리할 때도 있다.

수비의 근본은 상대방의 수구를 내 수구와 적구로부터 멀리 떨어뜨려 놓는 것이다. 특히 내 수구를 맞은편 장쿠션 1포인트 선의 중간에 놓는 것이 상대방의 공략을 가장 어렵게 만든다. 거꾸로 나의 공격을 위해서도 장쿠션 1포인트 중간 지점은 좋은 지점이다. 이러한 점을 의식해서 내 수구를 이곳에 보낼 수 있는 연습을 해야 한다.

물론 가장 좋은 수비는 공격이다. 착실하게 포지션을 해가면서 득점을 하는 것이 상대방으로 하여금 득점을 못하게 하는 가장 좋은 전략이다. 그러한 점에서 포지션은 고수에게 중요한 기술이다. 포지션을 고려하지 않는 선수는 운에 맡기고 게임하는 것과 마찬가지라는 말도 들은 적이 있다. 하지만 포지션에 과도하게 신경을 쓰면 오히려 공격력이 위축될 위험이 있다. 차라리 세 개의 공이 당구대 안에 있으면 언제나 득점할 수 있다는 자신감이 더 필요하다.

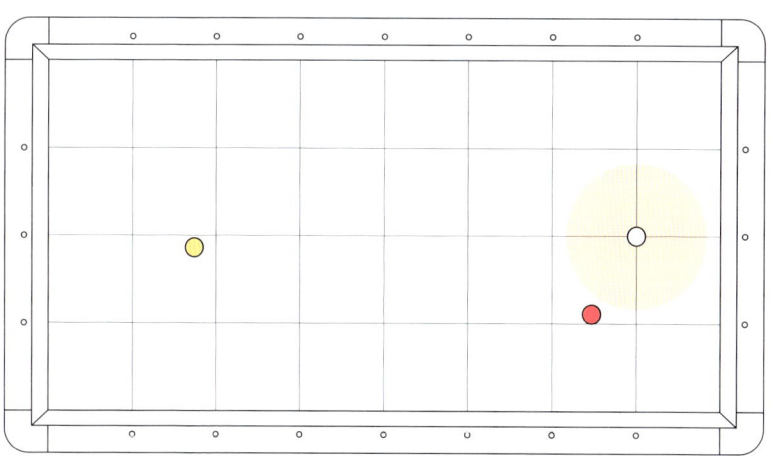

수비 패턴: 안돌리기

상대방의 수구가 단쿠션에 근접해 있을 경우, 안돌리기를 아주 얇게 구사하여 상대방의 수구를 내려오지 않게 하는 방법이다. 이 방법은 포지션으로도 연결되기 때문에 수비와 공격을 겸하는 방법이다. 다만 내 수구에 힘이 너무 약할 경우, 상대방에게 쉬운 빈쿠션을 줄 위험이 있다.

1적구를 얇게 맞히는 것이 관건이다. 충분한 힘으로 쳐서 수구가 맞지 않을 때에도 빨간 공 옆에 멈추지 않고, 단쿠션의 중앙 부근으로 가도록 하는 것이 더 어려운 수비이다.

수구가 왼쪽에 위치하고 있어서 1적구를 얇게 공략하기에 부담스러운 경우에는 차라리 1적구의 왼쪽을 두껍게 공략하는 것도 좋은 방법이다. 수구는 장쿠션에 짧게 떨어져서 서서히 코너로 향하고, 1적구는 대회전을 그리면서 상단 오른쪽 코너로 향한다. 이때 1적구를 조금만 얇게 치면 2적구와 키스가 날 수 있기 때문에 충분히 두껍게 공략해야 한다.

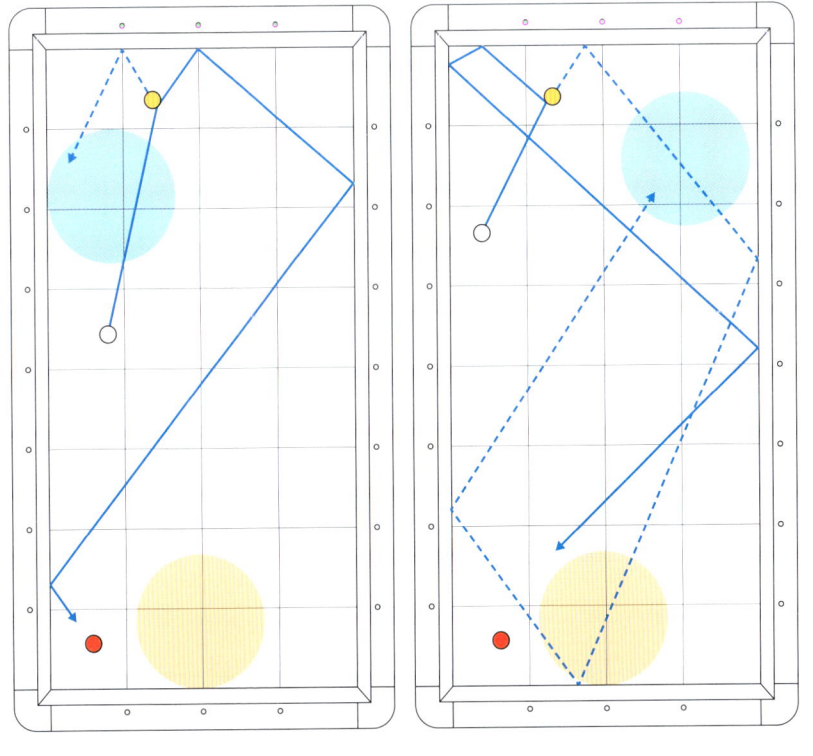

수비 패턴: 바깥돌리기

상대방의 수구를 쳐서 바깥돌리기를 구사하되, 상대방의 수구가 장쿠션의 윗부분에서 내려오지 못하도록 하는 방법이다. 수구에 회전을 충분히 주고 1적구를 얇게 끌어서 치는 방법이다.

이 방법은 상대방의 수구와 내 수구가 키스를 낼 위험이 있다. 이를 피하는 데 초점을 두어야 한다.

1적구의 왼쪽을 두툼하게 밀어쳐서 더블 레일을 시도할 수도 있다. 이 역시 득점 성공률이 높으면서도 득점이 실패하더라도, 상대방의 공이 내려오지 못하여 수비로 이어질 수 있는 공략방법이다.

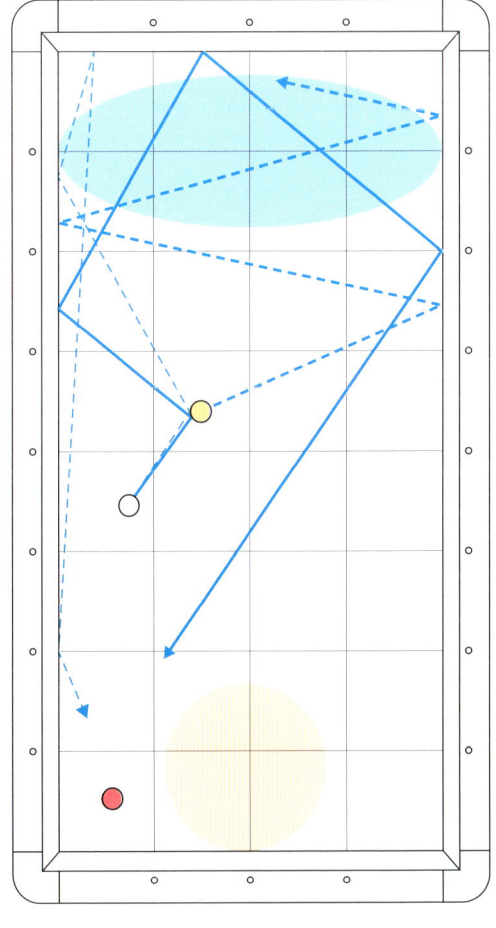

88

수비 패턴: 대회전

상대방의 수구를 1적구로 하여 대회전을 치는 경우 수비로 이어지는 경우가 상당히 많다. 어차피 수구는 반대편의 빨간 공 근처에 있을 것이기 때문이다.

그림의 예는 상대방의 수구를 쳐서 대회전을 구사하되, 상대방의 수구는 점점 더 위로 올라가고, 내 수구는 반대편으로 대회전되어 내려가는 방법이다. 수비만을 염두에 두지 말고, 상대방의 수구를 적당한 힘을 가해 움직이면 공격형 포지션으로도 이어질 수 있다.

빨간 공을 1적구로 하여 대회전을 할 때에는 수구가 2적구에 맞을 정도보다 더 진행되도록 구사하는 것이 유리하다.

대회전을 구사할 때, 가장 조심해야 할 점은 키스가 나지 않도록 쳐야 한다는 것이다. 대회전을 구사하다가 키스가 나면 공격만 실패하는 것이 아니라 수비까지 실패하게 될 위험이 크다.

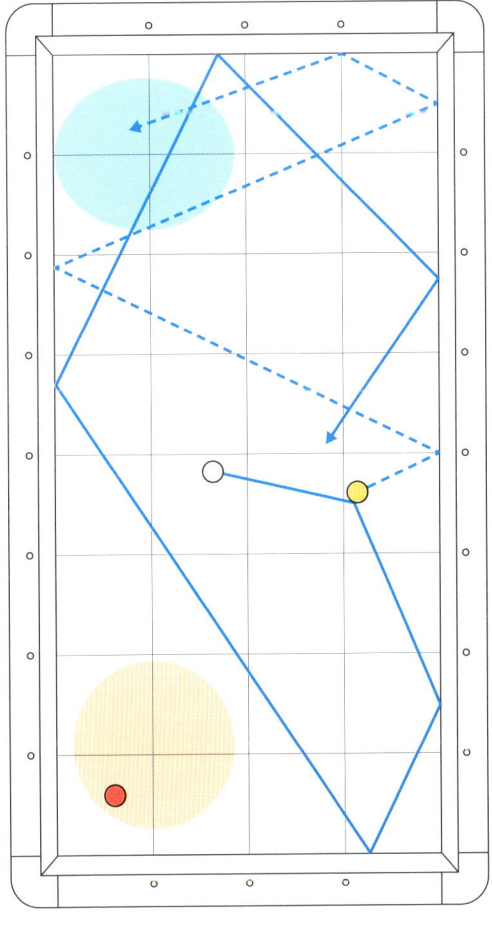

수비 패턴: 안돌리기 대회전

상대방의 수구를 쳐서 안돌리기 대회전을 구사하되, 상대방의 수구는 내려오고 내 수구는 2적구를 향해서 올라가게끔 구사하는 방법이다. 이때 중요한 것은 상대방의 수구가 단쿠션-장쿠션을 맞고 돌아서 내려오도록 진행시켜야 한다는 것이다. 상대방의 수구가 장쿠션-단쿠션으로 진행될 때는 키스의 위험이 높아질 뿐만 아니라 수비 형태도 보장할 수 없다.

이때에 너무 세게 치는 경우, 내 수구가 대회전을 하고 나서 돌아서 내려올 수도 있으며, 상대방의 수구가 하단의 단쿠션을 맞고 위로 올라갈 수도 있다. 2적구를 직접 맞힐 정도의 힘으로 돌리는 경우 공격형 포지션으로 이어질 수도 있다.

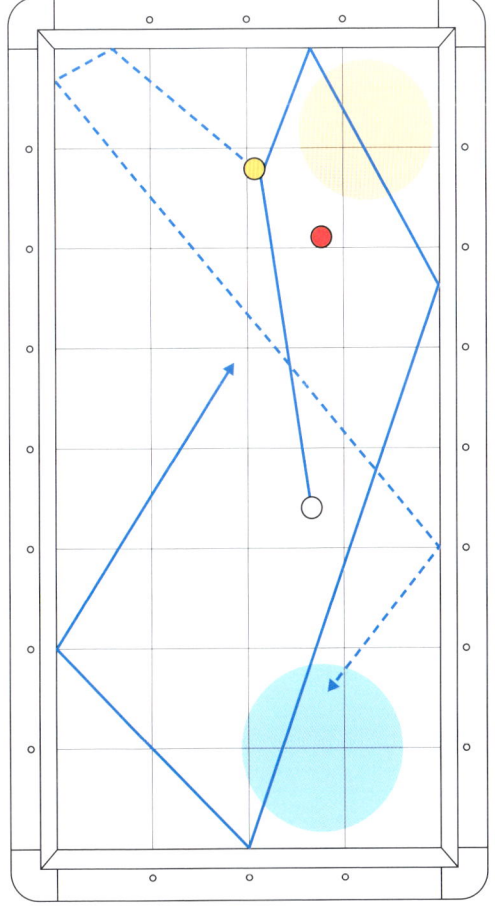

수비 패턴: 더블

더블 형태의 배치는 이미 상대방이 수비를 한 결과인 경우가 많다. 더블 형태를 받았을 때, 더블을 구사하여 수비를 할 수 있다. 상대방의 수구를 세게 쳐서 맞은편 쿠션으로 다시 올라가게 쳐야 한다. 그리고 내 수구는 2적구를 향하여 회전으로 진행되도록 구사하는 것이 안전하다.

빨간 공을 1적구로 선택할 수밖에 없을 때는 적당한 힘으로 쳐서 빨간 공과 내 수구가 상단으로 충분히 올라갈 수 있도록 구사해주어야 한다.

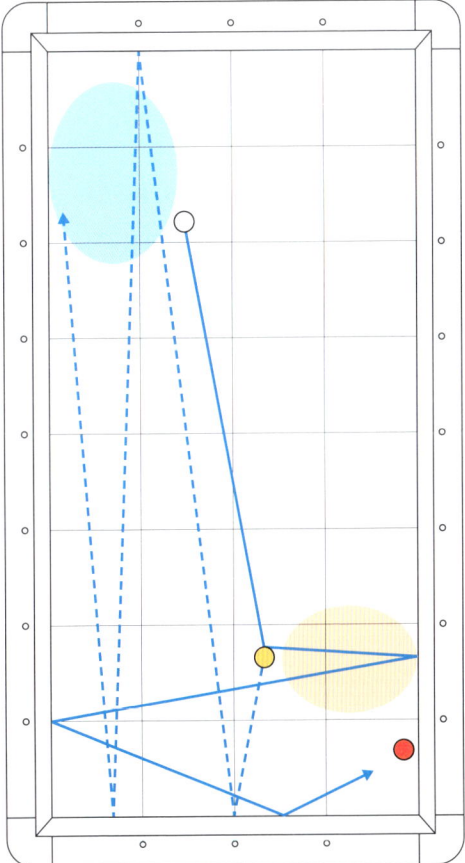

수비 패턴: 비껴치기

길게 비껴치기는 수비를 하기에 용이한 형태의 공략이다.

[그림 1]에서처럼 1적구가 상대방의 수구일 경우에는 2적구에 맞을 정도의 힘으로 비껴치기를 하는 것이 유리하다.

[그림 2]에서와 같이 1적구가 빨간 공일 경우에는 충분한 힘으로 구사하여 수구가 2적구에 맞지 않았을 경우 1적구가 있는 방향으로 올라가게끔 쳐주어야 한다.

그림 1   그림 2

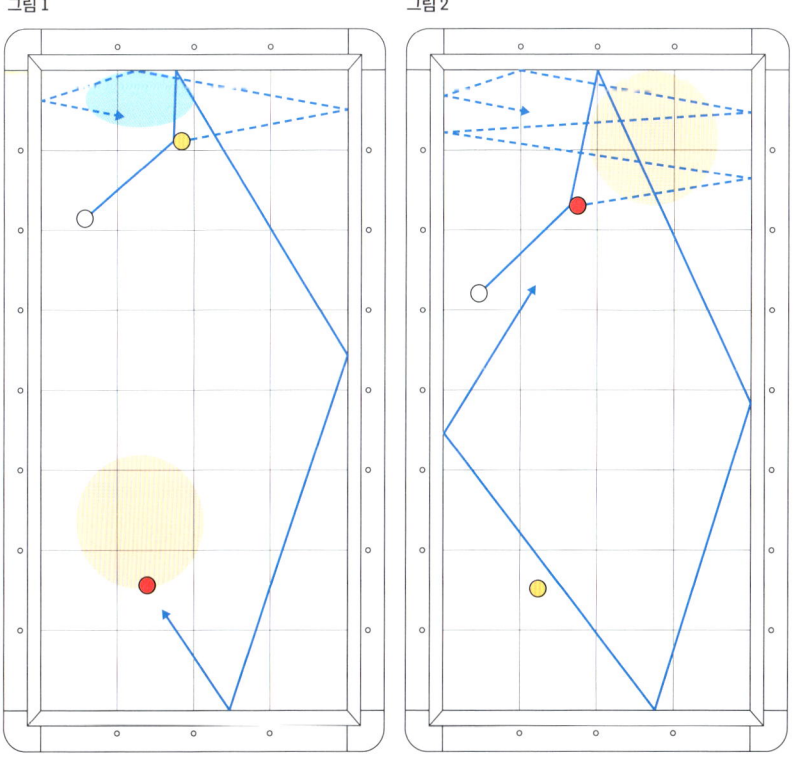

[그림 3]의 경우, 많은 동호인들은 아무 생각 없이 빨간 공을 점선과 같이 안돌리기를 하거나 바깥돌리기를 하여 공략하는 경우가 많다. 하지만 이는 득점 확률이 떨어질 뿐만 아니라 득점되지 않았을 경우 상대방에게 공격 기회를 주어 대량 실점할 위험이 있다. 이 경우에는 상대의 수구인 노란 공을 비껴치기로 공략하는 것이 확실하게 득점할 수 있을 뿐만 아니라(빨간 공이 쿠션에서 조금 떨어져 있어서 빅볼이다), 설혹 득점하지 못할지라도 수비가 보장된다. 이처럼 어느 공을 1적구로 선택할 것인지가 중요하다.

[그림 4]의 경우에도 마찬가지이다. 대부분의 동호인들은 1적구를 두툼하게 쳐서 수구를 끌어서 짧은 안돌리기를 시도하여 점선의 진로를 향해 수구를 보내려고 한다. 이 역시 득점 확률이 떨어질 뿐만 아니라 수비가 보장되지 않는다. 두껍게 맞은 상대방의 수구가 아래로 내려올 수밖에 없기 때문이다. 이때에도 비껴치기가 좋은 선택이다. 노란 공을 비껴치기 하여 수구를 천천히 빨간 공 코너쪽으로 보내면, 득점 확률을 상당히 높힐 수 있다. 뿐만 아니라 득점하였을 경우, 노란 공은 상단의 왼쪽 코너 부근에 위치할 확률이 높다. 이때에는 대회전을 구사할 수 있는 포지션이 나올 가능성이 높다. 즉, 공격과 수비를 겸할 수 있는 선택이 바로 비껴치기인 것이다.

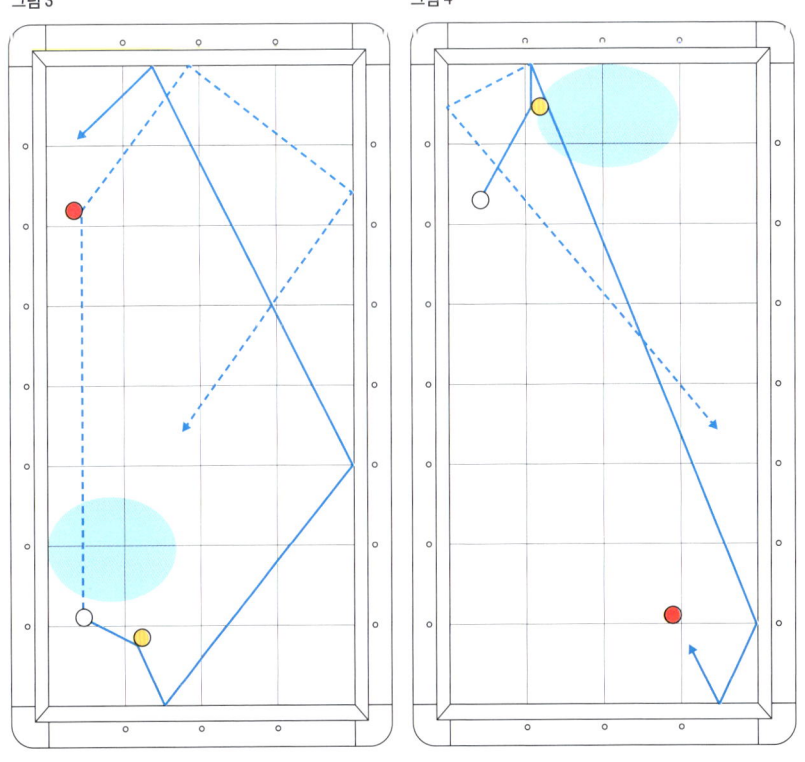

그림 3　　　　　그림 4

수비 패턴: 빈쿠션

빈쿠션을 칠 때에도 적당한 힘 조절로 수비를 보장받을 수 있다. 빈쿠션을 치면서 수비가 되는 유명한 형태의 배치가 아래와 같다.

[그림 1]은 플러스 투 형태의 빈쿠션이다. 종종 빈쿠션을 친다고 해서 정확하게 치려고 천천히 굴리는 경우가 있다. 하지만 이 형태의 배치에서는 수구를 스피드 있게 강하게 진행시켜야 한다. 그래야 맞지 않았을 경우 오른쪽 상단 코너로 진행하게 되어 상대방의 공격을 어렵게 만든다. 그렇기 때문에 플러스 투를 사용하더라도 2팁보다는 맥시멈 회전을 주는 플러스 투를 구사하는 게 유리하다.

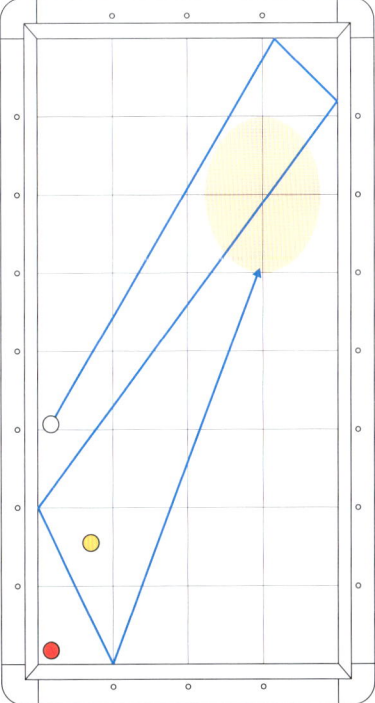

그림 1

[그림 2]는 투쿠션 걸어치기를 시도하다가 1적구를 맞지 않았을 경우 수구가 아래로 내려가도록 친 경우이다. 수구가 내려가기 위해서는 충분한 힘으로 쳐야 하지만, 무엇보다도 수구에 회전을 많이 주는 방식으로 구사해야 한다.

[그림 3]은 투쿠션 걸어치기이지만, 1적구가 빨간 공일 경우이다. 이때에는 1적구를 맞지 않을 경우 수구가 내려가면 안 된다. 따라서 무회전을 주고 걸어치는 방식을 구사하는 것이 유리하다.

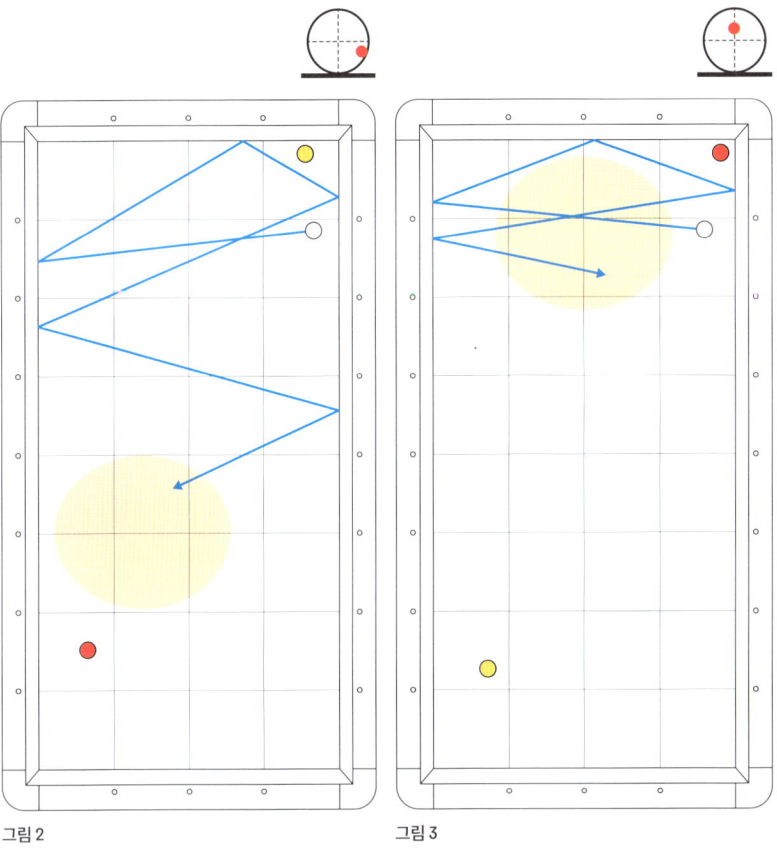

그림 2　　　　그림 3

포지션 패턴: 바깥돌리기 코너

1적구를 적당한 두께로 쳐서 상단의 코너를 돌고 장쿠션 상단 부분으로 되돌아오게끔 구사하는 방법이다. 이때 주의할 점은 1적구를 코너 부분으로 깊숙하게 보내야 한다는 것이다. 그래야 수구와의 키스를 안전하게 피할 수 있다.

이때 수구와 1적구는 거의 같은 스피드로 진행해야 한다. 1적구를 먼저 보내고 수구를 나중에 보내려고 하면 2포인트 근방에서 키스가 날 수 있다. 그렇기 때문에 이러한 형태에서는 하단 당점보다는 상단 당점을 써서 수구와 1적구가 같이 움직이는 기분으로 쳐야 한다.

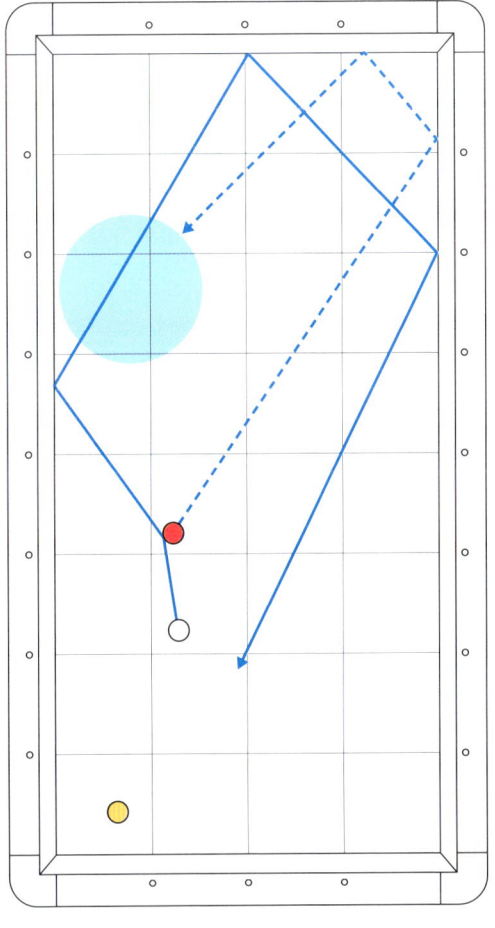

포지션 패턴: 바깥돌리기 다대

1적구를 두툼하게 쳐서 바깥돌리기를 하고, 1적구는 다대 형태로 다시 장쿠션 위치로 되돌아가는 방법이다.

이때 1적구가 단쿠션-단쿠션을 맞고 오른쪽 코너로 향하는 경우도 있다. 이때에는 대회전 위치가 형성되어 좋은 포지션으로 연결될 수도 있다.

주의해야 할 점은 1적구와 수구가 같은 스피드로 움직이면, 수구가 2적구를 향하여 내려오다가 키스가 날 위험이 있다는 것이다. 수구보다 1적구의 움직임을 빠르게 보내주고, 수구는 나중에 내려오는 방식을 취하는 것이 바람직하다.

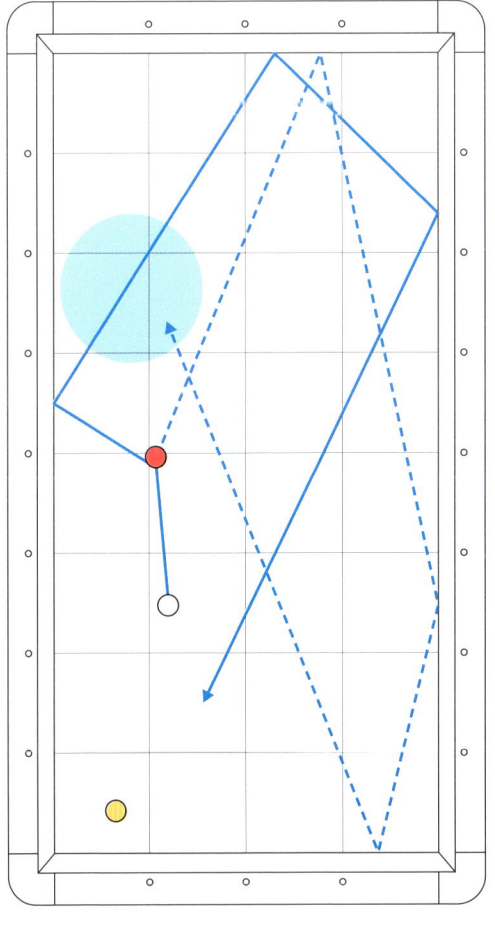

포지션 패턴: 바깥돌리기 대회전

1적구를 두껍게 쳐서 바깥돌리기를 하되, 1적구에 힘을 많이 가해서 1적구가 대회전되어 장쿠션 위치로 돌아오는 방법이다.

이때 수구는 하단 회전을 이용하는 경우가 많다. 수구에 회전을 엉성하게 주는 경우, 수구에 힘이 빠져서 끝까지 오지 못하는 경우가 있다. 수구에 회전을 조금 주더라도 끝까지 회전이 살아 있도록 쳐야 성공 확률을 높일 수 있다. 즉 수구의 하단을 겨냥하더라도 큐를 끝까지 밀어서 수구를 살려주어야 한다는 것이다.

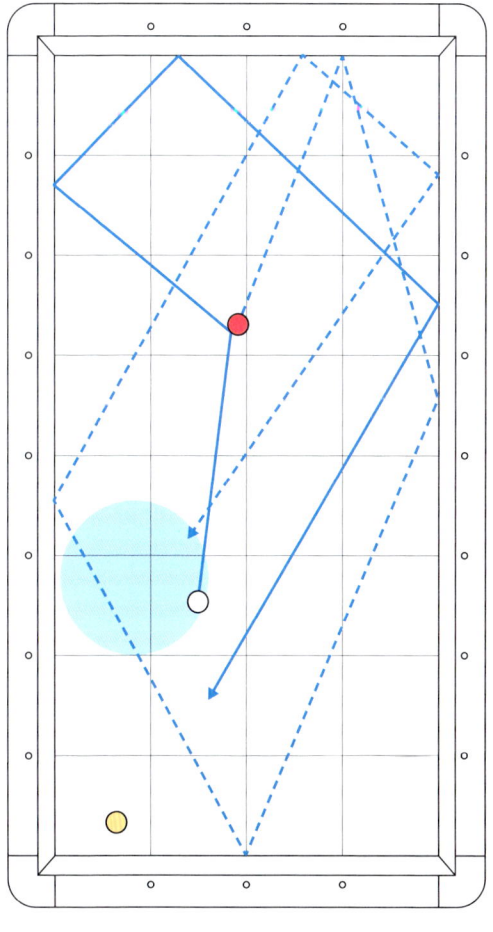

96

포지션 패턴: 제각돌리기 얇게

1적구를 얇게 맞추어서 제각돌리기를 하고 1적구를 코너 위치로 보내는 방법이다. 너무 약하게 쳐서 수구와 2적구가 코너에 박히는 위험이 있기 때문에, 적당한 힘으로 쳐서, 수구가 코너에서 어느 정도 여유를 갖고 떨어질 수 있도록 친다.

수구와 1적구의 각도가 어느 정도 여유가 있는 경우에는 1적구를 두툼하게 쳐서 1적구를 장-장으로 횡단하게끔 하여 포지션을 유도할 수도 있다.

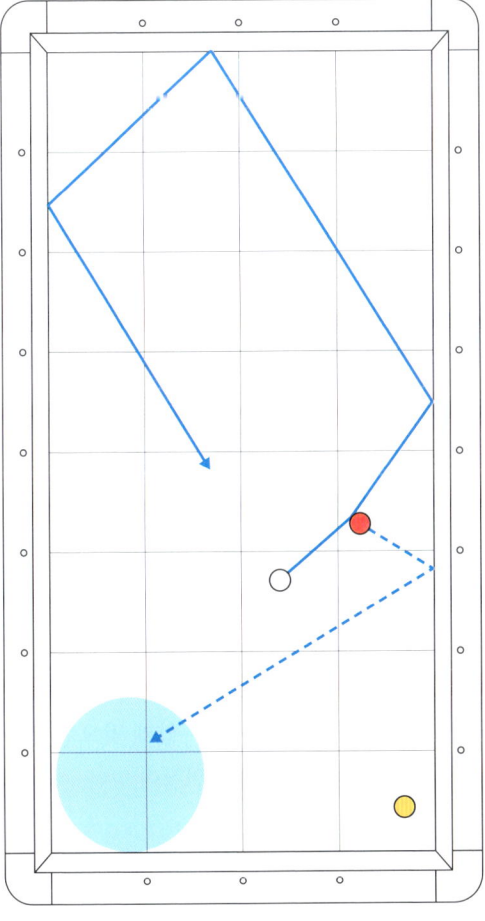

포지션 패턴: 제각돌리기 두툼하게

1적구를 두툼하게 쳐서 제각돌리기를 하되 힘을 너무 많이 주지는 않는다. 따라서 수구에는 1팁 또는 1.5팁 정도의 회전만을 주어야 한다.

가끔 2적구를 안전하게 맞히기 위해서 수구를 길게 돌리는 경우가 있는데, 이때에는 1적구가 2적구 근방으로 와서 키스가 발생될 위험이 있을 뿐만 아니라 포지션을 장담할 수 없다. 적당한 힘 조절을 할 수 있도록 1적구를 두툼하게 치되, 회전을 적게 주어서 직접 혹은 약간 짧게 제각돌리기를 한다.

이와 같은 배치에서 1적구를 얇게 쳐서 포지션을 할 수도 있다. 이때에는 수구에 회전을 많이 주어야 한다는 부담이 있다. 더군다나 1적구가 너무 얇게 맞으면, 1적구가 수구의 진행을 가로막는 키스의 위험이 있다.

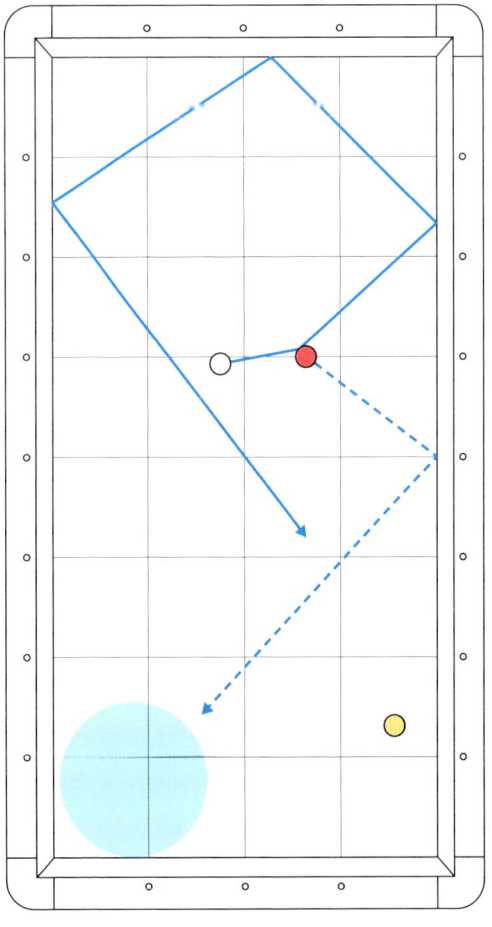

포지션 패턴: 제각돌려서 올리기

1적구를 비교적 얇게 치되 힘을 많이 가해서, 1적구가 장-단-장으로 되돌아 나가서 장쿠션 상단 근방으로 향하도록 치는 방법이다. 이때 1적구가 너무 두꺼우면 1적구가 맞은편 장쿠션을 맞고 2적구 근방으로 와서 키스가 난다. 또한 1적구와 수구가 당구대 중앙에서 키스나지 않도록 스피드 조절을 해주어야 한다. 보통 1적구가 빠르게 가고 수구가 천천히 가도록 치는 것이 안전하다.

이와 유사한 배치에서 빨간 공을 얇게 쳐서 왼쪽 하단의 코너에 갖다 놓는 포지션도 고려할 수 있다. 하지만 이러한 경우 힘 조절에 너무 많은 신경을 쓰다 보면, 수구에 충분한 각을 만들어주지 못해 실수할 위험이 있다. 또한 이러한 경우 성공한다고 하더라도 수구와 2적구가 너무 살짝 맞아서 서로 붙어버리거나 코너에 가까이 있어서 다음 공을 공략하는 데 방해가 될 수 있다.

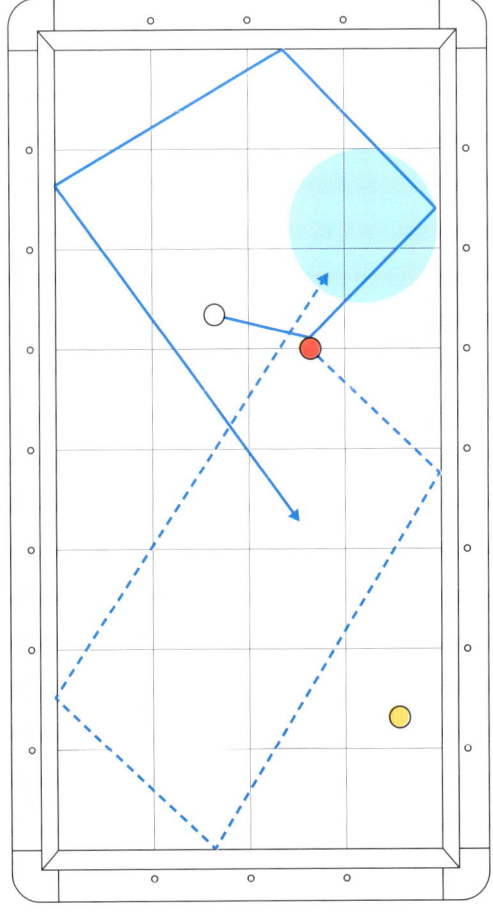

포지션 패턴: 더블
- 위로 올리기

더블 형태의 배치는 상대방이 수비를 한 형태이다. 하지만 더블 형태를 잘 치면 바깥돌리기 형태로 이어지기 때문에 공격적인 리듬을 탈 수 있는 기회이기도 하다.

이때 주의해야 할 점은 1적구를 상대방의 수구로 선택하는 것이 유리하다는 점이다. 빨간 공을 1적구로 하여 올려놓았는데, 2적구를 맞히지 못하고 수구가 코너 근방에 가 있으면, 상대방은 빨간 공을 바깥돌리기 할 수도 있고, 내 수구를 제각돌리기 하거나 대회전으로 돌려서 쉽게 득점할 수 있기 때문이다.

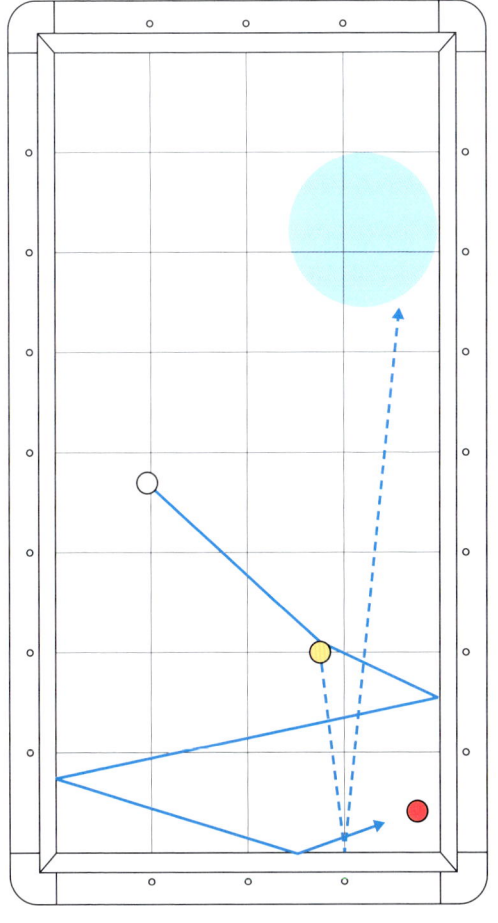

포지션 패턴: 안돌리기

안돌리기를 적당한 두께로 공략하는 경우 대체로 포지션으로 이어지는 경우가 많다. 1적구가 당구대의 위쪽에서부터 짧은 각도를 형성하면서 내려오기 때문에, 결국은 장쿠션 중하단 부근을 향하여 내려오기 때문이다.

이때 1적구를 너무 얇지 않게 쳐주어야 한다. 너무 얇게 치는 경우 1적구에 힘이 실리지 않아서 충분히 내려오지 못할 수 있으며, 얇게 맞은 1적구가 코너를 돌지 못하고 단쿠션으로 떨어질 수도 있기 때문이다.

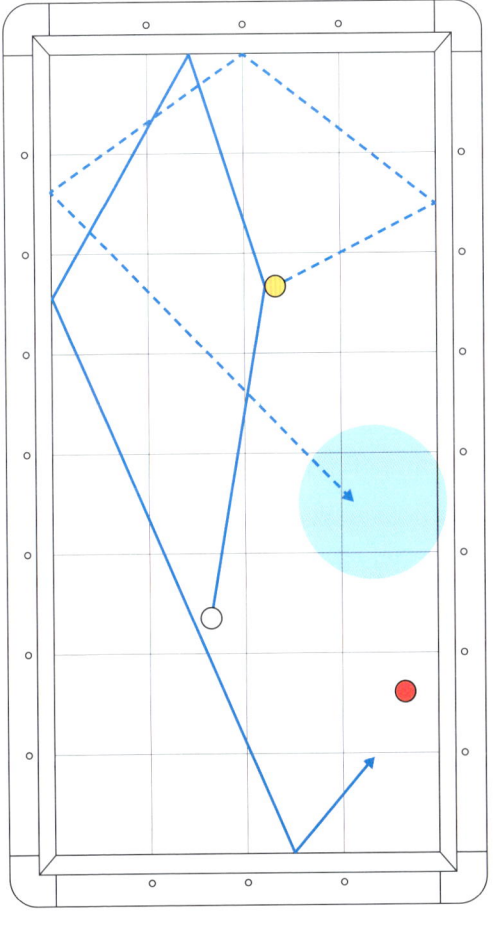

패턴 적용 방법

지금까지 100여 개의 패턴을 소개하였다. 모든 패턴을 활용하고자 하는 사람도 있을 것이며, 자신에게 맞는 10여 개의 패턴을 집중적으로 활용하는 사람도 있을 것이다. 어떤 패턴은 약간 수정하여 적용하는 것이 편안하다고 느끼는 사람도 있을 것이다. 어차피 패턴이라는 것은 고정된 답이 있는 것이 아니라, 각자의 스트로크와 회전량에 맞추어서 자기 것으로 만들어야 한다. 이를 위해서 부단한 연습이 요구된다. 실전에서 패턴을 활용할 때, 특히 다음과 같은 점들을 유념할 필요가 있다.

평행이동

앞에서 소개한 패턴들은 실전에서 하나의 기준선으로 활용되어야 한다. 세 개의 공이 패턴 그대로 배치되는 경우는 드물다. 조금씩 다른 위치에 배치된다. 이때 가장 적용하기 쉬운 패턴을 떠올려서, 그 패턴을 기준선으로 활용하되 적절하게 회전을 조절하여 공략하면 무난하게 득점에 성공할 수 있다.

　아래 그림은 중앙점에서 2팁으로 보내는 대칭을 기준선으로 삼은 경우이다. 중앙점에서 2팁으로 2포인트만큼 내려보내면, 맞은편 장쿠션의 2포인트를 향하여 수구가 진행하여 득점할 수 있다. 그런데 1적구가 중앙점에서 조금 벗어난 위치에 있다. 이때에도 같은 패턴을 적용하되, 기준선으로만 활용한다. 중앙점에서 2포인트를 잇는 선을 1적구 방향으로 평행이동하면 장쿠션의 어느 지점으로 수구를 입사시킬 것인지를 확인할 수 있다. 이 지점을 향하여 또는 이 지점보다 약간 더 깊이 수구를 보내주면, 패턴에서와 같은 방식으로 득점에 성공할 수 있다.

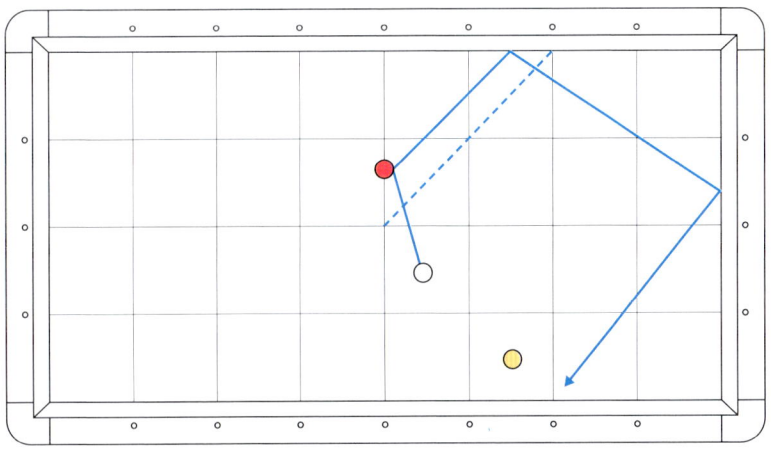

회전 조절

왼쪽 그림은 대각선 대칭을 활용하는 예이다. 1적구를 안 돌리기로 공략하는 경우, 수구의 출발점은 장쿠션 1포인트에서 2포인트 사이이다. 따라서 수구의 회전을 1팁이나 1.5팁을 주는 경우 대칭으로 떨어진다. 하지만 회전을 주고 치려면 1적구를 얇게 쳐야 한다. 이때 차라리 1적구를 조금 두툼하게 맞히되, 수구에 0.5팁 정도의 회전만을 주는 경우, 수구의 진로를 안전하게 가져갈 수 있다(상단의 단쿠션 입사 지점보다 길게 하단의 단쿠션에 도착한다).

오른쪽 그림은 수구가 1적구의 오른쪽에 있어서, 안 돌리기를 하려면 끌어치기를 시도해야 하는 경우이다. 그런데 이때 점선의 기준선을 적용하는 것은 대단히 위험한 일이다. 점선의 대칭을 활용하려면 1.5팁을 구사해야 한다. 하지만 점선의 방향으로 수구를 보내려면, 1적구를 두툼하게 쳐서 끌어주어야 한다. 그렇게 되면 수구의 회전에 변화가 발생하며, 또한 수구의 끌림으로 인해 각이 짧게 형성될 가능성도 있다. 이때에는 차라리 수구의 중상단으로 밀어쳐서 실선의 진행 경로를 구사하는 것이 편안하다. 그런데 실선의 진행 경로는 상단 단쿠션 입사 지점보다 짧게 하단 단쿠션에 떨어져야 하기 때문에, 회전을 3팁으로 주어야 한다.

이처럼 맞히기 편안한 1적구의 두께와 떨어지는 지점을 보고, 회전을 조절해주는 연습을 해야 한다. 패턴은 기준점을 제시해주는 것이고, 회전의 조절은 독자의 몫이다.

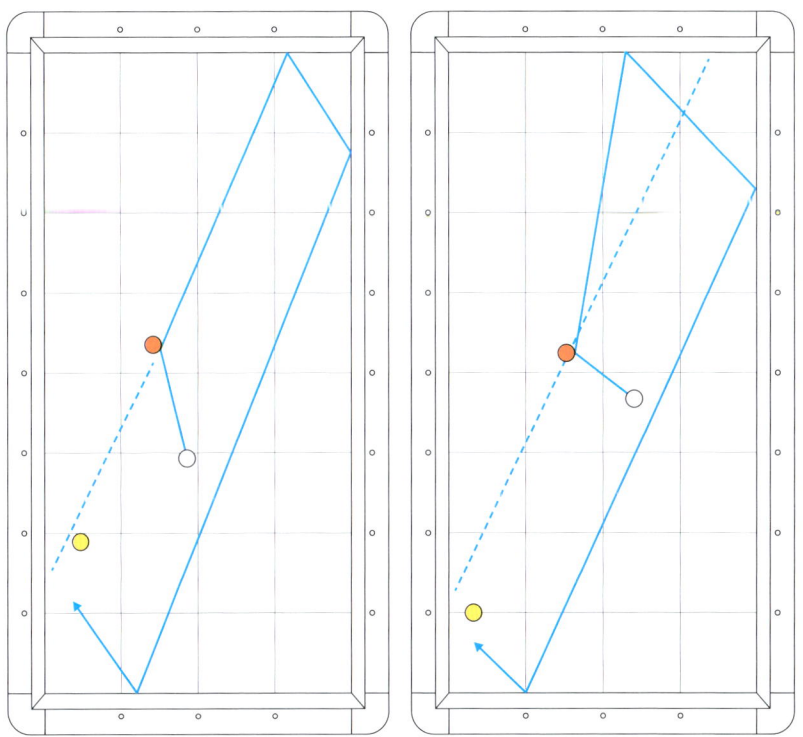

복합 패턴

앞에서 소개한 패턴을 한번에 하나만 사용하라는 법은 없다. 두 개 이상의 패턴을 복합적으로 사용해야 하는 경우도 종종 발생한다.

왼쪽 그림은 무회전으로 안돌리기를 하는 경우이다. 여기에서는 패턴 22의 중간 지점 제각돌리기 패턴을 사용할 수 있다. 즉, 무회전으로 1적구를 맞혀서 중간 지점에 보내면 1적구의 위치에 대응하는 단쿠션으로 떨어지는 대칭을 활용할 수 있다.

또한 패턴 5의 대각선 대칭 기준선을 활용할 수도 있다. 점선은 장쿠션 3포인트 지점(무회전 기준점)과 상단 단쿠션 1포인트 지점(대칭으로 떨어지면 득점할 수 있는 지점)을 연결한 선이다. 이 점선은 무회전으로 수구가 진행할 때의 대칭선이다. 이 기준선을 1적구로 평행이동하면, 단쿠션에 보내야 할 지점을 확인할 수 있다. 이처럼 두 가지 이상의 패턴을 동시에 사용하는 경우 정확도를 증가시킬 수 있다.

오른쪽 그림은 상단의 작은 당구대에서 패턴 45-1의 비껴치기 패턴을 적용하고, 그 이후에는 패턴 11-1의 작은 당구대 연결 패턴을 적용한 경우이다. 즉, 수구가 코너에 있을 때 2팁을 주고 비껴치기를 하면 4포인트 진행한다는 패턴을 활용하여 작은 당구대에서 수구를 2포인트 지점에 떨어뜨리고(단쿠션의 1포인트), 이를 연장하여 장쿠션의 2포인트에 떨어뜨려 득점하는 방법이다. 이처럼 당구대의 부분별로 필요한 패턴을 복합적으로 활용할 수 있다.

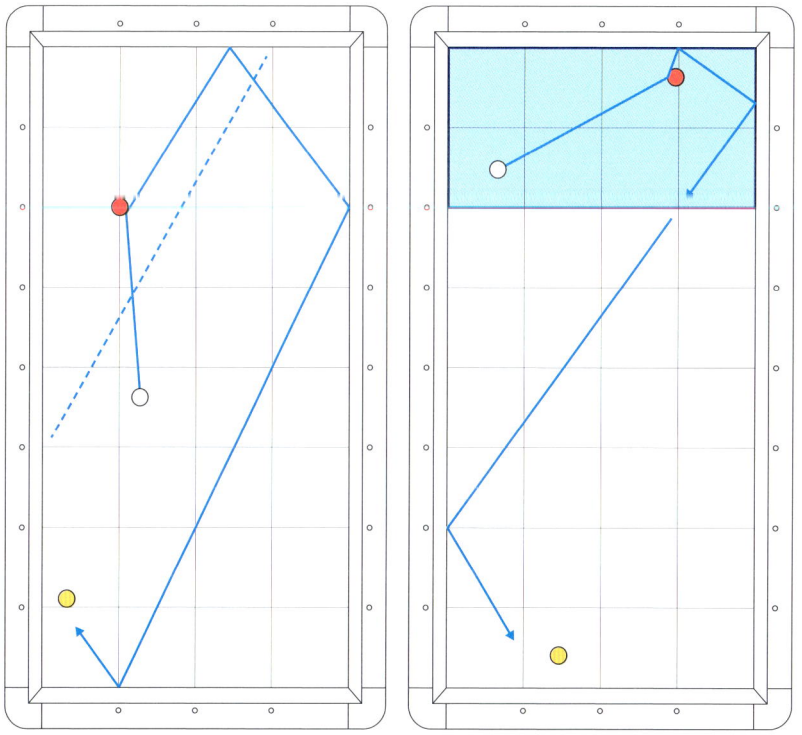

후기

패턴을 중심으로 하여 3쿠션 책을 쓰려는 생각은 오래 전부터 하였지만, 막상 이 책을 쓰기 시작한 것은 한 달이 채 안 되었다. 2013년 7월 17일 고등학교 1학년 같은 반 친구들이 당구를 치자고 해서 모인 것이 그 계기가 되었다. 당구를 좋아하던 친구 이승준이 병원에서 시한부 판정을 받고 집에서 요양하고 있었는데, 이 사정을 알고 친구 박상원이 필자와 심인섭에게 연락해서 마지막으로 당구 한 번 치자고 제안했던 것이다.

이날 모임이 끝나고 심인섭 친구와 함께 당구에 관하여 더 많은 이야기를 나누었는데, 아무래도 빨리 패턴에 관한 책을 써야겠다는 생각이 들었다. 이후 생각나는 대로 3쿠션 패턴들을 기억하고 정리해서 원고를 만들었다. 기본적인 원고 정리를 끝내고, 책자 형태로 프린트를 한 것이 일요일 저녁이었는데, 이 계기를 만들어준 친구 승준이가 월요일인 2013년 8월 12일 세상을 떠났다. 허약한 몸을 이끌고 마지막으로 3쿠션을 치면서도 당구에 대해 이야기하던 친구 승준의 모습이 떠오른다.